Historia de un Legionario de Cristo irlandés:
De cómo encontró su corazón y casi perdió la razón

Jack Keogh

Traducción: María José Albaya

Iveagh Lodge Press

INDICE

Nota a la edición en español

Desde que se publicó la versión original de este libro, el Vaticano ha concluido "la Visita Apostólica" a los Legionarios de Cristo. El día primero de mayo de 2010 la Santa Sede emitió el siguiente comunicado:

Comunicado De La Santa Sede Sobre La Visita Apostólica A La Congregación De Los Legionarios De Cristo

1. El 30 de abril y el 1 de mayo, el Cardenal Secretario de Estado ha presidido en el Vaticano una reunión con los cinco Obispos encargados de la Visita Apostólica a la Congregación de los Legionarios de Cristo (Mons. Ricardo Blázquez Pérez, Arzobispo de Valladolid; Mons. Charles Joseph Chaput, OFMCap, Arzobispo de Denver; Mons. Ricardo Ezzati Andrello, SDB, Arzobispo de Concepción; Mons. Giuseppe Versaldi, Obispo de Alessandria; Mons. Ricardo Watty Urquidi, M.Sp.S, Obispo de Tepic). En ella han participado también los Prefectos de la Congregación para la Doctrina de la Fe y la Congregación para los Institutos de Vida Consagrada y las Sociedades de Vida Apostólica y el Sustituto para los Asuntos Generales de la Secretaría de Estado.

Una de las sesiones se ha desarrollado en presencia del Santo Padre, al que los Visitadores han presentado una síntesis de sus relaciones, ya previamente enviadas.

En el curso de la Visita, se han realizado entrevistas personales con más de 1.000 Legionarios y se han examinado cientos de testimonios escritos. Los Visitadores han estado en casi todas las casas religiosas y en muchas de las obras de apostolado dirigidas por la Congregación. Han escuchado, de viva voz o por escrito, el juicio de muchos Obispos diocesanos de los países en los que actúa la Congregación. Los Visitadores han tenido encuentros también con numerosos miembros del Movimiento Regnum Christi, especialmente con hombres y mujeres consagrados, aunque éste no era el objeto de la visita. Recibieron, además, una abundante correspondencia de laicos comprometidos y de familiares de miembros del Movimiento.

Los cinco Visitadores han puesto de manifiesto la acogida sincera que se les ha dispensado y el espíritu de colaboración constructiva mostrado por la Congregación y por sus religiosos personalmente. Aunque han actuado independientemente, los Visitadores han llegado a una valoración ampliamente convergente y a un juicio compartido. Han atestiguado que han hallado un gran número de religiosos ejemplares, rectos, con mucho talento, muchos de ellos jóvenes, que buscan a Cristo con auténtico fervor y que entregan toda su vida a difundir el Reino de Dios.

2. La Visita Apostólica ha podido comprobar que la conducta del P. Marcial Maciel Degollado ha causado serias consecuencias en la vida y en la estructura de la Legión, hasta el punto de hacer necesario un camino de profunda revisión.

Los comportamientos gravísimos y objetivamente inmorales del P. Maciel, confirmados por testimonios incontestables, representan a veces auténticos delitos y revelan una vida carente de escrúpulos y de verdadero sentimiento religioso. Dicha vida era desconocida por gran parte de los Legionarios, sobre todo por el sistema de relaciones construido por el P. Maciel, que había sabido hábilmente crearse coartadas, ganarse la confianza, familiaridad y silencio de los que lo rodeaban y fortalecer su propio papel de fundador carismático.

A menudo, el descrédito lamentable y el alejamiento de cuantos dudaban de su recta conducta, así como la errónea convicción de no querer dañar el bien que la Legión estaba llevando a cabo, habían creado a su alrededor un mecanismo de defensa que le permitió ser inatacable por mucho tiempo, haciendo consiguientemente muy difícil el conocimiento de su verdadera vida.

3. El celo sincero de la mayoría de los Legionarios, que se ha podido percibir en las visitas a las casas de la Congregación y a muchas de sus obras, muy apreciadas por bastantes personas, ha llevado a muchos en el pasado a pensar que las acusaciones, que cada vez eran más insistentes y que aparecían por doquier, no podían ser más que calumnias.

Por eso, el descubrimiento y el conocimiento de la verdad sobre el fundador ha provocado en los miembros de la Legión sorpresa, desconcierto y dolor profundo, puestos claramente de relieve por los Visitadores.

4. De los resultados de la Visita Apostólica aparecen con claridad, entre otros elementos:

a) la necesidad de redefinir el carisma de la Congregación de los Legionarios de Cristo, preservando el núcleo verdadero, el de la "militia Christi", que caracteriza la actividad apostólica y misionera de la Iglesia y que no se identifica con la búsqueda de la eficiencia a toda costa.

b) la necesidad de revisar el ejercicio de la autoridad, que debe estar unida a la verdad, para respetar la conciencia y ejercerse a la luz del Evangelio como auténtico servicio eclesial.

c) la necesidad de preservar el entusiasmo de la fe de los jóvenes, el celo misionero, el dinamismo apostólico por medio de una adecuada formación. En efecto, la decepción por el fundador podría cuestionar su vocación y el núcleo de carisma que pertenece a los Legionarios de Cristo y les es propio.

5. El Santo Padre desea asegurar a todos los Legionarios y a los miembros del Movimiento Regnum Christi que no van a estar solos: la Iglesia tiene la firme voluntad de acompañarlos y ayudarlos

en el camino de purificación que les espera. Éste comportará también un diálogo sincero con quienes, dentro y fuera de la Legión, han sido víctimas de los abusos sexuales y del sistema de poder creado por el fundador: a ellos se dirige el pensamiento y la oración del Santo Padre en este momento, junto con la gratitud a quienes entre ellos, incluso en medio de grandes dificultades, han tenido la valentía y la constancia de exigir la verdad.

6. El Santo Padre, que agradece a los Visitadores el delicado trabajo que han llevado a cabo con competencia, generosidad y profunda sensibilidad pastoral, se ha reservado señalar próximamente los modos de este acompañamiento, comenzando por el nombramiento de un Delegado suyo y de una comisión para el estudio de las constituciones.

El Santo Padre enviará un Visitador a los miembros consagrados del Movimiento Regnum Christi, que insistentemente lo han solicitado.

7. Finalmente, el Papa renueva su aliento a todos los Legionarios de Cristo, a sus familias, a los laicos comprometidos con el Movimiento Regnum Christi, en este momento difícil para la Congregación y para cada uno de ellos. Los exhorta a no perder de vista que su vocación, nacida de la llamada de Cristo y animada por el ideal de dar testimonio de su amor en el mundo, es un auténtico don de Dios, una riqueza para la Iglesia, el fundamento indestructible sobre el que construir su futuro personal y el de la Legión.

He querido anteponer este comunicado de la Santa Sede a la traducción española de mi historia porque me sirvió mucho en el sentido de dar clausura a mi experiencia con el P. Maciel, el fundador de los Legionarios de Cristo. Pone fin a las especulaciones sobre la verdad o no de las acusaciones que se venían haciendo sobre su persona mientras aclara la postura del Vaticano frente a la Congregación que fundó.

El comunicado admite los errores gravísimos e inmorales del Padre, confirmados por testimonios incontestables. Aclara que su doble vida era desconocida por gran parte de los Legionarios, sobre todo por el sistema de relaciones construido por el P. Maciel, que había sabido hábilmente crearse coartadas, ganarse la confianza, familiaridad y silencio de los que lo rodeaban y fortalecer su propio papel de fundador carismático. Afirma que el Santo Padre desea asegurar a todos los Legionarios y a los miembros del Movimiento Regnum Christi que no van a estar solos: la Iglesia tiene la firme voluntad de acompañarlos y ayudarlos en el camino de purificación que les espera. Escribí la mayor parte de mi historia antes de que las serias acusaciones contra el Padre salieran la luz pública.

Por otra parte, quiero notar que mi historia abarca los años 1962–1982. Desde entonces, tengo entendido que se han dado varios cambios en las reglas que gobiernan la vida de los Legionarios. Aparentemente, los–"votos privados" que menciono en mi narrativa ya han sido abolidos. Varios Padres Legionarios me han dicho que ahora se les permite visitar a sus familias con frecuencia. Los "votos privados" de "caridad" y la carencia de visitas familiares, marcaron mucho mi vida en la Legión. Noto con satisfacción la presencia de los Legionarios en los medios sociales de comunicación – he visto a varios de ellos participar activamente en Facebook. En mis tiempos, tal acceso a los medios abiertos de comunicación hubiera sido inaudito.

A raíz de los escándalos causados por el Fundador, muchos Legionarios generosos y fieles al Evangelio han sufrido, y siguen sufriendo, mucho. No es mi intento al escribir este relato de aumentar su sufrimiento. Ni tampoco es mi intento ni defender ni condenar al Padre Maciel con quien conviví. El Vaticano ya ha hablado en nombre de todos los fieles; no necesito agregar nada. Espero que la historia de mi experiencia personal en la Legión contribuya la perspectiva de un irlandés que se dejo cautivar por la misión y explique como, eventualmente encontró su corazón sin perder la razón.

Trumbull, CT, USA, Agosto de 2010

PRÓLOGO

En 2005, fui a cenar con unos colegas al Izote en la ciudad de México. Izote, cuyo nombre proviene de la hermosa flor blanca de la planta de maguey, es un restaurante discreto que pertenece a la reconocida chef Patricia Quintana y que ofrece un menú ecléctico y creativo. En aquel momento, acababa de quedarme sin mi empleo de los últimos diez años, dado que la empresa decidió suprimir el puesto que ocupaba (vicepresidente de capital humano). No deseaba seguir trabajando para otros y empecé a considerar la posibilidad de iniciar mi propia empresa de consultoría, especializada en capital humano internacional.

Al terminar mi cordero asado (envuelto en hojas de plátano) y mientras esperábamos el postre, nos pusimos a hablar de la ansiedad que me provocaba mi situación laboral. Entonces una de mis amigas contó una historia; los mexicanos, al igual que los irlandeses, saben apreciar una buena anécdota. Ésta me impresionó más de lo que esperaba.

"Hace mucho tiempo, un monje emprendió viaje en compañía de su asistente, un hermano. Al caer la noche, el monje pidió al hermano que se adelantara y buscara alojamiento. El hermano exploró el paisaje desértico hasta encontrar una humilde choza, sola en medio de la nada. Allí vivía una familia pobre; la madre, el padre y los niños vestían harapos. El hermano preguntó si el monje y él podían pasar allí la noche.

"Por supuesto, sean bienvenidos", dijo el padre de familia. Luego prepararon una comida sencilla con leche fresca, queso y crema. El hermano estaba conmovido por su pobreza y su franca generosidad.

Cuando terminaron de comer, el monje les preguntó cómo se las arreglaban para sobrevivir en un lugar tan pobre, tan lejos de los vecinos y del pueblo. La esposa miró a su marido, quien respondió en tono resignado: "Tenemos una vaca. Vendemos la leche a los vecinos que no viven muy lejos. Conservamos lo suficiente para nuestras necesidades y para hacer algo de queso y crema, que es lo que comemos".

A la mañana siguiente, el hermano y el monje se despidieron y se dispusieron a continuar su viaje. Luego de haber caminado algunos kilómetros, el monje se volvió hacia el hermano y dijo: "Vuelve y arroja a la vaca por el barranco".

"Padre", replicó el hermano, "Viven de la vaca. Sin ella, no tendrán nada".

El monje reiteró la orden: "Vuelve y mata a la vaca".

Apesadumbrado, el hermano volvió a la choza. Aunque preocupado por el futuro de la familia, sus votos de obediencia lo obligaban a ejecutar la orden del monje sabio. De este modo, empujó al animal por el precipicio. Años más tarde, el joven hermano se convirtió en monje. En uno de sus viajes, se dio cuenta de que se hallaba en el mismo sitio en el que había encontrado hospedaje años atrás. Movido por el remordimiento, decidió visitar a aquella familia. Se encaminó hacia la casa y, para su sorpresa, en vez de una humilde cabaña, se encontró con una espléndida mansión rodeada por bellos jardines. El monje golpeó la puerta. Acudió un hombre elegantemente vestido. El monje le preguntó: "¿Qué sucedió con la familia que vivía aquí? ¿Les vendieron su propiedad?" El hombre lo miró con sorpresa y le contestó que él y su familia siempre habían vivido ahí. El Monje le contó cómo él se había hospedado en una choza, exactamente ahí, junto con su maestro, el viejo Monje.   El hombre invitó al Monje a quedarse con ellos como su invitado. Mientras comían, el anfitrión le explicó cómo la suerte de la familia había cambiado. "Sabe usted padre, nosotros teníamos una vaca. Ella nos mantuvo vivos. No teníamos nada más. Un día se cayó al barranco y murió. Para sobrevivir, tuvimos que empezar a hacer otras cosas, desarrollar habilidades que ni siquiera sabíamos que teníamos. Nos vimos forzados a tener una nueva forma de vida. ¡Fue lo mejor que nos sucedió! Ahora estamos mucho mejor que antes".

Sentado en *Izote*, mientras bebía mi mezcal (una bebida sofisticada del país, similar al tequila) pensé en cómo la adversidad puede traer a la luz lo mejor de nosotros mismos, siempre que seamos capaces de cambiar. Al recordar mi vida como Legionario de Cristo, decidí escribir mi historia, el camino que me trajo hasta mi vida de hoy.

Uno de los mayores desafíos de ser sacerdote de la Iglesia Católica es que el Papa (que vendría a ser el Presidente de la Junta Directiva) es infalible. Mi primer Director Ejecutivo (Superior General), el sacerdote mexicano Marcial Maciel, no afirmaba ser infalible, pero se comportaba como si la posibilidad de estar equivocado simplemente no existiera. Le obedecí durante unos veinte años. Más tarde, abandoné la Legión y descubrí que muchísimos ejecutivos en el mundo corporativo piensan y se comportan como si fuesen infalibles; ¡entonces me di cuenta de que había sido una suerte tener sólo dos jefes infalibles!

Como asesor ejecutivo y consultor internacional, hoy tengo la fortuna de trabajar con mucha gente inteligente y exitosa. Algunos de ellos fracasan, y con frecuencia su fracaso es justamente el resultado de su éxito. Lo de siempre: una persona creativa y brillante crea una compañía, toma buenas decisiones, contrata empleados y gana mucho dinero. Y en poco tiempo, creerá que nunca se equivoca.

Yo seguí a un líder carismático, que contaba con el apoyo de los poderosos, de las bases y de los niveles intermedios. Irradiaba pasión y confianza en sí mismo. Cuando lo encontré, su nombre empezaba a ser conocido. Tenía todas las cualidades para cumplir con el requisito fundamental e implícito de un líder, que consiste en atraer seguidores. A mis diecisiete años, supongo que buscaba un héroe.

Sus seguidores (yo incluido) lo tratábamos como a un santo. Me llevó mucho tiempo descubrir que sus verdaderas motivaciones y objetivos no eran tan francos como yo había pensado.

Ésta es la historia de mi vida en la congregación católica que él fundó, la Legión de Cristo. Por veinte años, la Legión se convirtió en mi familia y, como muchas familias, la congregación tenía su lado disfuncional. En el fondo soy un optimista: prefiero ver el vaso medio lleno. A partir de mis experiencias desarrollé muchas interpretaciones positivas. Por ejemplo, aprendí mucho sobre la naturaleza del liderazgo, y de cómo el lado oculto y "oscuro" de la personalidad de un líder puede menoscabar los valiosos objetivos que él o ella se proponen. Si uno desea ser un líder, tiene la responsabilidad de descubrir los rasgos que corresponden al lado oscuro de su personalidad, los cuales generalmente se manifiestan en momentos de frustración o tensión.

Cuando una organización empieza a girar en torno a un líder carismático, es señal de que algo anda mal. La palabra griega "kharisma" significa "bendecido por Dios". El carisma es un encanto irresistible que inspira lealtad y fascinación; no siempre es fácil de identificar inmediatamente, ya que en cierto sentido, el carisma sólo existe en la percepción del seguidor. ¿Es el líder quien irradia carisma, o son los seguidores y la organización quienes lo construyen alrededor del líder?

Mi trayectoria con el Padre Maciel, mi primer Director Ejecutivo, comenzó en Dublín, Irlanda, y siguió a través de España, Italia, México, Estados Unidos y África Central. Actualmente vivo y trabajo en Connecticut y continúo viajando por todo el mundo como asesor ejecutivo. Algunas veces doy conferencias o presentaciones sobre liderazgo, y a lo largo de los años la gente que asistió a mis charlas me ha sugerido que escriba mis experiencias. Creo que es bastante inusual, y por lo tanto interesante, pasar de vivir en celibato a estar casado y con cuatro hijos, pasar de la austera vida monacal a la de ejecutivo exitoso, y de buscar el sentido de mi vida a usarlo para asesorar a empresas multinacionales.

A lo largo del camino conocí a la gente más pobre del planeta y me hice amigo de algunas de las personas más ricas del mundo. Por veinte años fui leal a un hombre que, impulsado por una profunda teología Cristocéntrica y por su devoción al Papa, fundó una congregación comprometida con la educación, el ministerio para la familia y la juventud, las misiones y el trabajo social. A pesar de todos sus logros, posiblemente haya sido una de las personalidades dobles más notable en la historia de la Iglesia Católica. Ciertamente, los caminos del Señor son inescrutables. Hay un dicho en México: "Dios escribe derecho sobre líneas torcidas". Hoy me pregunto cuáles eran las líneas derechas y cuáles las torcidas.

ÁFRICA: EL PRINCIPIO DEL FIN

Libreville, capital de Gabón, país del oeste de África Central. Verano de 1982. El aeropuerto de Libreville era la sede de la compañía Air Gabon, hoy desaparecida, y lleva el nombre de León M'Ba, el primer presidente de Gabón.

Había partido de Nueva York, con una escala de seis semanas en Dublín antes de dirigirme a Libreville. Mi traslado a Gabón se relacionaba con una decisión fundamental: ¿debía permanecer en la Legión o abandonarla?

Esta vez no sentí el entusiasmo de otras ocasiones al llegar a mi nuevo destino; en lugar de eso, me sentía angustiado como resultado de una enorme preocupación y autorreflexión. Caía una lluvia ligera cuando bajé del avión y seguí a los demás pasajeros a través de la pista, hacia el deslucido edificio de la terminal.

En la fila de migraciones, con mi pasaporte irlandés preparado y abierto, noté la presencia de soldados en ropa de camuflaje, de pie en parejas y ametralladora en mano. El nudo en mi estómago se intensificó. Por lógica sabía que no había nada que temer, pero los soldados me trajeron a la memoria el término "gatillo fácil". Las pocas personas blancas entre el grupo de pasajeros recién llegados parecían fuera de lugar en el mar de africanos de piel oscura. Me puse a revolver distraídamente mis pertenencias, para no llamar la atención.

El idioma francés, ya de por sí poco familiar, sumado a un dialecto incomprensible, me hacía sentir aún más incómodo. A pesar de hablar fluidamente el español y el italiano, la idea de tener que hablar en francés durante este nuevo período de mi vida no me resultaba agradable.

Mientras esperaba para entregar mis papeles al aburrido oficial de migraciones, temía que los guardias terminaran metiéndome en prisión por algún estúpido error de pronunciación del francés.

"Bon jour!" dije mientras me acercaba al escritorio. El oficial de migraciones no sonrió ni me devolvió el saludo. Extendió la mano hacia mi pasaporte y lo miró mecánicamente.

"¿Visa de trabajo?"

"No" respondí cautelosamente, "no tengo visa de trabajo".

"Muéstreme su billete de vuelta" dijo.

Había llegado a Libreville con un billete de sólo ida. Aparentemente, esto era un problema.

"Me está esperando el Obispo Católico de Franceville". Esperaba que este argumento tuviera algo de peso, pero el pequeño y delgado burócrata no pareció impresionado.

"El Cónsul de la Embajada de Gabón en Washington D.C. me dijo que no necesitaba visa" proseguí, comenzando a alarmarme.

Me miró inexpresivamente.

"Soy un sacerdote católico", agregué sin convicción.

El menudo oficial, impasible, hizo señas a un par de soldados. Les entregó mi pasaporte y dijo algo que no entendí. Los soldados me escoltaron a una pequeña oficina en la zona de llegadas.

"Siéntese y espere", indicaron. Cerraron la puerta con llave desde afuera; a través de la ventana de vidrio yo los veía sentados en las desvencijadas sillas de madera, con las ametralladoras sobre el regazo y conversando tranquilamente. No tenía idea de lo que iba a pasarme, pero algo estaba claro: mi elocuencia y encanto irlandeses, que me habían salvado tantas otras veces, no parecían surtir efecto en Gabón.

En la Irlanda católica de la década de 1950, hacerse sacerdote y embarcarse hacia África en las "misiones extranjeras" constituía una promesa de emoción y aventuras.

Uno de mis héroes era el Padre Damián, un sacerdote muy popular que dio su vida por los leprosos a quienes atendía en la isla de Molokai (Hawai). Contrajo la enfermedad y murió como ellos. Damián nació en 1840, en una granja de un pequeño pueblo de Bélgica. Muy poca gente en Irlanda y Europa conocía la lepra, o enfermedad de Hansen, de forma directa. Al momento de su muerte a los 49 años, todo el mundo sabía qué era la lepra gracias a él.

Aunque yo era un niño, entendí que él aliviaba el dolor de una terrible enfermedad ya que atendía a los enfermos con compasión. Después de contraer la enfermedad, el Padre Damián comenzó su sermón con las palabras: "Nosotros, los leprosos…", comunicando así a su congregación que él era uno más.

Muchos años después, la Iglesia reconoció su dedicación. En 1995, el Papa Juan Pablo II lo beatificó. El Papa Benedicto lo declaró santo el domingo 11 de octubre de 2009. Y es así que ahora San Damián de Molokai es el patrono de los leprosos, los marginados, los enfermos de VIH/SIDA y también el santo patrono del Estado de Hawai.

El Padre Damián se convirtió en mi inspiración; desde mi séptimo cumpleaños empecé a rezarle a Dios para que me concediera la vocación de ser misionero entre los leprosos.

Un amigo de mi padre llamado John Turner también influyó en mi deseo de trabajar con los leprosos y los "bebés negros" que se veían en las revistas de las misiones que solían leer mis padres. John trabajaba con mi padre en la Universidad de Dublín.

Al morir su mujer, se ofreció como voluntario para viajar a Nigeria y usar sus conocimientos médicos en una colonia de leprosos administrada por una congregación de monjas irlandesas llamada Misioneras Médicas de María. El señor Turner parecía frágil y demacrado y tenía la edad de mi padre, pero era un hombre muy agradable. Me mostró una medalla de oro que le había dado el Papa Pío XII, guardada en un estuche rojo y gastado. Por haberla tocado el Santo Padre, la medalla me parecía especialmente preciosa.

El señor Turner tenía su casa en los jardines de un hospital de leprosos y una vez me contó una historia sobre su "sirviente". Por cierto, en Dublín no teníamos sirvientes, por lo que la idea era una novedad para mí. El señor Turner me explicó que había tenido que castigar a su criado (no recuerdo cuál había sido la infracción). Habían discutido acaloradamente, y esa noche, cuando el señor Turner volvió de su trabajo en el laboratorio del hospital, había una olla en el fuego. Esto no le pareció extraño, ni tampoco pensó nada en particular de la ausencia del criado. Se sirvió la cena y disfrutó del guiso. A la mañana siguiente, cayó en la cuenta de que su perro también había desaparecido. Fue entonces cuando descubrió con horror que se había comido a su mascota para la cena. De más está decir que el criado nunca regresó.

Yo adoraba a Rex, nuestro Jack Russell terrier blanco y negro, mi compañero de juegos desde que tenía dos años. No podía imaginarme lo que se sentiría comerme a Rex para la cena.

—◆◆◆—

A eso de las dos de la tarde, el aeropuerto había quedado casi desierto. Mis guardias miraban el reloj eléctrico de la pared. Me habían custodiado desde mi llegada; probablemente se acercaba el final de su turno y estaban ansiosos por marcharse.

Estaba preguntándome qué iría a ocurrirme, cuando uno de los guardias se levantó, abrió la puerta y entró a la oficina; oí el sonido metálico de su ametralladora golpeando contra el marco de la puerta. Sin mirarme, gruñó algo ininteligible, dejó mi pasaporte irlandés verde sobre la mesa y se marchó caminando a través del hall. Su compañero lo siguió y desaparecieron, dejándome librado a mis propios medios.

Salí de la oficina y miré a mi alrededor. Ya no quedaban pasajeros y el empleado que limpiaba los pisos no me prestó la menor atención. El oficial de migraciones también había desaparecido y no había nadie en el mostrador de ventas. En el área de equipaje, la única maleta que quedaba era la mía, desamparada en el suelo. La cogí y salí caminando de la terminal a la brillante luz del sol. Hice un esfuerzo por lucir sereno.

Un hombre pequeño, vestido con camiseta, pantalones marrones y sandalias, bajó de un taxi decrépito y comenzó a hacerme señas. Subí al taxi y le indiqué (en francés) que me llevara al centro de Libreville.

Según mis instrucciones, debía encontrarme con el Padre Luis Lerma, también Legionario de Cristo, que vivía en una ciudad lejana llamada Franceville. Debía comunicarme con él al llegar a Gabón, y él me explicaría cómo llegar a Franceville, a 500 millas por tierra. Entretanto, pasaría la noche con un conocido suyo en Libreville, un pastor francés.

El taxi olía ligeramente a vómito. Me alegré cuando se detuvo en una pequeña rectoría junto a una iglesia. El pastor era un sacerdote diocesano que vivía en Gabón hacía varios años; era adusto y poco acogedor. Después de un intercambio mínimo de charla intrascendente, me condujo a una habitación diminuta, encendió el ventilador de techo y me dejó solo. Estaba hambriento y exhausto, pero mi única opción era acostarme y dormir. Había sido un día muy largo.

⸙

Cuando desperté de mi siesta, traté de hacer una llamada pero el teléfono no funcionaba. El pastor me dijo que no me preocupara, que a veces las líneas se descomponían. En efecto, ocho horas más tarde sonó el teléfono: era Luis. Me preocupó su tono monótono. No parecía contento de oírme.

"Hola, Padre Keogh, no se oye bien. Hablemos rápido antes de que se corte la comunicación" me dijo. "La carretera de Franceville a Libreville está inundada. La mayor parte está sin pavimentar, así que no puedo ir a buscarle. En condiciones normales, el viaje de 500 millas puede durar hasta cinco días".

Se me fue el alma al piso.

Libreville, la capital de Gabón, es un puerto sobre el río Gabón y el centro de una próspera industria maderera. Gabón está atravesado por el ecuador y se encuentra en mitad del continente, sobre la costa occidental de África central. Al norte limita con Guinea Ecuatorial y con la República de Camerún, y al sur y al este se encuentra la República Democrática del Congo. Gabón tiene aproximadamente la mitad de la superficie de Francia.

"Déme algunos días para ver qué puedo hacer" dijo Luis. "Estoy tratando de conseguirle un billete de avión".

Luego se cortó la comunicación. Pasaron un par de días así, que ahora parecen sólo un mal recuerdo. El pastor me daba de comer después de todo, pero yo sentía que era una carga para él. Sospecho que no tenía demasiado dinero; yo por mi parte, no tenía prácticamente nada. Casi no salía de la casa; sólo un par de veces salí para orientarme un poco. No tenía idea de cuál era la relación entre el pastor y Luis. Mi impresión es que apenas se conocían.

Luis volvió a llamar para decirme que había un billete de ida a Franceville esperándome en el aeropuerto. Me pregunté si seguiría llamándome "Padre Keogh" cuando nos viéramos. En la Legión no nos permitían llamarnos por nuestros nombres de pila, pero las reglas que había obedecido durante los últimos veinte años estaban comenzando a molestarme mucho. En ese momento, decidí que lo llamaría "Luis".

<hr />

Fui en taxi al aeropuerto para tomar el primero de los dos únicos vuelos que haría en mi vida con Air Gabon. Las primeras cinco filas del moderno jet tenían los asientos con los respaldos inclinados hacia atrás para sostener jaulas con pollos vivos. Cuando llegamos a la altura de crucero, abajo no se veían pueblos, carreteras ni edificios. Lo que más recuerdo es la densidad de la vegetación. Desde el aire, la jungla parecía un enorme brócoli verde.

Una hora después aterrizamos en una pista sin asfaltar, levantando una gran nube de polvo rojizo. Desde la ventanilla no se veía ningún edificio, sólo una barraca prefabricada. La aeromoza juntó los aperitivos, refrescos y bocadillos que habían sobrado, los puso en una bolsa plástica y se la dio a uno de los pasajeros que descendían. Otros pasajeros bloqueaban los pasillos mientras recogían los pollos que cloqueaban. Al bajar la escalerilla y pisar el suelo rojo, mi humor cambió.

Había familias y amigos esperando a los pasajeros que descendían del avión, en una atmósfera alegre y bulliciosa. Las mujeres eran guapas y serias. Todas llevaban vestidos similares: largas telas de colores envueltas alrededor del cuerpo y anudadas a la altura del pecho. Yo había visto mujeres vestidas así en las revistas de misioneros. Sus alegres risas al reencontrarse con los que llegaban me alegraron de inmediato.

Luis estaba de pie algo más atrás. Llevaba una camisa blanca, pantalones azules y sandalias. Nunca antes había visto a un Legionario en sandalias. Vi una tímida sonrisa familiar detrás de sus lentes oscuros y nos saludamos con la mano. Lo supiera él o no, era la persona que me ayudaría a descubrir la voluntad de Dios con respecto a mi persona.

A medida que mis ojos se acostumbraban a la luz brillante, me acerqué y vi que Luis estaba demacrado y sudoroso. Nos dimos la mano y nos abrazamos (la manera usual de saludarnos en la Legión). Luis cargó mi maleta en una camioneta cuatro por cuatro azul, estacionada a unas 50 yardas del avión.

Cerré la portezuela y me di cuenta de que Luis no estaba contento de verme, como yo esperaba. Su tono de voz era monótono y parecía tenso. Emprendimos el camino a Franceville.

"Padre Keogh" dijo "no le voy a mentir".

"¿Qué sucede?" le pregunté.

"Me voy de Gabón lo antes posible. No soporto este lugar".

"¿Cuándo piensa irse?"

"En unas dos semanas" respondió.

Si me hubiera dado un mazazo, el efecto habría sido el mismo. No podía creerlo: Luis me iba a dejar solo en Franceville. ¿Sabía esto el Padre Maciel, nuestro superior, al enviarme a Gabón? ¿Me había engañado? Se me retorció el estómago mientras conducíamos a la Misión. No sabía qué decirle a Luis y tenía náuseas.

—∞∞—

Había sido ordenado sacerdote de la Legión de Cristo seis años antes de llegar a Franceville. Desde el momento en que me uní a la Legión, catorce años antes de eso, me asaltaban serias dudas, que jamás me abandonaban, incluso cuando era feliz y disfrutaba de la vida.

Algunas semanas antes de partir hacia África, el Padre Maciel, nuestro fundador, vino a visitar el noviciado de la Congregación en Cheshire, Connecticut. Pedí una audiencia con él, para hablarle de mi futuro como sacerdote. Me sorprendí cuando me recibió en el inmenso comedor; yo habría preferido un lugar más acogedor. Después de veinte años de dudas, había mucho que decir; y aunque lo conocía bien, me sentí incómodo al entrar en el inhóspito salón.

Maciel llevaba una sotana negra (la larga túnica ajustada al cuerpo y a la altura de los tobillos, obligatoria en nuestra casa de estudios). Llevaba bien sus 62 años. Su piel clara, proveniente de sus distantes ancestros españoles, hacía que el negro le quedara muy bien. Esbelto, bien proporcionado y elegante, se veía relajado y daba la impresión de un perfecto Director Ejecutivo. Sus lentes acentuaban el rostro delgado y rectangular, el mentón cuadrado y los fríos ojos azules. Enseguida noté el olor acre de la loción Goya que usaba para teñirse el cabello; ese olor estará siempre asociado con él en mi memoria. Gracias a la loción Goya, no había gris en el fino cabello castaño del padre Maciel; peinado hacia atrás y con raya a la izquierda, su amplia frente quedaba realzada por la línea cada vez más alta del nacimiento del cabello. Cruzó las manos largas y delicadas sobre el regazo y se dispuso a escucharme.

"Veamos, Padre Keogh, ¿qué ocurre?" dijo.

Respiré hondo y empecé a desahogarme.

Durante más de quince minutos, le expliqué por qué tenía serias dudas sobre si debía continuar siendo sacerdote. Estaba emocionado y me esforcé para no llorar. Él me escuchó con atención y se mostró más comprensivo que nunca. Sugirió que mi ansiedad se debía a mi falta de generosidad; ésta había sido su respuesta habitual durante veinte años. Me instó a regresar a Roma a terminar mi doctorado en teología. Ofreció hacerme presidente de nuestra universidad más prestigiosa de la ciudad de México. Yo tenía 37 años y hacía casi seis que había sido ordenado sacerdote y que trabajaba en Rye, Nueva York.

<hr/>

La mayor parte de mi vida en la Legión la viví al margen de la estricta obediencia a nuestras exigentes reglas. Durante todo mi período de formación, pasaba mucho tiempo fuera de la rutina de la comunidad. Este estilo algo heterodoxo como Legionario había comenzado cuando el Maestro de Novicios (el sacerdote a cargo de la formación espiritual de los nuevos reclutas) me eligió como el nuevo chofer de la comunidad. De ahí en adelante, fui el chofer designado en todas las comunidades en las que viví. En aquella época muchos Legionarios no sabían conducir, de modo que los Superiores escogían a uno o dos individuos para ese trabajo.

La vida en una comunidad religiosa está gobernada por reglas estrictas. A cada "hermano", título que se nos daba antes de convertirnos en sacerdotes, se le asignaba una determinada tarea. Por ejemplo, teníamos un "hermano regulador" encargado de tocar una campana para marcar las horas de plegaria, estudio y recreación. Era el único autorizado a usar reloj; dependíamos de él para regular las horas del día. También teníamos un "novicio sacristán", que se encargaba de todo lo relacionado con la capilla; un "novicio enfermero", que nos proveía de aspirinas y curitas. Pero, en mi opinión, el rol de "Chofer" era con mucho el más glamoroso. Mis frecuentes recados en el mundo exterior rompían la monotonía y aislamiento controlado de mi vida como novicio.

Durante los primeros dos años, llamados "noviciado", y el siguiente año, el "juniorado", los jóvenes reclutas no tenían demasiados motivos para salir de la residencia, exceptuando la caminata semanal en las afueras. Por el contrario, el chofer tenía acceso a la vida fuera de los confines del monasterio, y podía recoger información que los demás hermanos ignoraban. Por ejemplo, recoger a un Superior en el aeropuerto brindaba la oportunidad de conocer al recién llegado antes que nadie. En el mundo aislado de los seminaristas de la Legión, este acceso confería más estatus. Por ser el chofer de varias comunidades, logré desarrollar una excelente relación personal con mis superiores, incluido el Padre Maciel, el Fundador y Superior General. A diferencia de mis pares, yo tenía más contacto con las debilidades humanas de mis superiores; era testigo de sus luchas y vacilaciones, no muy diferentes de las mías, aunque ellos no podían mostrar sus dificultades personales en público. Sospecho que esto me ayudó a lidiar mejor con la autoridad, ya que veía que la fragilidad humana nos era común.

La desventaja de mis frecuentes incursiones fuera de la comunidad fue que me hice una idea equivocada de la vida como Legionario. La sensación de libertad, entusiasmo y aventura compensaba las dificultades y dudas que tenía con respecto a mi vocación. La tarea más importante de un candidato a sacerdote consiste en determinar, mediante la plegaria, si Dios lo está convocando. Yo me permitía las distracciones porque me encantaba estar fuera del monasterio, pero debería haberme concentrado más en saber si realmente el sacerdocio era mi vocación. Cuando me encontré con el Padre Maciel en Cheshire, supe que había llegado la hora de la verdad.

En el fondo, yo no tenía dudas de que había llegado el momento de abandonar la Legión.

"No me uní a la Legión para cambiarla", le dije al padre Maciel. "Sé que debería adaptar mi vida a las reglas, no al revés".

Él me escuchaba en silencio.

"Me siento sofocado con tantos mandatos y reglamentos. El problema no son los votos de pobreza, castidad y obediencia, sino las nimiedades, las reglas sobre lo que puedo leer, lo que puedo ver, lo que puedo pensar".

El Padre Maciel permanecía imperturbable. Me escuchaba sin un pestañeo de sus ojos claros, y esperaba.

"Cada año tenemos nuevas reglas" proseguí. "Cada año son más restrictivas. Quiero ver a mi familia. ¡No quiero ser un robot! ¡No ingresé a la congregación para esto! Estoy harto y cansado de estar tan controlado. No creo que Dios quiera eso para mí". Por primera vez, supe que estaba llegando al fondo de la cuestión. "Lo más honesto de mi parte es dejar la Legión, con su bendición".

Al escuchar mis propias palabras, me di cuenta del terrible dilema al que me enfrentaba: nos enseñaban que la vocación como sacerdote en la Legión de Cristo era un camino exclusivo. Durante veinte años había aprendido bien la lección: "sacerdocio", "Legionario" y "razón de vivir" eran una misma cosa. Me sentía atrapado en una vida que me resultaba ajena y me daba cuenta de que estaba al borde del colapso nervioso. Abandonar la Legión significaba abandonar el sacerdocio.

Según las enseñanzas del Padre Maciel, abandonar la vocación de Legionario equivalía a la condenación eterna. Sin decirlo explícitamente, afirmaba que si bien no podía estar "completamente seguro", tenía "razones para creer" que un Legionario que abandona su vocación podría enfrentarse a la "condenación", es decir, el castigo eterno del infierno. Las parejas pueden separarse o divorciarse, los soldados pueden abandonar el ejército, los estudiantes pueden dejar sus estudios. La gente puede cambiar de carrera: las enfermeras pueden convertirse en vendedoras, los contadores pueden volverse gerentes de hotel. Pero un Legionario es Legionario para siempre.

Cuando me incorporé a la Legión, el Padre Maciel necesitaba reclutar y retener hombres jóvenes para hacer crecer su nueva congregación. Recuerdo que escribió, o dijo, algo así como: "Cuando era joven, sentí un claro llamado de Cristo: "Olvídate de ti mismo, sacrifícate, haz la voluntad del Señor. Forma a otros y envíalos por todo el mundo. Ellos orarán por ti, escribirán por ti, santificarán muchas almas en tu nombre".

Sabía que no iba a permitir que sus reclutas abandonaran la nave tan fácilmente. Cuando ingresé al noviciado y la puerta se cerró a mis espaldas, no tenía idea de lo difícil que sería salir. No había nada que impidiera físicamente volver a salir al mundo que quedaba atrás, la puerta no tenía llave alguna.

La dura interpretación del Padre Maciel del capítulo 9, versículos 61- 62 del Evangelio según San Lucas ya presagiaba esta dificultad: "Otro le dijo: 'Te seguiré, Señor, pero permíteme antes despedirme de los míos'. Jesús le respondió: 'El que ha puesto la mano en el arado y mira hacia atrás, no sirve para el Reino de Dios'".

Muy pronto aprendí que la idea de abandonar la Legión significaba traición, y que los que lo hacían, se enfrentaban a la condenación.

El peor momento para un Legionario que desea dejar la Legión es antes de llevar a cabo su decisión; es un período de aislamiento y soledad. En mi caso, este proceso duró años. Las modificaciones a las reglas que yo había jurado obedecer al ingresar también contribuían a mi angustia.

—❧—

En el verano de 1980, un año antes de la reunión definitiva con el Padre Maciel, se realizó en Roma el "Primer Capítulo General Ordinario" de la Legión. Hacía casi cuatro años que yo estaba asignado como sacerdote en Rye, Nueva York.

Como la mayoría de las congregaciones religiosas, la Legión tiene una estructura general para su gobierno, regulada por el Código de Derecho Canónico. La autoridad suprema en una congregación es el "Capítulo General", que se realiza cada doce años. El objetivo del Capítulo consiste en determinar la estrategia futura y planificar los pasos a seguir, protegiendo al mismo tiempo la tradición, el espíritu y el propósito de la organización. El Capítulo elige al Superior General y a los Consejeros.

Muchos de nosotros esperábamos que el Capítulo suavizara alguna de nuestras reglas, en especial aquéllas que parecían anticuadas en comparación con el estilo de vida "normal" de los sacerdotes. Antes de unirme a la Legión no comprendía exactamente lo que significaban. Por ejemplo, las reglas de los Legionarios para las visitas familiares eran *mucho* más estrictas de lo que normalmente admite la Iglesia. Durante mis veinte años en la Legión, pasé sólo veinte días en total con mi familia, y esto me pesaba muchísimo. Si queríamos escuchar música, podíamos elegir entre clásica o instrumental. La música pop o cantada (a excepción del canto gregoriano) estaba prohibida. También me molestaban las reglas acerca de la autoflagelación. Debíamos usar un pequeño látigo dos veces por semana y darnos 15 azotes en el muslo o en la espalda. Tres veces por semana debíamos atarnos un silicio hecho de alambre de púas alrededor del muslo.

En lugar de suavizar las reglas, según las enseñanzas del Concilio Vaticano, el primer Capítulo Legionario introdujo nuevas reglas y dispuso que las anteriores fueran aún más restrictivas y deshumanizantes.

El Capítulo reeligió al Padre Maciel como Superior General por una mayoría absoluta de delegados. En realidad, nadie esperaba otra cosa. El Fundador ejercía un control casi total sobre todos los aspectos de nuestras vidas físicas y espirituales. Creíamos que Dios lo había llamado para fundar la congregación y dictar sus reglas: ¿por qué querríamos a otra persona?

Uno de los sacerdotes que había participado en el Capítulo vino a Rye para dar una conferencia a los Legionarios norteamericanos sobre los resultados del Capítulo. Nuestro Director Regional, el Padre Bannon, un austero sacerdote de Dublín, presidía el encuentro. Nos entregó folletos con las directivas del Capítulo para que las meditáramos en privado. En mi opinión, ninguno de los Legionarios presentes estaba contento con lo que escuchábamos, exceptuando quizá al Padre Bannon, un hombre delgado y con una incipiente calvicie, sin un gramo de grasa en su cuerpo. Aunque sus facciones no eran agudas ni malvadas, todo en él hacía pensar en el adjetivo "frugal".

Las nuevas directivas se basaban en versículos de la Biblia, en los Padres de la Iglesia y en extensas citas de los escritos del Padre Maciel. Ingenuamente, yo esperaba que el Capítulo incorporara la creciente globalización de nuestra Congregación y los vientos de cambio traídos por el Concilio Vaticano II. ¡Mi decepción fue enorme! La conferencia pronto se volvió una monótona letanía de exhortaciones a ser completamente leales a las reglas del Padre Maciel. Nuestro presentador nos comunicó las nuevas reglas, mucho más restrictivas, con respecto a escuchar música popular, y levanté la mano.

"¿Por qué no podemos escuchar música moderna?" pregunté. "Somos hombres adultos y educados, pasamos un tercio del día orando. ¿Por qué no podemos escuchar una canción en la radio mientras conducimos? ¿Por qué sería tan terrible que nuestras vidas fueran un poco más normales?"

El Padre Bannon me miró de reojo, mientras su rostro adquiría un tono escarlata.

"Usted verá, Padre Keogh: hace poco, se encontró a un estudiante escuchando música pop con letras prácticamente pornográficas. Por supuesto, ya no forma parte de la Legión. El Padre Maciel cree que es mejor que no escuchemos música moderna, a fin de preservar las vocaciones frágiles".

Mi decepción se convirtió en enojo. "¡¿Eso quiere decir que todos los demás debemos volvernos locos para salvar la vocación de alguien que, de todas maneras, no debería ser un sacerdote, ya que tiene problemas con su voto de castidad por escuchar música pop?!"

El Padre Bannon me fulminó con la mirada. Sabía que me había metido en problemas; pero, por primera vez en mi vida como Legionario, no me importaba.

Al conocer todos los cambios introducidos por el Capítulo, mis primeras sospechas se vieron confirmadas: el Fundador y sus asesores más cercanos habían manipulado el primer Capítulo General Ordinario de la Legión. Las nuevas reglas no eran las que yo había jurado obedecer, y me sentía disgustado, enojado y desilusionado. Ya estaba harto de tolerar un estilo de vida cada vez más represivo y desalentador.

Dios sabe que lo intenté. Después de la conferencia, me sentía atrapado en una vida ajena. A menos que hiciera algo, sentía que el colapso nervioso era inminente. ¿Podría encontrar la fuerza necesaria para reinventar mi vida? Ser visto como un traidor sería muy doloroso, y me preocupaba que mi familia y amigos me rechazaran, como sabía que lo haría la Legión. La soledad y el miedo no me resultaban nuevos, pero el enojo era una emoción extraña para mí. Tenía miedo de que me terminara llevando a la rebelión o al manicomio

Al estar sentado frente al Padre Maciel en las rígidas sillas de madera del comedor de Cheshire, supe que el momento había llegado. Manifesté mi desacuerdo intelectual con el Capítulo y confesé que creía que él había manipulado los resultados. Le hablé de mi depresión y de mi disgusto.

"Si no sigo lo que me dice el corazón, terminaré por perder la cabeza" dije.

Tal vez resulte difícil entender lo difícil que era abandonar la Legión. Estábamos aislados de nuestras familias, y nuestras reglas no nos permitían tener amigos, ya fueran laicos o compañeros Legionarios. Nuestra idea fundamental era que Dios llamaba a cada uno de nosotros a la Legión. Las preguntas no estaban permitidas. Había trabajo que hacer, almas que salvar. No culpo a los Superiores; cuando yo era uno, no fui diferente. Nuestra conducta sólo podía compararse con la de Jesús. El Padre Maciel decía expresamente que nuestro modelo no era él, sino Cristo. Como Fundador, el trabajo de Maciel consistía en administrar las reglas y pautas generales para nuestra transformación en Cristo. Era todo o nada.

Cuando pienso en la definición de un Legionario, se me ocurren los términos "milicia espiritual" o "boinas verdes". Éramos los soldados de élite de Dios. Fue justamente esta exigencia a todo o nada lo que me había atraído y motivado originalmente. ¿Cómo traicionar una vocación tan heroica?

Una vez expuestos mis problemas, el Padre Maciel me sugirió regresar a Roma.

"Sé cuánto te gustaba conducir el autobús" dijo. "Me aseguraré de que puedas conducir el Mercedes nuevo mientras terminas tu doctorado".

Esta condescendencia me irritó sobremanera. Me trataba como a un niño, con la esperanza de ablandarme. Volver a Roma no era una opción para mí, sabía que no sobreviviría más de unos pocos meses en el entorno del seminario. No iban a doblegarme con la promesa de conducir un autobús.

Parafraseando a San Pablo dije: "Mientras yo era niño, hablaba como un niño, sentía como un niño, razonaba como un niño, pero cuando me hice hombre, dejé a un lado las cosas de niño".

Le expliqué al Padre Maciel que no podía más. Volver a Roma sólo agravaría las cosas.

"¿Y qué opinas si te envío a España?" preguntó. "Podría encontrarte una posición cómoda, donde tendrás la libertad de ir y venir y de hacer lo que desees".

Las implicaciones eran ofensivas. Yo no tenía intención alguna de vivir como sacerdote sin ser fiel a mis votos, especialmente a mi voto de castidad. Al ofrecerme una posición con "libertad", el Padre Maciel demostró que entendía que mi mayor problema era el voto de obediencia. Y tenía razón. Pero al rechazar su segunda oferta, me pregunté si él realmente comprendía la profundidad de mi angustia y malestar.

Necesitaba un tiempo de calma para orar y reflexionar sobre el futuro, sin la presión de predicar a los ricos o vivir en una casa de estudios; necesitaba estar solo, sin obligaciones exteriores. Cuando era niño y pensaba en el sacerdocio, quería trabajar con los enfermos y desafortunados en África. Ese ideal cambió más adelante por la estrategia de la Legión: Latinoamérica corría peligro de caer en manos del comunismo; había que trabajar con las élites y desarrollar líderes que se encargaran de los pobres y necesitados. Me aboqué a la tarea. Pero finalmente, llegué al sentirme emocionalmente agotado. Cuando el Padre Maciel entendió que volver a Roma no era una opción para mí, ni lo era enviarme a una vida más "relajada" en España, pareció adoptar un tono más comprensivo. Se produjo un cambio sutil en su actitud: se volvió menos severo y más paternal. Su tercera oferta me tomó por sorpresa.

Se manifestó el lado más gentil de mi Superior General, algo inusual, ya que yo estaba habituado a ver el pragmatismo en su disciplina, consejos y guía espiritual. Pero a medida que hablaba, empecé a relajarme. Por primera vez en años, me hablaba de hombre a hombre. Todas mis cartas estaban sobre la mesa.

"Padre Maciel, he confiado en usted como padre y quiero su honesto consejo y su bendición. No demos más vueltas al asunto, por favor. Decidamos de una vez" le rogué.

El Padre Maciel confirmó mis sospechas y admitió que había manipulado el Capítulo General para obtener los resultados que deseaba. No fue explícito, pero no me dejó ninguna duda y yo me sentí agradecido por su honestidad. En su opinión, el hecho de que yo hubiera comprendido su maniobra política me hacía difícil continuar con el estilo de vida Legionario y comprendía mi confusión interior.

¡Por fin! Su actitud se suavizó cada vez más, se volvió más solidario y alentador. Mi frustración y enojo empezaron a disolverse, ya que evidentemente él apreciaba todo lo que yo había hecho y se preocupaba por mi bienestar. Hablamos un largo rato, y lo que me dijo aún hoy es un bálsamo espiritual para mí, especialmente cuando tengo momentos de duda.

El Padre Maciel sacó una postal arrugada del bolsillo interior de su sotana y me la entregó.

"Necesitas alejarte un tiempo y reflexionar sobre lo que hemos hablado. Te cae bien el Padre Luis Lerma, ¿verdad? Está en una misión, colaborando con el Obispo de Franceville en Gabón. ¿Por qué no vas a ayudarle?" sugirió.

Cuando comprendí lo que estaba diciendo, lo inesperado de la oferta fue una verdadera sacudida: quería enviarme a África para que yo decidiera si quería abandonar el sacerdocio o no.

"Al menos verás África" dijo, persuasivo.

"Lerma dice que Gabón es un lugar muy bello, con colinas onduladas".

Era cierto que me caía bien el Padre Lerma, y no sabía que se hallaba en África occidental. Habíamos trabajado juntos en México durante nuestras "prácticas apostólicas." Aunque no era exactamente mi tipo de persona, era un español muy agradable, aunque algo austero, profundamente espiritual y un vasto conocimiento de las artes clásicas y la teología. Para mi gusto mundano, era demasiado ansioso, humilde y devoto. Me intrigaban las circunstancias que lo habían llevado a ofrecerse a servir a Dios y a un Obispo desconocido en los confines del mundo.

Posiblemente, si me unía a Luis en Gabón, podría encontrar la paz interior y resolución que necesitaba para alcanzar una situación definitiva. Era un sacerdote en el que confiaba y podía contarle mis problemas. Y además, desde luego, finalmente conocería África.

Los penetrantes ojos azules del Padre Maciel me perforaban. Él sabía que yo comprendía su maniobra maquiavélica. Yo había servido a la causa y ahora Gabón era una excelente estrategia para mi salida. Simplemente "desaparecería", como lo habían hecho tantos Legionarios anteriores. No habría necesidad de incómodas explicaciones a los hermanos Legionarios, amigos y benefactores. Éste era su método para lidiar con el control de daños; se diría que "el Padre Keogh se ofreció como voluntario para trabajar en África". Nada de preguntas molestas ni despedidas.

A lo largo de mi carrera, me había tocado conducir a varios hermanos y sacerdotes destrozados al aeropuerto o a la estación de tren de madrugada, para que no se notara su partida y así evitar escándalos de cualquier tipo. Ahora era mi turno. Acepté la propuesta del Padre Maciel. Nos pusimos de pie, me abrazó al estilo mexicano y me palmeó la espalda mientras nos despedíamos. Jamás volví a verlo.

Una vez tomada la decisión, me sentí aliviado. Mis seis años en Rye, un rico suburbio de Nueva York, no habían sido felices. No me gustaba trabajar en Estados Unidos, ya que toda mi preparación había sido para México.

El 2 de septiembre de 1962, a los diecisiete años, había sorprendido a mi familia, amigos y a mí mismo al unirme a la congregación. El Padre Santiago Coindreau, un carismático reclutador de la Legión, me convenció de que México ofrecía más desafíos que los leprosos de África. Mis amigos se quedaron atónitos cuando, al terminar la escuela preparatoria, me incorporé a la nueva congregación mexicana y partí hacia mi misión de "salvar a Latinoamérica del comunismo". Veinte años más tarde, a los treinta y siete años, estaba a punto de partir a África para salvarme a mí mismo.

Antes de partir, el Padre Maciel me dio permiso para hacer una corta visita a Washington DC para despedirme de mi hermano Brendan, de su mujer y de sus hijos. Mi único hermano vivía en Bethesda, se estaba haciendo una reputación como uno de los mejores especialistas en pulmones en los prestigiosos Institutos Nacionales para la Salud. Luego regresé a Rye y preparé mi partida hacia el "Apartado Postal #144," Franceville, Gabón) - vía Dublín.

Mi solicitud de pasar por Irlanda a visitar a mis ancianos padres también se había aprobado; el hecho de tener autorización para realizar dos visitas familiares en tan poco tiempo era una indicación de lo mucho que había cambiado mi situación. El Padre Jorge Cortés, un Legionario mexicano, estaba de visita en Rye, proveniente de una de nuestras escuelas en México D.F. Le tocó a él entregarme mi pasaje de ida a Libreville y US $100 en efectivo para el viaje de parte del Padre Maciel. Que el billete fuera solo de ida no me pasó desapercibido, pero ya no me importaba. ¡Pero cien dólares para un viaje alrededor de medio mundo! Pensé en llevarme algo de dinero extra de las cuentas de Rye, donde servía como superior. Un benefactor de México acababa de donar US $2,000 en efectivo dos semanas atrás, y el dinero aún estaba en el cajón superior derecho de mi escritorio. También tenía dos autos antiguos, donados por otra familia mexicana acaudalada, ambos a nombre mío. Pero todavía tomaba en serio mi voto de pobreza y decidí partir con los US $100. Los únicos objetos que extrañaría de mi vida en Estados Unidos eran mis esquíes Olin de 1,95cm y mis botas de esquiar. Habían sido un regalo que el Padre Bannon me había permitido conservar para uso personal. Los esquíes me recordaban épocas más felices en las laderas de Berkshire, cerca de mi casa en Rye. Pero no los necesitaría en Gabón.

Mientras Luis Lerma conducía a través de la pequeña ciudad de Franceville camino a mi nuevo hogar, me pregunté si había sido estúpido de mi parte haber confiado en el Padre Maciel durante tanto tiempo, y si podía continuar haciéndolo. ¿Sería capaz de encontrar un nuevo sentido de realización en mi nuevo puesto? La Legión era la congregación religiosa de mayor crecimiento en la Iglesia Católica y pensé en cuál sería mi futuro dentro de ella. ¿Dios me estaba sugiriendo un nuevo camino? ¿Había tardado demasiado en oír su llamado? No sabía si éste era el final del asunto o el comienzo de un nuevo viaje.

El Padre Marcial Maciel fue el fundador más joven de una congregación religiosa en la historia de la Iglesia Católica. Nacido el 10 de marzo de 1920 en Cotija de la Paz, un pueblo de unos 5.500 habitantes en el estado de Michoacán, su infancia coincidió con los disturbios sociales y religiosos que afligieron a México durante la Revolución Cristera. Todo esto dejó huellas imborrables en él. Mucho más tarde escribió: "Puedo resumir mi infancia en dos palabras: dolor y amor. Durante todos esos años, Dios me permitió atravesar sufrimientos morales y físicos. Ésta era Su manera de prepararme para la segunda parte que Él me tenía reservada, moldear y formar la Legión; pero durante aquellos años siempre sentí Su amor paterno hacia mí".

Marcial fue testigo de la persecución de la Iglesia en México, incluyendo la ejecución de sacerdotes. Esto le dejó el deseo de que su vida contribuyera a cambiar las cosas. Imaginó un grupo de incansables sacerdotes dedicados a establecer el reino del Sagrado Corazón en el mundo, recuperando a la sociedad para Cristo, *re-cristianizando* a la humanidad. Quería sacerdotes con una educación brillante, llenos de celo abrasador. Desde el principio, Marcial enfatizó la adhesión militar a la Piedra de Pedro, a la expansión del reino de Cristo, a través de cualquier medio disponible.

En 1936, a los dieciséis años, dejó su hogar y empezó a estudiar para convertirse en sacerdote. Hasta ese momento, la relación con su padre había sido ambivalente, en el mejor de los casos. Su nombre, 'Marcial' (que proviene del nombre del dios romano de la guerra, Marte), había sido elegido por su padre en contra de los deseos de la madre. El señor Maciel no estaba de acuerdo con los planes de su hijo de hacerse sacerdote e hizo todo lo posible por desalentarlos. Según la versión de Marcial, él era demasiado aventurero e inquieto para el gusto de sus hermanos. Sin embargo, su madre, una mujer piadosa, apoyó su deseo de asistir al seminario.

Fui el primer Legionario irlandés que conoció a la madre del Padre Maciel. Llegué a conocerla bien y la llamaba "Mamá Maurita".

Su relación con el Padre Maciel era muy cercana; él hablaba mucho de ella, pero casi nunca mencionaba a su padre. Era una mujer muy baja, algo gordita, de rasgos pesados; su cabello gris peinado hacia atrás enmarcaba su rostro bondadoso; era siempre cálida y sonriente. Cuando él era pequeño, iba con su madre a misa todos los días a San Juan del Barrio, una capilla en las afueras de Cotija. Por parte de su madre, Marcial tenía cuatro tíos obispos y dos tíos abuelos generales que habían luchado bajo las órdenes de Benito Juárez en la guerra civil de 1858-1861. La administración Juárez había sido anticlerical, pero al menos uno de sus tíos encontró la religión en sus últimos años y se hizo benefactor de la Iglesia.

Marcial empezó a asistir a un seminario menor de la ciudad de México, dirigido por uno de sus tíos, el obispo de Veracruz. Por la persecución religiosa en ese estado, el obispo trasladó su seminario a la capital. Éste era clandestino, oculto en el sótano de una casa en la Colonia Atzcapozalco, y los jóvenes seminaristas que vivían allí soportaban condiciones muy difíciles. La casa era muy vieja, con muros de adobe. Usaban las habitaciones más grandes como dormitorios; eran unos 250 seminaristas viviendo prácticamente como en una lata de anchoas.

Seguramente, la verdad de aquellos años se ha distorsionado a través del mito y el folklore, como en el juego del teléfono descompuesto. Los que escuchamos al propio Padre Maciel relatar las historias de sus primeros años las referimos a las nuevas generaciones de Legionarios. Así se desarrolló rápidamente una especie de fábula sobre su vida y época para inspirar a los jóvenes.

Un episodio común de este relato es la historia de cómo descubrió su vocación. A los catorce años, Marcial caminaba por la calle cuando dos monjas lo detuvieron para preguntarle por qué no asistía al seminario de su tío en la ciudad de México.

"¿Yo?" preguntó él. "¿Yo puedo ser sacerdote?"

"Por supuesto que puedes", le respondieron. "Basta con que lo desees".

Marcial corrió a la iglesia y le rezó a la Virgen María. Sintió que ella confirmaba su llamado, y se decidió a seguir a Cristo sin reservas.

La familia Maciel tenía un buen nivel de vida, de acuerdo con el estándar de Cotija. Algunas veces el joven Marcial invitaba a los niños de la zona al jardín de su casa y les regalaba sus pertenencias (juguetes y esas cosas). A veces volvía a casa sin zapatos porque se los había regalado a algún niño que los necesitaba.

Una anciana solía regalarle flores. Él las vendía y con el dinero compraba alimentos de la tienda de su tío y se los regalaba a los pobres.

Durante la guerra Cristera, cuando era sólo un niño, acompañaba al médico del pueblo a atender a los soldados heridos de ambos bandos del conflicto. Vio cómo colgaban sacerdotes en la plaza del pueblo debido a su fe, y probablemente cosas mucho peores.

Quizá porque Marcial no tenía una buena relación con su padre, siempre recordaba la fecha en que finalmente se había dado por vencido y lo había autorizado a ingresar al seminario: 2 de enero de 1936.

A medianoche, deseoso de agradecer a Jesús por su vocación, Marcial corrió a la parroquia. Por ser "Primer Viernes", estaba expuesto el Santísimo Sacramento. Luego regresó a su casa, preparó su maleta y corrió a tomar el autobús que lo llevaría al pueblo de Tingüindín.

Al llegar, pasó la noche durmiendo en un banco de madera, y a las 3:50 de la madrugada tomó el tren a México D.F. Su tío, el obispo de Veracruz (hoy un santo canonizado) lo recibió cordialmente, y Marcial le comunicó que había sido aceptado para ingresar en el seminario de los Curas Carmelitas en Puebla.

Don Rafael, su tío, le sugirió esperar y estudiar con él en el seminario de México, hasta saber con certeza qué quería Dios de él.

Marcial participó en una iniciativa para movilizar a la gente a que reclamara la reapertura de las iglesias cerradas. En 1937, en la ciudad de Orizaba, a mitad de camino entre México D.F. y Veracruz, la policía había irrumpido en una casa donde un sacerdote celebraba misa. Cundió el pánico y la gente escapó, y en el tumulto mataron a una mujer de un disparo. Unas 2.000 personas asistieron a su funeral.

Más adelante, el grupo movilizó y organizó demostraciones de protesta. En una de ellas, la multitud comenzó a inflamarse. El derramamiento de sangre parecía inminente. Marcial y otros se acercaron a Miguel Alemán, gobernador del estado de Veracruz, para exigir la reapertura de las iglesias. La gente estaba cada vez más agitada. Previendo una reacción brutal por parte de las autoridades, Marcial se abrió camino hasta un balcón y pidió calma. La multitud lo escuchó. Bajó del balcón y subió al techo de un camión del ejército. Y entonces mintió: dijo a la gente que el gobernador aceptaba sus pedidos, y la multitud comenzó a dispersarse lentamente. Los soldados y la policía se mantuvieron a distancia.

Durante los disturbios, un soldado hirió a Marcial en la pierna con su bayoneta. La policía lo arrestó y pasó tres días en prisión. Al liberarlo, el gobernador le ordenó salir del estado y no volver jamás. Pero él siguió movilizando a la gente y luego se mudó a México D.F. para organizar más protestas.

La gente reclamaba a Lázaro Cárdenas, el Presidente de México, que decretara la reapertura de las iglesias. La situación era muy tensa. En un intento por reducir a las masas, el gobierno suspendió el servicio de trenes de Veracruz. Aun así, unas 10.000 personas llegaron a la capital y se reunieron frente al Palacio Nacional. De allí intentaron peregrinar hasta la Basílica Nuestra Señora de Guadalupe, pero la policía dispersó la peregrinación y Marcial fue arrestado nuevamente. Una mujer llamada Lucía Guízar pagó los 20 pesos de fianza; su hermano era el obispo Luis Guízar Barragán, otro de los cuatro tíos de Marcial. Esta vez, al salir de prisión regresó al seminario.

Una vez que volvió a la rutina de la vida de estudiante, finalmente descubrió su vocación. En sus frecuentes visitas a la capilla, Marcial oraba ofreciéndose al Señor, deseoso de salvar almas.

Una mañana, durante sus plegarias, parece que Marcial vio a Cristo y éste le pidió que formara un nuevo grupo de sacerdotes misioneros, dedicados a predicar y construir el Reino de Dios en todo el mundo. Él no se sentía a la altura de la tarea y decidió hablar con su director espiritual, quien le aconsejó que escribiera sus ideas. Entretanto, aparentemente Marcial no era muy popular entre sus coetáneos. Deseaba alcanzar la santidad, el sacrificio y la pobreza extrema, y para ello siempre llevaba ropas baratas y sandalias. Creía que el desprecio por sus cosas personales lo acercaba a Cristo. Por esto, terminaba pasando mucho tiempo solo en la capilla. Su tío el obispo lo ayudó a comprender la diferencia entre el desaliño y la santidad, y de ahí en adelante nunca volvió a descuidar su apariencia.

No se sabe cuánta filosofía y teología haya estudiado Marcial. Eran momentos difíciles para la Iglesia de México, y Marcial tenía mucho de qué ocuparse. Depende de la versión de la historia que se elija, o bien Marcial discutió con su tío el obispo y éste cayó muerto de un infarto; o el obispo murió de un infarto (tal vez a consecuencia de la discusión) y el nuevo Rector expulsó a Marcial del seminario. Sea como fuere, en 1938 otro de sus tíos obispos, Antonio Guízar Valencia de Chihuahua, hermano del difunto obispo de Veracruz, envió a Marcial al seminario Jesuita de Moctezuma, Nuevo México. Este seminario estaba en un antiguo hotel y se usaba para ayudar a escapar a los futuros sacerdotes mexicanos de la persecución religiosa en su patria.

En Moctezuma, Marcial tuvo un buen comienzo. Empezó a planificar su nueva fundación. Primero reclutó a tres compañeros y poco a poco el grupo comenzó a expandirse. Los organizó en equipos para que empezaran a reunirse y discutir sus ideas. Entretanto, comenzó a trabajar en las constituciones (las reglas que gobernarían las vidas de sus seguidores). Todo iba bien hasta que, por razones que se desconocen, su tío el obispo de Chihuahua dejó de financiar sus estudios. Marcial volvió a partir en un largo viaje hacia Cuernavaca, ciudad que se encuentra unas 50 millas al sur de México

D.F., para hablar con su tío. Permaneció allí durante unos meses, hasta que su tío volvió a enviarlo a Moctezuma en 1939. A su regreso, Marcial escuchó una canción popular llamada "South of the Border."

Cuando ingresé en la Legión, pensaba que era bastante bueno con la guitarra y el canto; muchos de mis compañeros irlandeses parecían compartir esta ilusión. Si tuviera un dólar por cada vez que el Padre Maciel nos pidió que le cantáramos "South of the Border", sería rico. Le gustaban las canciones populares de su juventud, como "Cuatro Milpas" y "Dios Nunca Muere". Evidentemente, lo hacían recordar, porque después de cantar con nosotros, siempre contaba alguna anécdota. La música generaba un clima de camaradería y nos permitió conocer algo de la historia de nuestros miembros, en particular de Marcial.

En Moctezuma, a los veinte años, Marcial seguía organizando a sus Misioneros del Sagrado Corazón. Al comienzo, su actividad bajo las propias narices de los Jesuitas no pareció molestarles. Pero repentinamente, en 1940 lo expulsaron. ¿Por qué? Según la versión oficial, al principio los Jesuitas lo alentaban y estaban contentos con lo que hacía. Después cambiaron de opinión, porque no les gustaba la idea de que uno de sus jóvenes seminaristas ofreciera lecciones y guía espiritual sobre el Sagrado Corazón de Jesús a los estudiantes de filosofía y teología.

El 17 de junio de 1940, el Padre Maciel recibió una visita que no presagiaba nada bueno: un hermano Jesuita, enviado por el Rector del seminario, le comunicó que tenía treinta minutos para empacar sus cosas y tomar un auto a la estación de tren.

Marcial regresó a Cuernavaca, donde su tío le pagó tutores para continuar con sus estudios. Poco después, viajó a Cotija a acompañar a su hermano Alfonso, quien estaba muriendo. A la muerte de Alfonso, Marcial decidió permanecer donde estaba y abrir una Escuela Apostólica (seminario para jóvenes entre 12 – 18 años) y comenzar su fundación de una vez por todas. Reclutó un par de maestros y el pastor de la parroquia colaboró siendo Rector. Marcial volvió a Cuernavaca a terminar sus estudios. Su tío le sugirió que mudara su escuela a la ciudad de México; pero para cuando Marcial tuvo tiempo de hacerlo, el pequeño grupo se había dispersado. Contra todos los obstáculos, el 3 de enero de 1942 fundó la Escuela Apostólica de los Misioneros del Sagrado Corazón. Estaba por cumplir los veintiún años. Ésta es la fecha oficial de la fundación de la Legión de Cristo.

El primer edificio ocupado por la Legión fue donado por una mujer llamada Talita Retes. Conocía a Marcial desde niño, y cuando se enteró de que necesitaba dinero y un lugar, le ofreció el sótano de su tienda de ropa, en el número 39 de la calle Turín, en la Colonia Juárez de la ciudad de México. También donó una fuerte suma en pesos oro. Cuando el obispo González Arias supo de esta generosa donación, se convenció de que la Legión era obra de Dios.

Durante los años siguientes, los primeros seminaristas se mudaron varias veces, pero la congregación ya era una realidad.

El 26 de noviembre de 1944, Marcial, de 24 años, fue ordenado sacerdote por su tío, el obispo Francisco González Arias de Cuernavaca. La ceremonia se realizó en la antigua Basílica Nuestra Señora de Guadalupe en la ciudad de México. Así comenzó la historia de los Legionarios de Cristo, nombre adoptado por Maciel en 1949: en una casa desportillada en la ciudad de México, con un grupo de adolescentes que él había reclutado para "reconquistar el mundo para Cristo".

Siete de aquellos primeros Muchachos Apostólicos (jóvenes seminaristas) se convirtieron en sacerdotes legionarios. Los conocí a todos, y sé que no existe un grupo de hombres más agradable ni comprometido que ellos.

Jorge Bernal, Alfredo Torres y Carlos Mora se incorporaron en 1942. Jorge fue el primer Legionario convertido en Obispo y sirvió con gran mérito en el primer territorio misionero de la Legión en Quintana Roo, México. Carlos Mora pasó sus primeros años como sacerdote en el Instituto Cumbres, la primera escuela de la Legión en México. De allí viajó por toda la República de México reclutando nuevos seminaristas. Tenía un don especial para la dirección espiritual, y la gente que lo conocía lo reverenciaba. Javier Tena y Jorge Cortés se incorporaron en 1943; tal vez el lector recuerde que Jorge Cortés fue quien me entregaría mi billete de ida a Gabón. Alfonso Samaniego, mi Superior Regional en México D.F., se incorporó en 1944. Tenía fama de poseer una inteligencia superior; colaboró en la creación del Instituto Cumbres y más tarde se convirtió en el Rector de la Universidad Anahuac en la ciudad de México. Francisco Yépez se unió en 1945. Fue mi "Asistente de Novicios" en Irlanda.

El Padre Maciel quería que sus Legionarios tuvieran la mejor educación posible. En septiembre de 1946 llevó el primer grupo de futuros Legionarios a España para que iniciaran sus estudios en la Universidad de Comillas. El 25 de mayo de 1948, la Santa Sede otorgó la primera aprobación oficial a la congregación (en la diócesis de Cuernavaca) concediéndole la confirmación canónica, Nihil Obstat. En junio, el obispo Alfonso Espino y Silva de Cuernavaca concedió la aprobación diocesana a la congregación.

La lealtad íntegra y sin complicaciones al Vicario de Cristo era un sello distintivo de la nueva congregación. En 1946, el Padre Maciel se dirigió a Roma para hablar de su nueva fundación con el Santo Padre, Pío XII. Logró enviarle un mensaje al Papa uniéndose a una procesión de clérigos que ingresaba a una ceremonia en la Basílica de San Pedro.

Marcial fingió ser el asistente de uno de los Cardenales. Cuando llegó al secretario personal del Papa, le entregó una breve nota diciendo que necesitaba ver al Santo Padre. Gracias a su determinación y a la buena voluntad del secretario del Papa, obtuvo su entrevista; cuatro años más tarde, el Padre Maciel fundaba el Centro de Altos Estudios de la Legión de cristo en Roma, el centro de la Cristiandad.

El secretario de Pío XII, Monseñor Montini, más tarde el Papa Pablo VI, otorgó el "Decreto de Alabanza" (Decretum Laudis) a la congregación, un importante reconocimiento canónico a los objetivos y logros de la Legión.

Cuando en febrero de 1954 la Legión inauguró el Instituto Cumbres, la primera escuela Legionaria en México, dio su primer paso importante para convertirse en una fuerza nueva y viva dentro del mundo de la educación católica. Desde ese momento, la congregación creció de manera explosiva, fue cada vez más aceptada por la jerarquía eclesiástica, se expandió a otros países y acogió a innumerables seguidores comprometidos deseosos de realizar su vocación cristiana.

Retrospectivamente, esta historia de los comienzos puede parecer complicada y hay gente que sugiere que está plagada de detalles poco creíbles. Sospecho que es posible que las autoridades oficiales de la Iglesia no estuvieran completamente al tanto de las actividades de Maciel, y probablemente se enteraran después, cuando el Padre Maciel les decía lo que había hecho en cada caso. Él estaba convencido de que lo mejor era "actuar primero, disculparse después" y es probable que haya sorteado el escrutinio eclesiástico gracias a los contactos hechos por intermedio de sus tíos, en un momento en que el gobierno mexicano anticlerical perseguía a la Iglesia.

A pesar de las terribles acusaciones que salieron a la luz muchos años después, no cabe duda que el Padre Maciel logró resultados extraordinarios en una época muy difícil, gracias a su inconmovible convicción de haber sido convocado por Dios para fundar la Legión de Cristo. Quienes lo conocimos y lo seguimos, especialmente en los primeros tiempos, estábamos convencidos de que estaba realizando la obra de Dios.

Al contar la historia de la congregación, el Padre Maciel era irresistible e inspirador. No recuerdo que ninguno de nosotros dudara de su versión de los hechos, ¿por qué habríamos de hacerlo? Los jóvenes que lo habían seguido desde un primer momento habían sido testigos de sus logros y se habían convertido en nuestros líderes. Todos ellos lo reverenciaban. La repetición de las historias por parte de gente que admiraba muchísimo al Padre Maciel contribuyó a perpetuar y transformar las anécdotas en mitos. Es indudable que, incluso para un observador casual, ofrecía una imagen heroica y carismática. Miles de personas creían en él, incluyéndome. Mi período en Gabón me daría la oportunidad de discernir en qué medida mi vida estaba entrelazada con la de mi héroe.

———

Cuando llegamos a la Misión, Luis me condujo a una pequeña cabaña pintada con cal y con marcos metálicos negros en las ventanas. Se encogió dócilmente de hombros: "Es la única habitación disponible" me dijo.

En un rincón había una rudimentaria ducha. En el centro de la habitación, un catre cubierto con un mosquitero blanco. Completaban el mobiliario una pequeña mesa de madera y tres sillas. Se encontraba a unas 75 yardas del edificio principal. Cuando vi que no había baño, me pregunté dónde iría si tenía que orinar en mitad de la noche. No estaba para nada relajado al comenzar mi aventura en África.

Aunque a mí me parecía muy pequeña, Franceville es una de las cuatro ciudades más grandes de Gabón. Se encuentra sobre el río Mpassa, al final de la línea ferroviaria Trans-Gabon, la única en Gabón, que conecta la capital, Libreville, con Franceville. De camino a Gabón, uno de los pasajeros del avión me contó que Franceville hospeda un excelente instituto de investigación médica para simios, y agregó que allí obtendría mejor atención médica que en el hospital local. Rogué que estuviera bromeando.

A la hora de la cena fui a conocer a los demás misioneros. La casa era de construcción sólida y recordaba vagamente el estilo colonial de las casas españolas y mexicanas. Se entraba por un patio de baldosas rojas que llevaba a un vestíbulo. Un corredor llevaba a los dormitorios, otro al comedor y la cocina. Los personajes de la Misión incluían al obispo gabonés de Franceville, bajo de estatura, tímido y distante, un misionero francés de unos cuarenta años, un anciano misionero holandés y un bulldog entrenado. El bulldog era un miembro importante, porque nos ayudaba a evitar las serpientes cuando teníamos que salir de noche. Se convirtió en mi amigo durante nuestros frecuentes paseos en la oscuridad. El perro era el único residente amigable. El obispo Félicien-Patrice Makouaka, vestido con una sotana negra y faja púrpura, no hablaba mucho y se mantuvo tan distante que fue casi grosero. Pasó mucho tiempo hablando en privado con Luis en francés, y aunque no pude escuchar los detalles, el Obispo parecía preocupado. Luego parecieron llegar a una conclusión y nos sentamos a comer.

Después de la cena, Luis me explicó que el Obispo estaba molesto porque la Legión no le había informado de mi venida. No es de extrañar que no estuviera contento de verme. Recuerdo que preguntó: "¿Qué va a hacer él aquí?" Yo suponía que celebraría misa en la parroquia, escucharía las confesiones, ayudaría a establecer la escuela, visitaría pueblos remotos, enseñaría y en general haría lo que estuviera a mi alcance para contribuir a mejorar las vidas de los parroquianos. Lo que en realidad sucedió fue que no se me asignaron tareas formales en Gabón.

Yo estaba habituado a tener responsabilidades específicas, y sin ellas me sentía inseguro e innecesario para la Misión. El principio rector del trabajo religioso, educativo, cultural y social de los Legionarios siempre había sido la "formación integral" y mejora del ser humano. Sabía que podía adaptar este principio a las necesidades especiales de un territorio misionero empobrecido. La pregunta era si debía molestarme en hacerlo, o si mi estadía en África era sólo una farsa. Jamás se me había ocurrido que nadie se molestaría en comunicar mi venida al obispo. No podía evitar sentirme rechazado y redundante.

Después de la cena, el obispo Makouaka se sentó con los demás a ver "Dinastía" doblada al francés en un pequeño televisor en blanco y negro. No podía imaginarme nada más absurdo: el diminuto Presidente de la Conférence Episcopale du Gabon, mirando "Dinastía" en un puesto fronterizo de la antigua África ecuatorial francesa. No tuve el estómago de ver "Dinastía" en francés, por lo que me retiré a la privacidad de mi habitación para poner en orden las ideas que me quedaban. Recé el breviario (la "liturgia de las horas", una obligación diaria de plegarias para sacerdotes). Al terminar, me acosté bajo el mosquitero. El catre era demasiado corto para mi estatura; en vano traté de encontrar una posición cómoda en el estrecho espacio de mi cama. Me pregunté cuánto tardarían los mosquitos en penetrar la fina red y darse un festín con mi sangre celta. Definitivamente, no era un explorador feliz.

⸙

A la mañana siguiente, mi meta más importante sería convencer a Luis de que no partiera, al menos no tan pronto. Le recordaría que tenía una obligación moral para conmigo; según el Padre Maciel, se suponía que trabajaríamos en equipo. Si Luis insistía en partir, lo convencería de que me llevara con él. Había llegado con un billete de ida desde Nueva York, sin pensar demasiado en las consecuencias. Ahora estaba consciente de estar atrapado, porque no tenía dinero. Decidí que no me quedaría solo en Gabón y pensé: "Si Luis está decidido a partir, huiré de aquí como un murciélago que escapa del infierno[1]".

La analogía con el murciélago cobró nuevo sentido cuando me desperté sobresaltado en mitad de la noche con un sonido agudo y sibilante: sobre el alero de mi ventana volaban los murciélagos más enormes y monstruosos que haya visto jamás. El húmero calor tropical y los ruidos desconocidos no contribuían al sueño. Sin embargo, estaba exhausto y finalmente volví a hundirme en sueños complicados.

Mi primer día en la Misión comenzó a la madrugada. Después del desayuno, empecé a fastidiar a Luis acerca de sus planes; a regañadientes aceptó quedarse un poco más por mí. Sin embargo, por primera vez pude entrever la profundidad de su depresión, y más tarde me contó que tenía pensamientos suicidas. Con este estado

---

[1] La frase hecha "Like a bat out of hell" puede traducirse en español por "Como alma que lleva el diablo "; preferimos dejar la traducción literal para no perder el sentido del párrafo que sigue.

mental, temí que no pudiera ayudarme en mi búsqueda de la paz espiritual. Por el contrario, aparentemente sería yo quien tendría que cuidar de él. Entretanto, no tenía horarios fijos, así que me ofrecí a ayudarlo con lo que estuviera haciendo; comenzamos cavando zanjas de desagüe y varios trabajos menores en la iglesia y en la escuela. Si bien yo estaba habituado al trabajo físico intenso, ya que era una parte importante de nuestros veranos en Roma, realizar estas tareas todo el día resultaba nuevo y extraño. Aunque no estuviera haciendo nada demasiado significativo, la actividad, junto con el hecho de no tener nada que hacer ni nadie a quien impresionar, me ayudaron a relajarme. Necesitaba recuperar mi calma interior para alejarme de la ansiedad, reflexionar acerca de mi vida como Legionario y tomar una decisión.

⸺⸎⸺

Desde mi primer encuentro con los soldados en el aeropuerto de Libreville, los evité en la medida de lo posible. La mayoría eran hombres grandes, en excelente forma, que usaban ropa de camuflaje y gorras de béisbol haciendo juego. Se los veía todo el tiempo en las calles de Franceville, especialmente durante las celebraciones y fiestas nacionales. Patrullaban en camionetas verdes con bancos de madera en la parte posterior; cada camioneta llevaba unos seis soldados más el conductor. Los fusiles de asalto estaban siempre en sus manos.

Aparentemente, no existía una fuerza policial independiente, por lo que pensé que seguramente los militares también se encargaban del trabajo policial. Me preguntaba para qué necesitarían tanto despliegue de armas, ya que los nativos parecían pacíficos y satisfechos.

A fin de controlar mi ansiedad y mantenerme en forma, empecé a correr cinco millas al caer la tarde. La gente se detenía y se me quedaba viendo; no era frecuente ver pasar un tipo blanco de seis pies de altura, sudando profusamente y corriendo en el calor tropical. Soy un buen nadador, pero nunca fui un corredor elegante. Mi estilo es parecido al del Presidente Clinton cuando salía a trotar en la Casa Blanca. O más bien como el manjar blanco que mi madre solía preparar, trémulo en el plato que traía de la cocina. Jamás vi a ninguna otra persona haciendo jogging en Gabón, probablemente debido a que el clima no era el más adecuado. La gente caminaba muy lentamente y jamás daba la impresión de tener prisa alguna por llegar a su destino.

Ocasionalmente me cruzaba con los prisioneros de la cárcel local cuando volvían caminando del trabajo forzado. Avanzaban lentamente, encadenados unos a otros, con chalecos rayados y pantalones cortos. Las anchas rayas blancas y rojas los hacían contrastar con el monótono paisaje del pueblo.

A veces corría hasta la escuálida colonia de los leprosos y sus familias, obligados a vivir aislados. Hombres y mujeres tristes que se sentaban fuera de sus chozas, sin nada que los distrajera de su aflicción y su miseria. Pensé en el Padre Damián y me pregunté qué habría sido de mi vida de haber seguido mi sueño infantil de viajar a Nigeria.

Para conducir legalmente en Gabón, necesitaba una licencia de conducir gabonesa. Abundaban los puestos de control militar, donde los conductores debían mostrar su licencia y documentos. Al principio, tomé un par de veces el taxi "compartido". Especialmente en la estación de las lluvias, esto era una verdadera pesadilla: los conductores se detenían a tomar un trago en el camino, subían a la mayor cantidad de pasajeros que cabían en el auto y conducían como lunáticos, saliéndose muchas veces de las carreteras resbalosas y sin pavimentar.

Decidí obtener mi licencia.

El oficial a cargo de las licencias era un militar, por supuesto. Me indicó una silla de madera frente a su escritorio metálico y me senté. Mientras examinaba mis papeles, tuve oportunidad de estudiar de cerca su fusil de asalto apoyado en el escritorio, cuyo cañón apuntaba aproximadamente en mi dirección. El soldado examinó mi verde pasaporte irlandés, consultó su manual y me miró detenidamente.

"¿Es usted de Irlanda del Norte o de Irlanda del Sur?" preguntó en francés.

"Soy de la República de Irlanda" dije. No parecía hostil.

"Irlanda está dividida en dos, Norte y Sur" afirmó. "Son dos países distintos. ¿De cuál de los dos es usted?"

"Si mira la primera página de mi pasaporte" le respondí sonriendo, "verá que dice 'República de Irlanda'".

Movió el fusil unos centímetros, dejó mi pasaporte en la mesa y me dirigió una mirada feroz. "Si no me dice de qué parte de Irlanda es, tendremos problemas".

Muchas veces soy obstinado, pero no soy idiota.

"Soy de Irlanda del Sur" repliqué.

"Muy bien. Ahora salgamos para su prueba".

La prueba de conducir no era nada fácil. Desde que había empezado a conducir en Dublín, había sido el chofer oficial en todas las comunidades Legionarias a las cuales pertenecía.. Cuando llegué a Gabón, ya había conducido en al menos nueve países, a un promedio de unas 20.000 millas por año. Cuando estudiaba teología en Roma, me habían asignado, para mi deleite, a conducir el autobús Mercedes Benz nuevo de sesenta y cuatro asientos, que transportaba a los seminaristas desde y hacia la universidad. Había conducido este autobús por las estrechas callejuelas de Roma y Florencia, desde y hacia Positano, al sur de Nápoles, por las calles más angostas que puedan imaginarse. Había conducido por las curvas de los Alpes nevados y me consideraba un chofer experimentado y realmente bueno. No sé por qué estaba nervioso por esta prueba en un pequeño lote pavimentado de Franceville.

La prueba no tenía parte escrita, no me preguntaron absolutamente nada sobre las reglas de conducir. Sospecho que hacer cumplir dichas reglas no era una de sus prioridades, si se tiene en cuenta que la mayoría de las calles eran básicamente de tierra, y esto si existían. La prueba consistía en pasar a través de una serie de postes metálicos pintados de blanco muy cercanos entre sí, estilo slalom. Algunos postes estaban torcidos y manchados con pintura de distintos colores. El soldado me comunicó que si me detenía o chocaba contra algún poste, no pasaría el examen. No me permitieron probar la pista. Para un conductor inexperto, esto podría haber sido un problema, pero no para mí. Conduje a una velocidad ridículamente alta para impresionar a mi examinador. Cuando terminé, me quedé sentado en la camioneta esperando su reacción.

Como era el único candidato, esperaba que me llevara nuevamente a la oficina a llenar los formularios. Pero se acercó caminando a mi camioneta, mirándome a través de la ventanilla abierta con sus lentes oscuros.

"Bien. Lo ha hecho bien" dijo.

"Ahora hágalo de nuevo, esta vez en reversa. Pero ahora debe conducir más rápido, o no pasará la prueba".

Caminó lentamente de vuelta a la cabina de centinela al otro lado de la pista. Evidentemente, la prueba estaba diseñada para automóviles pequeños. El espacio entre los postes era unas tres pulgadas mayor que mi camioneta cuatro por cuatro, e incluía curvas cerradas y ángulos difíciles. Estaba en juego mi orgullo, y empecé a sudar copiosamente. El soldado sonreía irónicamente. Dispuesto a no dejarme apabullar, aceleré un par de veces en punto muerto, puse reversa y pisé el acelerador a fondo.

Increíblemente, no choqué contra ningún poste, pero levanté una gran polvareda. Estacioné la camioneta y el soldado regresó a la oficina. Cuando entré, ya estaba sentado detrás del escritorio gris de metal, sin expresión alguna en el rostro.

"Siéntese" me dijo. Barajó unos papeles, sacó un sello de goma del cajón y me entregó una hoja. "Aquí está su licencia".

"Gracias" dije, tratando de no sonar petulante.

Entonces sonrió. "Hasta pronto" me dijo, "nos volveremos a ver cuando solicite su visa de salida".

En ese momento supe que los extranjeros que deseaban salir de Gabón necesitaban una visa de salida. Me alegré de no haber continuado la discusión sobre la República de Irlanda, y decidí no pensar demasiado en el motivo de su sonrisa.

Luis Lerma estaba cada vez más descontento y deprimido. Empecé a temer por su salud mental Trabajaba compulsivamente en extenuantes tareas físicas, incluso durante las horas más calurosas. Se volvió cada vez más distante, hablando sólo cuando era necesario; había dejado de celebrar la misa y no cumplía con sus plegarias obligatorias. Creo que mentalmente ya había abandonado la Legión. Estaba desesperado por hablar con el Padre Maciel antes de partir de Gabón; Luis tenía un conocido que trabajaba como supervisor en la compañía telefónica y le permitía usar su teléfono para hacer llamadas internacionales sin cargo. A pesar de llamar innumerables veces y a distintas horas, el Padre Maciel nunca estaba disponible cuando Luis llamaba. Creyendo que eventualmente el Padre Maciel le devolvería la llamada, le dije a Luis que tuviera paciencia; pero pasaron semanas sin novedad.

El nivel de desesperación de Luis lo ponía inquieto, ansioso y desagradable. Quería hacer algo por él, pero en el estado emocional en que estaba terminaba por arrastrarme consigo. Mi objetivo era tomar una decisión serena y racional sobre mi propio futuro, por lo que no podía darme el lujo de caer en la autocompasión. Lo único que sostenía a Luis era mi insistencia en que el Padre Maciel eventualmente contestaría su llamada. Aún hoy sigo creyendo que lo habría hecho, pero decidí tomar acciones más concretas para acelerar el proceso.

NUEVA YORK: PESADUMBRE

Antes de viajar a Gabón, volé de México a Nueva York. Después de mi ordenación en Roma había pasado allí un par de meses. El Padre Maciel me envió de vuelta al Instituto Irlandés, una escuela que había ayudado a fundar años antes, para entrenar a un nuevo Director. Su nombre era David Owen, también de Dublín. Teníamos mucho común, incluyendo el sentido del humor, y nuestras familias se conocían. Juntos nos divertíamos mucho. En las casas de estudios, los Legionarios comen en silencio. A veces nuestros superiores prohibían que David y yo nos sentáramos juntos en el comedor porque hacíamos reír a los otros hermanos, rompiendo el mandato de silencio.

Una vez, durante las vacaciones de verano en Italia, se procuró una loción bronceadora Coppertone, un lujo desconocido en la comunidad. Fue todo un espectáculo verlo aplicarse cuidadosamente la loción antes de exponerse al sol. Cuando la botella estaba casi vacía, sin que nadie me viera introduje unas gotas del aceite más sucio y maloliente de la cocina. Al día siguiente, antes de notar nada raro, David se aplicó el aceite sobre los hombros, brazos y pecho. ¡El olor era nauseabundo! Lo tomó bien, pero yo sabía que se vengaría.

Antes de partir para los Estados Unidos, mi tarea consistiría en pasar dos meses ayudándolo a hacerse cargo de la escuela que yo había ayudado a fundar en 1965. El Instituto Irlandés era el lugar donde me hubiese gustado ejercer mi ministerio como sacerdote, si me hubieran dado a elegir, y envidiaba a David. Los meses que pasé entrenándolo fueron una muestra fascinante de lo que habría podido ser. Era el lugar en que más a gusto me sentía como Legionario.

Durante mis quince años de entrenamiento, siempre había creído que mi ministerio se desarrollaría en México, o en algún otro lugar de Latinoamérica. México era como mi hogar, adoraba a la gente y al país. Sin contar a mi familia, México era el lugar donde vivía la gente que más me importaba en el mundo. Por su parte, David había pasado gran parte de su vida de Legionario preparándose para ser sacerdote en los Estados Unidos. Sé que amaba Nueva York y no creo que haya estado muy contento de que le hubieran asignado el puesto en México. Pero nuestros votos de obediencia estaban por encima de las preferencias personales. Dejé la ciudad de México con tristeza, justo antes de Navidad.

El Padre Alfonso Samaniego, el Director Regional de la Legión en México, voló conmigo al aeropuerto Kennedy de Nueva York. Alfonso se estaba tomando un descanso navideño de su trabajo en México, y hablamos mucho durante el vuelo.

"Estoy encantado de ir a Estados Unidos para Navidad, pero detesto la idea de hospedarme en el noviciado".

Nuestro plan consistía en unirnos a un pequeño grupo de novicios de Estados Unidos para pasar la Navidad en Orange, Connecticut. Fue agradable que Alfonso me hablara como a un igual.

"¿Cuál es el problema con el noviciado?" le pregunté.

"Ya lo verás por ti mismo. Allí es difícil relajarse".

Respondí:

"Bueno, yo no estoy para nada contento de venir a Estados Unidos. Me apena tener que dejar México".

Me miró comprensivamente.

"Bueno, al menos podrás volver a ver a tu amigo Declan". Creo que compartía mi malestar.

La perspectiva de encontrarme con Declan y sus colegas Legionarios de Washington D.C. era lo único positivo, pensé mientras conducíamos por la interestatal 95 hacia Connecticut. Habíamos ido a la misma escuela en Dublín. Él había influido en mi decisión de unirme a la Legión, porque tenía una personalidad extrovertida y siempre irradiaba una gran alegría de vivir. Era un excelente deportista, tocaba el piano y era muy popular y divertido. Aunque era un año mayor que yo, pensé que si él podía adaptarse a la Legión, yo también podría.

⌘

Llegamos al noviciado temprano la tarde siguiente. Recuerdo que me impresionó la longitud del sendero de entrada. Al entrar, a nuestra izquierda vi una pequeña casa desvencijada; parecía abandonada y no coincidía con los alrededores. El sendero de asfalto negro serpenteaba hasta una colina levemente ondulada, flanqueada por campos de césped cortado. Había grandes árboles que resguardaban la propiedad del intenso tráfico de la carretera. La casa principal se encontraba en la cima de la colina.

El Padre Anthony Bannon nos recibió en el vestíbulo. Creo que ésta era la primera vez que nos veíamos, porque se había unido a la Legión un par de años después que yo. La casa había sido una residencia familiar, lo suficientemente grande como para hospedar al primer grupo de novicios norteamericanos. Tenía algunas características de las casa típicas de Nueva Inglaterra: tablillas blancas por fuera, marcos de madera en las ventanas, pisos de parquet y una escalera que crujía con balaustrada de madera. Me recordó a la Hazelbrook House en Irlanda, donde había comenzado mi propio noviciado.

El Padre Anthony era muy atento. "Bienvenidos a nuestro noviciado" dijo.

"Padre Alfonso, lo acompaño a su habitación".

Mi reacción instintiva hacia el Padre Anthony fue ambivalente. Sus lentes con marco metálico acentuaban su imagen austera. No era tan alto como yo, pero parecía estar hecho de acero. Era delgado, eficiente y directo. Nos daba la bienvenida, pero no era cálido.

"Jack" pensé, "dale una oportunidad. Esto no es México, acostúmbrate". Recogí mi maleta y le pregunté: "¿Lo sigo, Padre Anthony? ¿Cuál es mi habitación?"

Él ya se encontraba en mitad de la escalera, y me miró por sobre el hombro.

"No, Padre Keogh, usted dormirá en la casa de huéspedes, con los Padres de Washington".

No me gustaba su estilo, aunque no sabría decir exactamente por qué. Creo que me daba cuenta de que era un fanático de las reglas. Sin embargo, tenía que llevarme bien con él, ya que era mi nuevo superior. Ya deseaba que mi período en los Estados Unidos no fuera prolongado.

Alguien me condujo a la "casa de huéspedes", que por supuesto no era otra que la pequeña casita desportillada. Agarré fuerte mi maleta y entré. Afuera hacía frío y el calor del interior se sentía bien, pero la casa estaba descuidada y era deprimente. El vestíbulo olía a moho. No me gustó el lugar. Me recordaba mi noviciado en Dublín, la pobreza de Hazelbrook House; nuestro dormitorio, un antiguo establo de vacas; el largo abrevadero con diez canillas donde nos cepillábamos los dientes; la pequeña capilla. Acudieron a mi mente desoladas imágenes de árboles desnudos, muebles escasos, inviernos húmedos, reglas estrictas y duchas frías. Hasta ese momento, no creo que hubiera sido consciente de lo negativo que me había parecido mi propio noviciado. Eso me sorprendió.

Oí voces hablando en inglés en el otro piso. Era momento de conocer a mis colegas Legionarios de los Estados Unidos.

Cuando el Padre Maciel estuvo listo para abrir su primera casa en Norteamérica, habló con el Cardenal Luigi Raimondi, el Delegado Apostólico para los Estados Unidos. Raimondi se comunicó con el obispo Patrick O'Boyle de Washington DC. Poco después, en 1973, la Legión alquiló una casa en el barrio de Bethesda. No esperamos a que los obispos enviaran una invitación formal.

Estaba ansioso por conocer a mis compañeros, todos ellos irlandeses. Por un momento, oír hablar inglés a otros Legionarios me sonó extraño. Hacía casi trece años que no hablaba regularmente en inglés. Después de terminar el noviciado, hablé casi exclusivamente en español e italiano. Cuando estudiaba en Roma, excluyendo los momentos de recreación, nos obligaban a hablar en latín; esto nos ayudaba a obedecer la regla que prohibía la "charla fútil".

El Padre Declan salió de la diminuta habitación que compartiríamos durante la Navidad. Estaba feliz de verlo de nuevo, como sólo podemos sentirnos cuando nos reencontramos con un amigo de la infancia. Nos entendíamos, teníamos intereses en común y disfrutábamos de la compañía mutua. Declan me presentó a su pequeña comunidad y mi humor mejoró instantáneamente. También estaba el Padre John McCormick. ¡John y yo habíamos sido compañeros de escuela desde tercer grado de la primaria! Se unió a la Legión un mes antes que yo, en 1962, y hacía trece años que no nos veíamos, por lo que fue realmente emocionante encontrarnos nuevamente.

Declan, John y un par de Hermanos irlandeses, cuyos nombres no recuerdo, eran conversadores y cálidos. Tomé un par de sábanas e hice mi cama. Hablamos muchísimo en el dormitorio, a pesar de la regla que lo prohibía. Nos reímos mucho mientras compartíamos novedades y chismes , y al salir para acudir a la cena en la casa principal, ya era de noche. Sentí más frío que nunca antes en mi vida.

En los seis años que pasé en Estados Unidos antes de viajar a Gabón, volví con frecuencia al noviciado de Orange. Pasábamos la Navidad y la Pascua juntos. Si el Padre Bannon estaba de viaje, muchas veces me pedía que viajara desde Rye, Nueva York, a celebrar la misa para los novicios. Jamás terminó de gustarme el lugar, quizá porque seguía recordándome mi propio noviciado. O tal vez porque los novicios, que seguían sus rigurosas reglas con tanta piedad, haciendo penitencia y viviendo en relativo silencio, me hacían ver cuánto me había alejado del modelo de Legionario en el que me había formado. Ciertamente, parte de mi incomodidad estaba asociada al austero Padre Bannon, destinado a ser mi superior, director espiritual y confesor durante esos seis años.

Es difícil precisar cuál era el problema entre el Padre Anthony y yo. Él había heredado una situación delicada a la partida de sus predecesores, Juan José Vaca y Félix Alarcón, los sacerdotes Legionarios que habían abierto el primer noviciado en los Estados Unidos. El Padre Anthony siempre era muy tolerante con Declan y yo. Éramos los "relaciones públicas", encargados de establecer nuestro apostolado en Washington y Nueva York. El Padre Anthony se concentraba en reclutar nuevos candidatos para el noviciado, tarea en la que era extremadamente exitoso. Parecía siempre serio y nunca se relajaba; no tenía nada de

"mundano". Estaba siempre "en rol": el Legionario disciplinado, respetuoso hasta de las menores reglas. Yo sentía que nunca le había gustado; tal vez me juzgaba.

A medida que lo fui conociendo, pude ver cuán severo era el Padre Anthony en su vida privada. Su madre vivía en Leeson Street, Dublín, cerca de la casa de mis padres. En una oportunidad, él viajó a Irlanda para una breve visita, en mitad del invierno. A pesar de la helada temperatura de Connecticut, nunca usaba abrigo. Las "gabardinas", como las llamábamos en Irlanda, eran comunes entre los Legionarios que vivían en climas fríos. Descubrí que él no tenía una, porque no quería gastar dinero en su persona. Probablemente deseaba dar el ejemplo de frugalidad y estoicismo. Esto me molestó.

Le dije: "No puede llegar sin abrigo; hágalo por su madre".

"¿Por qué?" replicó.

"Ni siquiera se dará cuenta".

"Nuestro voto de pobreza no funciona así, Padre" le dije.

"No poseemos nada, pero se supone que debemos usar lo que necesitemos para nuestro apostolado. Hay una gran diferencia entre "poseer" y "usar", y de eso se trata la pobreza del Legionario" proseguí.

"Está enviando el mensaje equivocado. Cuando su madre vea que se congela, enfermará de preocupación".

Aunque mi presupuesto era mucho más limitado que el suyo, fui a la tienda de ropa Macy's y le compré un abrigo negro, que él aceptó. Me alegró que lo usara cuando partía en sus largos viajes de reclutamiento.

Pasado mi primer año en los Estados Unidos, él empezó a ser cada vez más intolerante. Las cosas debían hacerse a su manera, o no se hacían. A medida que pasaba el tiempo, nuestras diferencias nos crispaban mutuamente. Algunas de ellas se debían a nuestras personalidades: yo soy extrovertido, él era introvertido. Mi cerebro funciona mediante la intuición y la visión de conjunto; Bannon se concentraba en los detalles y jamás manifestaba emoción alguna. Pero las personalidades diferentes pueden respetarse y reconciliarse.

Nuestro desacuerdo posiblemente tuviera que ver con la interpretación que cada uno tenía del modus operandi del Padre Maciel. Maciel alentaba mi personalidad extrovertida, valoraba y usaba mis aptitudes interpersonales; y cuando se trataba de elegir entre hacer algo o seguir las reglas, él elegía siempre los resultados. Yo sentía que comprendía mejor lo que el Fundador esperaba de mí, porque había pasado mucho más tiempo con él. Esto no significa que Bannon estuviese equivocado. Sin embargo, era un problema molesto, al ser él mi superior. La adhesión a las reglas menores, como hacía él, no me era familiar. No creo que disfrutara de la vida, ya que vivía para trabajar. Y yo deseaba trabajar para vivir.

Antes de que yo fuera a Nueva York, en 1973 se había enviado a dos Legionarios irlandeses, Brian Farrell y Fintan Lawless, para tantear las posibilidades. En poco tiempo lograron establecer buenas relaciones en los suburbios del adinerado condado de Westchester. Habían usado sus contactos para alquilar una casa en el pueblo de Rye. Al terminar la Navidad, me dirigí a Rye para retomar los trámites donde ellos los habían dejado; me acompañó un hermano Legionario irlandés llamado Thomas Hennigan. El hermano Thomas, con quien tenía poco en común, tenía canas prematuras y parecía mucho más viejo de lo que era, a pesar de ser más joven que yo. Era lento para correr riesgos y no tenía experiencia en el apostolado, exceptuando su breve período en Rye. En cambio, comprendía muy bien al lugar y a la gente. Me ayudó a adaptar mi modo de pensar al estilo norteamericano.

Al llegar a la casa alquilada en Rye, me hizo pensar en una mansión embrujada. Era una de las casas más deprimentes en las que he vivido.

Apartada de la calle principal y rodeada de grandes árboles, el hielo y la nieve se habían apilado en el sendero de entrada, dificultando las maniobras. La casa era de piedra y el antiguo sistema de calefacción no podía con las corrientes de aire, por lo que siempre hacía frío. El mobiliario era escaso y los pisos de madera oscura devolvían el eco de los pasos del hermano Hennigan mientras caminaba nerviosamente por la casa rezando el rosario.

Poco después de mudarnos, enfermé de bronquitis; tomé antibióticos que había traído conmigo de México, en lugar de usar un tratamiento completo. Cuando me recuperé, decidí encontrar una casa más apta para nuestras necesidades, un lugar con más ventanas y espacio. Indudablemente, Rye era una ubicación ideal para nosotros y contaba con gran cantidad de ricos habitantes católicos.

El diligente hermano Hennigan encontró un anuncio en el New York Times de una casa "en venta por el dueño". Estaba pintorescamente situada en lo alto de una colina que daba a la escuela secundaria local. Directamente detrás de la casa había un parque con gran variedad de árboles, estanques y senderos para caminar. La parroquia católica y su escuela primaria se encontraban a pasos de distancia, al igual que la Academy of the Resurrection, una escuela secundaria católica para niñas. Hablé con el Padre Bannon y decidí comprar la casa. Lo único que faltaba era conseguir el dinero.

Visité la Catedral de San Patricio sobre la Quinta Avenida, en Nueva York, y oré para saber qué hacer. La catedral, ubicada en el corazón del capitalismo, en la ciudad que nunca duerme, irradia paz y serenidad. "Ayúdame a encontrar el dinero para comprar una casa apropiada" supliqué a la Virgen María.

Al salir de San Patricio a la brillante luz del día en la Quinta Avenida, al otro lado de la calle vi un letrero de la sucursal del Banco de Irlanda en Nueva York. ¿Simple coincidencia, o la respuesta a mis plegarias? Crucé la calle y entré en el moderno lobby; dije al guardia de seguridad que deseaba hablar con el gerente. El guardia hizo una llamada y me escoltó al vestíbulo del segundo piso.

A los pocos minutos, Bill, un irlandés voluminoso de mi edad, se presentó con una sonrisa jovial y me estrechó la mano. Me gustó inmediatamente. Nuestra proveniencia común nos ayudó a establecer una comunicación fluida, ya que sentíamos que nos comprendíamos mutuamente sin necesidad de demasiadas explicaciones. Encontrarse con compatriotas en el extranjero puede ser una experiencia reconfortante.

Bill no había oído hablar de la Legión de Cristo, pero estaba dispuesto a ayudar. Hizo preguntas relevantes, que revelaban una excelente mente de negocios detrás de su personalidad exuberante. Me pidió que escribiera los datos de la Legión, haciendo énfasis en las propiedades que poseía en todo el mundo e indicando nuestra historia y nuestros objetivos en los Estados Unidos. Esto le daría al comité de hipotecas algo más tangible para empezar a trabajar.

Regresé con mi presentación dos semanas después. El banco aprobó el crédito. Dos meses después, la Legión tenía una nueva casa en uno de los suburbios más adinerados de Nueva York. ¿Qué llevó al Banco de Irlanda a ayudarme? Yo creo que fue la Virgen María y nuestra pequeña charla en San Patricio.

Aunque la zona estaba clasificada como residencial, la casa y el terreno eran lo bastante privados como para organizar nuestras actividades sin afectar demasiado el tráfico ni la tranquilidad de los vecinos.

Era una casa victoriana grande, de tres pisos y cuatro habitaciones, y además poseía una piscina. Poco después de instalarnos, algunos vecinos se ofrecieron amablemente a ayudarnos a convertir el gran sótano en un cuarto de juegos para las reuniones de los grupos de jóvenes. Estos amistosos lugareños eran abogados y hombres de negocios, pero aparecieron con toda la indumentaria y equipos de los carpinteros profesionales. Trajeron herramientas y cables, y me ayudaron a comprar madera, tabla roca, la iluminación y el material para el techo. Pasaron largas horas después del trabajo y los fines de semana transformando el espacio, y cuando terminaron, lograron que alguien donara una mesa de pool, una mesa de ping-pong y un magnífico juego de tejo de veinte pies de largo. Ésta era mi primera experiencia con la actitud "se puede", tan típica de los norteamericanos. Su generosidad hizo que me sintiera bendecido por haber encontrado a estos excelentes colaboradores sin siquiera haberlos buscado.

El primer piso tenía una cocina privada y un gran comedor formal, con paneles de madera oscura, que adaptamos para usarlo como sala para reuniones de adultos. En el segundo piso, transformamos los dos amplios dormitorios en una capilla y en una biblioteca, y dejamos el tercero para usar como habitación de huéspedes. Nuestros aposentos para Legionarios los instalamos en el tercer piso, un desván con ventanas. Las habitaciones superiores eran pequeñas, pero adecuadas para nuestras necesidades.

Comprar y financiar la casa en Rye fue lo más fácil. El mayor desafío era lograr que la Legión fuera aceptada y aprobada por la Arquidiócesis Católica de Nueva York, dirigida por Terrence Cardinal Cooke.

El Padre Maciel había recibido una vaga invitación del Cardenal a "abrir una casa en Nueva York". Sin embargo, al llegar a Rye la

Legión no tenía una posición oficial en la arquidiócesis ni contaba con una resolución del Arzobispo para realizar un apostolado específico. Dudo que supiera que le habíamos tomado la palabra. Mi tarea consistía en reclutar nuevos y poderosos aliados para nuestro movimiento, sin importar lo que pudiese pensar el Arzobispo.

Durante su formación, los Legionarios asisten a una práctica llamada "Práctica Apostólica". Llegaron dos nuevos seminaristas Legionarios de Roma para hacer estas prácticas conmigo, en reemplazo del hermano Hennigan, quien volvió a Roma a terminar sus estudios. Su tarea era ayudarme a organizar un club de jóvenes, para que la juventud tuviera un lugar donde reunirse, algo muy necesario. Una vez logrado este objetivo, invitaríamos a los miembros más prometedores del club de jóvenes a incorporarse a la organización de jóvenes de los Legionarios, llamada ECYD (Educación, Cultura y Deporte). Una vez incorporados, debían comprometerse a orar, pasar tiempo ayudando a los demás y reclutar nuevos miembros. Entretanto, mi tarea era reclutar familias para la organización Regnum Christi a través de nuestro trabajo con los jóvenes.

Para empezar, debía recaudar fondos para solventar nuestras actividades y obtener el reconocimiento de la Legión de Cristo en los Estados Unidos. No subestimaba las dificultades. Yo estaba familiarizado con la tarea de reclutar jóvenes para ECYD por mi experiencia en el Instituto Irlandés. En México, era muy fácil, ya que teníamos cientos de jóvenes de buena posición en nuestras escuelas legionarias, el centro de su vida religiosa. Pero en los Estados Unidos, los católicos eran más reservados y se involucraban más bien con las parroquias locales.

En zonas donde la población es adinerada y móvil, la gente puede bautizarse en una parroquia, tomar la Primera Comunión en otra y luego partir a la universidad y perder contacto con la parroquia "familiar"; se casan en otro sitio y, sospecho que los menos son enterrados por la Iglesia en la que fueron bautizados.

En mi experiencia, la mayoría de las parroquias católicas tienen pocas o ninguna actividad capaz de satisfacer las necesidades de reunión y camaradería de los animados jóvenes. Las homilías dominicales rara vez son inspiradoras o desafiantes, porque en general los católicos ponen más énfasis en los sacramentos que en predicar la Palabra. La mayoría de los sacerdotes no pasan de los lugares comunes en su homilía del domingo, supongo que por temor a ofender a los asistentes más tradicionales, que son los que ofrecen mayores donaciones. Es decir, creo que la estructura parroquial está bien para la celebración litúrgica, pero ha perdido su capacidad de crear comunidades de fe vitales.

Esperaba que el clero local no viera nuestros esfuerzos por ofrecer actividades sociales dinámicas y aventuradas como "competencia". Después de todo, no estábamos colaborando con ellos en su trabajo parroquial, que en Rye incluía dos escuelas y un programa activo de CDC (Confraternidad de Doctrina Cristiana). En su lugar, queríamos establecer un programa alternativo para la gente joven. Además, nuestros esfuerzos podían no ser bienvenidos porque las iglesias católicas locales no ofrecían programas animados más allá de la celebración semanal de la Eucaristía. Por si estos desafíos no fueran suficientes, el clero local sabía que los Legionarios no teníamos un mandato de sus jefes para trabajar en Nueva York. El nombre "Legionarios de cristo" no les inspiraba confianza: tenía una inquietante resonancia militar.

<hr />

Empecé por tratar de hacer amigos entre el clero de todas las parroquias locales. Participé en los eventos del Día de San patricio, me ofrecí como capellán voluntario en el Programa Hospicio del hospital local, asistí a la reunión regular de la conferencia del clero católico, donde me ofrecí a actuar como secretario. Ayudé con las confesiones en la Iglesia y en la escuela y conseguí para uno de nuestros seminaristas un puesto para enseñar religión en una prestigiosa escuela secundaria para niños, dirigida por la diócesis. Celebré misa en los conventos locales, prediqué en los retiros espirituales de las escuelas y universidades católicas y acepté todas las invitaciones posibles para dar charlas. A uno de los mini retiros, ¡asistieron más luteranos que católicos! Con una actitud gregaria, asistí a muchos cócteles y eventos para recaudar fondos, dando a conocer la obra de la Legión, "la orden más nueva de la Iglesia Católica". Mi objetivo consistía en atraer al mayor número posible de católicos, que probablemente estarían dispuestos a asumir un mayor compromiso apoyando a la Legión.

Todos los días tenía que inventar nuevos métodos para alcanzar nuestros objetivos; esto me resultaba estresante, porque estaba habituado a seguir una rutina. Desde mi punto de vista, a pesar de que los norteamericanos eran amigables por naturaleza, nadie *deseaba* que la Legión funcionara en Nueva York.

Nuestras reglas y métodos eran demasiado conservadores para el gusto local, y temía que nos vieran como a un grupo marginal o, pero aún, una iglesia paralela. También corríamos el riesgo de atraer a los católicos de extrema derecha, desencantados con las reformas introducidas por el Concilio Vaticano y que desearan volver a los "viejos tiempos".

El Padre Bannon obtenía resultados extraordinarios reclutando jóvenes para el noviciado de Orange. La mayoría de sus reclutas parecían provenir de familias muy ortodoxas. Yo temía que la influencia de los piadosos estudiantes universitarios de derecha norteamericanos llevara a la Legión hacia una visión muy tradicionalista de la espiritualidad, que coincidiera con la interpretación dura y rígida que hacía el Padre Bannon del Evangelio y de las reglas y disciplina de la Legión. Yo me sentía cómodo a la derecha del centro, pero no demasiado a la derecha.

Durante mis seis años en Rye, varias familias de México que conocía bien vinieron a Nueva York. Esperaba con ansiedad estas visitas. Como algunos de ellos deseaban enviar a sus hijos a Nueva York para estudiar inglés, pronto me encontré buscando internados para ellos. Mantener la relación con mis amigos mexicanos era importante para mí; extrañaba la calidez y camaradería mexicanas. Las donaciones de estas familias ayudaron a empezar nuestro trabajo; su generosidad era conmovedora y yo apreciaba mucho su amistad y su confianza. Por el contrario, a pesar de ser generosos y amigables, los norteamericanos eran más reservados. Tienden a ser más individualistas, a diferencia de los mexicanos, que ponen el énfasis en el aspecto social. Con los mexicanos no hacía falta explicar nada: conocían bien a la Legión y admitían que nuestro trabajo era obra del Señor.

Una de estas familias que venían de visita me invitó a acompañarlos a un espectáculo en Broadway y a cenar; acepté gustoso. Al hacerlo, estaba infringiendo varias reglas. Los Legionarios no pueden asistir a "espectáculos públicos", y yo debería haber llevado conmigo a un seminarista como "chaperón".

Pensé que si el Padre Bannon no se enteraba de nada, era mejor para él. El Padre Maciel y otros superiores conocían y aprobaban mi comportamiento. Éste es otro ejemplo de la postura maquiavélica del Padre Maciel en la administración de su orden: el fin justifica los medios. Siempre que estuviera consiguiendo fondos para la operación y reclutando gente para nuestras organizaciones laicas, no importaba que mi superior inmediato me considerara desobediente.

Después de un par de años en Rye, adquirí fama de excelente predicador y de ser un sacerdote "espiritual". Mis dos asistentes seminaristas obtenían excelentes resultados reclutando a la juventud católica local y haciendo que se comprometieran más con su fe. Lo hacían al estilo de los Legionarios, organizando excursiones de esquí, retiros y actividades divertidas. Una vez que se habían granjeado la amistad y confianza de los jóvenes reclutas, los introducían al Cristo de los Evangelios.

Varios años atrás, en el Instituto Irlandés de la ciudad de México, se me ocurrió la idea de organizar un viaje de verano a Irlanda para nuestros estudiantes, que les daría la oportunidad de aprender inglés y conocer la cultura irlandesa. La idea tuvo gran aceptación y se convirtió en un programa de verano en Dublín, con un viaje complementario a otras capitales europeas. Supuse que un verano en Europa aumentaría el prestigio de la escuela y ofrecería una fuente de ingresos adicionales para nuestras actividades. Además, me daría la oportunidad de acompañarlos y visitar a mi familia, sin mencionar el hecho de que un viaje a Europa era mucho más emocionante que mis aburridas tareas cotidianas durante las vacaciones de la escuela.

El proyecto me entusiasmaba, por lo que puse gran energía en planificar todos los detalles. Se imaginan mi desencanto cuando el grupo partió, no bajo *mi* supervisión, sino con mi colega, el Padre John Walsh, quien no había contribuido para nada con el proyecto.

John hizo un excelente trabajo y el viaje se convirtió en un evento anual para él. Era una excelente manera de juntar fondos y de brindarles a nuestros alumnos una perspectiva más amplia del mundo. Mi desilusión por no haber ido me hizo reflexionar acerca de las implicaciones de mi voto de obediencia.

Gracias en gran parte a los dos jóvenes Legionarios irlandeses que me habían sido asignados en Rye, después de cuatro años habíamos logrado desarrollar una sólida red de colaboradores en los ricos condados de Westchester y Fairfield.

Recordando los viajes escolares a Europa, me pregunté: "¿Y si organizara un campamento de verano en Rye para la nueva generación de estudiantes del Instituto Irlandés?"

Si podía persuadir al padre David Owen, mi sucesor como Director, el proyecto podría generar ingresos para apoyar mi trabajo en Nueva York. Las familias que me conocían del Instituto confiaban en mí. Las familias locales que actuaran como huéspedes podrían conocer a nuestros seguidores mexicanos y comprobar que la Legión, desconocida en Nueva York, contaba con una amplia red de colaboradores ricos y educados.

Rápidamente, un grupo de generosas familias locales se ofreció para hospedar a un estudiante mexicano durante el verano. En México, muchas familias inmediatamente aceptaron la oportunidad, y el campamento de verano se convirtió en realidad.

———

Asigné a Ernesto, uno de los niños mexicanos, a una familia huésped en el condado de Fairfield, Connecticut. Conocía bien a sus padres, su madre había sido muy bondadosa conmigo durante mi estadía en México. La familia venía frecuentemente de visita a Nueva York y muchas veces me invitaban a cenar y a ver algún espectáculo. Además de donar dinero para nuestras operaciones en Nueva York, donaron dos automóviles nuevos y pagaron un empleado que se encargaba de limpiar y lavar la ropa. Eran muy divertidos y su amistad fue más valiosa para mí de lo que ellos imaginan. La abuela de Ernesto era una importante benefactora del padre Maciel; pagaba muchos de sus billetes en el Concorde en sus frecuentes viajes a través del Atlántico.

Cuando yo vivía en México, la familia prestaba el avión de su compañía para el uso de los dignatarios del Vaticano que nos visitaban. Cuando venían a Nueva York, yo trataba de devolverles (modestamente) sus favores sirviéndoles de guía; lo mismo hacía con muchas otras familias benefactoras. Pronto me volví un experto en los mejores restaurantes de Nueva York y había visto todos los espectáculos principales de Broadway. Seguramente el Padre Bannon pensaba que yo estaba jugando con fuego, pero no dijo nada. Cuando era joven había un dicho: "Si no me haces preguntas, no tendré que mentirte".

Cuando llevaba a Ernesto a la casa de las personas que lo hospedarían, me perdí en uno de los suburbios más ricos de Connecticut (y de los Estados Unidos). No podía encontrar la dirección, así que me detuve a pedir indicaciones en el puesto de seguridad de un barrio cerrado que rodeaba a un prestigioso club de yates. El traje negro y el (collar de clérigo) convencieron al guardia de seguridad para que nos permitiera entrar. Después de dar un par de vueltas sin encontrar la casa, temí que empezaran a sospechar de nosotros. El joven Ernesto ya había empezado a preguntar:"¿Ya llegamos?" Nos detuvimos frente a una inmensa casa rodeada por un hermoso jardín; un gran Labrador negro nos movió la cola alegremente. Subí el automóvil al camino de entrada.

"Ven conmigo" le dije a Ernesto, "tenemos que pedir indicaciones".

Una mujer elegante pero de aspecto frágil acudió a la puerta; su rostro bondadoso estaba perfectamente enmarcado por su cabello gris peinado a la perfección. Llevaba grandes lentes modernos con marco de carey y sus ojos se abrieron sorprendidos al ver a un sacerdote y a un niño de 10 años en la puerta de su casa. Pero se repuso rápidamente.

"¿Sí?" dijo con una sonrisa acogedora.

Le expliqué el problema.

"Sabe, Padre" dijo riendo, "soy una católica no practicante y mi marido es Protestante Congregacional. Por un momento, no sabía qué pensar cuando lo vi en la puerta".

Yo la comprendía; la gente no está habituada a abrir la puerta y ver a un sacerdote.

"¿Es irlandés, Padre?"

"Sí" dije, "y mi amigo Ernesto es de México".

Conversamos por algunos minutos sobre el campamento de verano y sobre mi trabajo en Rye. Escuchó sonriente, pero pensaba en otra cosa.

"¿Puedo pedirle un gran favor? Mi marido se está muriendo. ¡No puedo creer que un sacerdote católico haya aparecido en mi puerta! ¿Puede dedicarle unos minutos, Padre? Mientras usted habla con Bill, puedo ofrecerle galletas con leche a su pequeño amigo".

"Con mucho gusto" repliqué y entramos en la casa.

Bill estaba en la cama bien despierto. Las cortinas corridas a medias protegían la habitación del sol de la tarde. En la cómoda junto a la cama se veía un jarro con agua y varios frascos de píldoras. Su mujer me acompañó al entrar. "¡No creerás a quién te traigo de visita! ¡Un sacerdote irlandés! ¿No es increíble?" "Esto merece un brindis, Padre" dijo Bill. "¿Me acompaña con un vaso de whisky?" Miré a su esposa, porque no sabía si Bill podía beber whisky. "Ahora traigo los vasos" dijo ella. "¿Whisky de malta está bien, Padre?" Volvió con los tragos en una pequeña bandeja de plata. "Los dejo solos unos minutos, voy a hablar con Ernesto".

Bill era excepcionalmente jovial para un hombre cuyos días estaban contados. A lo sumo, le quedaban unas pocas semanas de vida. Traté de que la conversación fuera ligera y bromeé sobre el beber whisky con un sacerdote irlandés. Me preguntó dónde vivía. "A unas pocas millas, en Rye".

"Bueno, Padre" me dijo, "¿volverá a visitarme? ¡Tenemos que terminar la botella!"

Prometí regresar, y así lo hice. De todas formas, tenía que ver cómo estaba Ernesto, que se hospedaría cerca. Me contó que ya había mandado a hacer su lápida y que estaba resignado a su muerte inminente. Bill me dijo que había tenido éxito en los negocios; que estaba orgulloso de su familia. Lo único que le preocupaba era su funeral.

"No creo en los funerales" dijo. "Me educaron en la iglesia Congregacional, pero la religión no significa demasiado para mí".

Lo escuché y decidí no hablar demasiado. A pesar de su declarada falta de interés en la religión, sabía que tenía un motivo para haberme invitado a visitarlo.

Establecimos una buena relación; me gustaba hablar con Bill.

"Usted me cae bien, Padre; he disfrutado de nuestras charlas" me dijo en la que resultó ser la última vez que nos viéramos. "¿Puedo pedirle un favor?" "Lo que quieras, Bill" respondí. "¿Podría encargarse de mi funeral? Creo que mi familia estará agradecida" dijo.

"Será un honor".

"Me gustaría que organizara el servicio en la Iglesia Congregacional" dijo. "No son muy fanáticos de los católicos, ¡así que no les gustará nada tener a un sacerdote irlandés en su altar! ¿Puede hacer eso por mí, Padre?"

"Por supuesto," respondí.

"Puede hacer el servicio como le parezca," continuó. "Pero prométame que primero los hará llorar y después, reír. Los de la iglesia Congregacional son severos, pero quiero que se rían en mi funeral. ¿Me lo promete?"

"Te lo prometo" dije y sellamos el trato con un apretón de manos.

Poco después, Bill murió.

Después de su muerte, recibí una llamada de Rita, la esposa de Bill.

"Padre, toda la familia está reunida aquí en casa; han venido de todas partes y estamos algo nerviosos con lo del funeral. ¿Podría venir y ayudarnos?"

Como nunca había oficiado en un funeral, pasé por nuestra parroquia para pedirle al pastor que me prestara el libro litúrgico "Ritual de Exequias". Veinte minutos después me hallaba en la casa de Bill, expresando mis condolencias a sus hijos e hijas adultos y a sus cónyuges, a quienes nunca había conocido.

"Padre, ¿podría explicarles a mis hijos cómo va a ser el funeral?" me pidió Rita.

Era natural que se sintieran algo inquietos por el hecho de que un sacerdote católico celebrara el funeral de su padre. La única persona en la habitación que tenía alguna conexión con el catolicismo era Rita, una "católica no practicante".

"A decir verdad" dije "nunca he oficiado en un funeral, ni en la Iglesia Católica ni en ninguna otra".

"¡Dios mío!" exclamó alguien.

"¡No sabe cómo celebrar un funeral!"

"Estamos juntos en esto" insistí.

"¿Por qué no nos sentamos y me explican cómo les gustaría honrar la vida de su padre?" Nos sentamos e hice algunas sugerencias.

"En la Iglesia Católica creemos que es importante que la familia participe en la planificación de la ceremonia, así que me gustaría que me ayudaran a elegir las lecturas. Dadas las circunstancias, no voy a celebrar una Misa de Difuntos, por lo que es preciso que elijamos lecturas significativas de las Escrituras. Luego, ustedes decidirán quién leerá durante el servicio y yo diré un breve sermón. Todo va a salir bien".

Pasamos cerca de una hora escogiendo los pasajes más apropiados del Antiguo y Nuevo Testamento.

Cuando me iba, Rita me dijo:

"No decepcione a los católicos, Padre. Bill era más religioso de lo que parecía. Por cierto, habrá al menos un juez de la Corte Suprema en el funeral, y probablemente varios senadores y miembros del Congreso".

Creo que a Bill le gustó el oficio. Cuando salí al santuario, vestido con mi ropa litúrgica, supe que él sonreía.

En las Iglesias Católicas siempre hay un crucifijo y el Sagrario donde se conservan las hostias consagradas. Cuando un sacerdote llega al altar para celebrar la Misa, lo primero que hace es una genuflexión frente al Sagrario. A fuerza de costumbre, sentí el irresistible impulso de hacer esto en la Iglesia Congregacional, ¡pero no había Sagrario frente al cual arrodillarme! Entonces hice una reverencia a una gran canasta de flores que se encontraba en el centro del santuario.

Dije una plegaria introductoria y luego invité a los miembros de la familia a comenzar con la lectura de las Escrituras. Al sentarme para escucharla, vi que la magnífica iglesia de granito estaba repleta de gente. El sol que se filtraba a través de los vitrales de colores iluminaba las guirnaldas y coronas de encino.

Antes de morir, Bill me había contado que a mediados del siglo XIX, mucha gente no estaba de acuerdo con la nueva iglesia de piedra, situada en el punto más alto entre Nueva York y Boston, diciendo que era demasiado ostentosa. Otros, con mayor éxito, dijeron que era necesario concentrarse en el aspecto material (es decir, en atractivo arquitectónico, comodidad y buena ubicación) para poder competir con las demás confesiones. Aun así, yo extrañaba el olor familiar de las iglesias católicas, proveniente de las velas, y el incienso. Tuve la sensación de que no habían escatimado en gastos para otorgar a la iglesia un aire de simplicidad y frugalidad.

Mientras escuchaba las lecturas, me sentía cada vez más nervioso por la promesa hecha a Bill:

"Debe hacerlos llorar, y después hacerlos reír".

El Padre Declan, mi amigo y un fanático del fútbol americano, una vez me contó la historia de un jugador universitario llamado Ed, a quien no consideraban lo suficientemente bueno como para jugar de titular. El entrenador lo había tomado bajo su protección y le permitía practicar con el equipo. Ed, que adoraba a su padre, quería al entrenador a pesar de que nunca lo eligiera para jugar en un partido. Hacia el final de la temporada, Ed desapareció por una semana, lo que no era común en él, y faltó al partido del sábado. El entrenador se preocupó, temiendo que le hubiera sucedido algo.

Ed volvió para el siguiente partido y le dijo al entrenador que había vuelto a casa para el funeral de su padre. Y le pidió un favor muy especial.

"¿Puedo vestirme y salir al campo con el equipo para el próximo partido?"

El entrenador respiró profundamente: el próximo era el último partido, en el que se decidiría qué equipo ganaría el campeonato universitario. Ed le explicó que sólo quería ponerse el uniforme y salir al campo, ser parte del espectáculo en honor a la muerte de su padre. El buen entrenador aceptó; era lo menos que podía hacer por su joven amigo. Sabía cuánto amaba Ed a su padre.

Durante el transcurso del juego, varios jugadores se lesionaron. El equipo de Ed iba perdiendo y el entrenador había usado a todos los suplentes.

"¡Por favor, déjeme jugar, aunque sea por unos minutos!" le suplicó Ed. "Puedo hacerlo, entrenador, de verdad".

El entrenador le permitió jugar, y Ed estuvo increíble: marcó dos touchdowns y así hizo que ganaran el juego.

"¿Qué sucedió, Ed?" le preguntó el entrenador. "¿Cómo es que jamás te había visto jugar tan bien? ¡Fue estupendo!"

"Gracias, entrenador" respondió Ed. "¿Sabía que mi padre era ciego y que jamás me vio jugar? Hoy jugué bien para él porque sabía que por primera vez podía verme desde el Cielo".

Llegado el momento de hablar, conté esta historia a la congregación. En el contexto del funeral de Bill, era conmovedora. En los primeros bancos vi algunas lágrimas rodando por las mejillas de los asistentes. Al terminar la historia, hice un breve silencio para acentuar el momento, sonreí, respiré profundo y cambié el rumbo.

"Después de una larga enfermedad" comencé, "un irlandés se murió y llegó a las Puertas del Cielo.

San Pedro lo recibió diciendo 'Veamos si tu nombre está en el libro de la vida, Paddy'. Volvió algunas páginas.

'Aquí está. Ya casi estás dentro. Sólo falta que me deletrees la palabra mágica'.

'¿La palabra mágica?' preguntó Paddy.

'Sí' dijo San Pedro 'la palabra es "amor". A ver si la puedes deletrear'.

'A-M-O-R' dijo Paddy.

'Bienvenido al Cielo' respondió San Pedro.

Cuando Paddy estaba por atravesar la Puerta, sonó el beeper de San Pedro. 'Un momento, Paddy' dijo. 'El Señor necesita hablar conmigo. ¿Puedes reemplazarme hasta que vuelva? Si viene alguien, verifica que su nombre esté en el Libro de la Vida y pídele que deletree la palabra mágica'.

'¡De acuerdo!' dijo Paddy.

Una hora después llega la mujer de Paddy. Durante su vida, tenía el feo hábito de rezongar y fastidiarlo constantemente.

'¡Mira quién viene!' dijo él '¿qué te trae por aquí tan pronto?'

Su mujer replicó: 'Cuando volvía a casa de tu funeral, me arrolló un camión, y aquí estoy. Ya que estamos, párate derecho, por el amor de Dios, y mírame cuando te hablo'.

Paddy la miró pensativo. 'Estoy reemplazando a San Pedro por un rato' dijo. 'Vamos a las formalidades. Tengo que comprobar que tu nombre esté en el Libro de la Vida y que puedas deletrear la palabra mágica'.

'¿Y cuál es la palabra mágica?' preguntó ella.

'Probóscide' dijo Paddy."

Terminé el oficio con el Padrenuestro.

"Ahora les pido que nos pongamos de pie, nos tomemos de la mano y recemos el Padrenuestro por nuestro amigo Bill" dije.

La congregación se puso de pie y pude sentir claramente la calidez y sinceridad de la plegaria llenando el amplio templo. Al terminar la ceremonia, mucha gente se acercó a saludarme y a estrecharme la mano. Un señor mayor se quedó un poco más y nos quedamos hablando.

Me dijo: "Ésa fue una ceremonia impactante. Muchas gracias. Si alguna vez puedo hacer algo por usted, no dude en pedírmelo. Si alguna vez viene a Washington, está invitado a hospedarse en mi casa".

Antes de alejarse por el pasillo hacia la salida, me dio su tarjeta. La miré antes de guardarla en el bolsillo. Debajo de su nombre, leí: "Miembro de la Corte Suprema de los Estados Unidos". Más tarde, Rita me contó que un conocido miembro del Congreso había derramado unas lágrimas y reído junto con el resto de la congregación. Ése fue el único funeral que oficié en una iglesia.

⸘⸘⸘

Poco después del funeral, me llamaron de Roma diciendo que el Cardenal Eduardo Pironio se hospedaría conmigo en Rye durante su visita a Nueva York. Yo había conocido al Cardenal Pironio cuando estudiaba en Roma y muchas veces le había servido de chofer y lo había acompañado a varias vacaciones en la villa que le había conseguido el Padre Maciel en Sorrento, Italia.

Eduardo Pironio era cálido y afectuoso, y lo consideré un amigo desde que lo conocí. Cuando asistió a mi ordenación en Roma, dejó a mi madre sorprendida, entusiasmada y orgullosa al saludarla con un beso: sería la primera y única vez que un Cardenal en sus atuendos eclesiásticos besara a mi madre.

Había nacido en un pueblo llamado "9 de Julio" de la provincia de Buenos Aires, Argentina. No hablaba mucho de su familia. Yo sabía que él era el menor de 22 hermanos y que había nacido en 1920 de inmigrantes italianos. El Padre Maciel reclutó al Cardenal Pironio como 'amigo de la Legión' poco después de su llegada a Roma desde Argentina. Aunque Eduardo en un principio agradeció nuestra hospitalidad, sospecho que más tarde se sintió incómodo cuando la Legión le ofreció un mejor automóvil, un apartamento más grande y la planificación de sus vacaciones. Aunque se apartó de lo que seguramente percibía como franca manipulación, continuó siendo un buen amigo de la Congregación.

Durante su trabajo en un puesto de poder en el Vaticano, el Cardenal Pironio siguió el progreso de la Legión. Visitó las comunidades Legionarias en todo el mundo y ordenó a 50 Legionarios como sacerdotes. Firmó el "decreto de aprobación de las Constituciones" de la Congregación del 29 de junio de 1983 sobre el altar de la Basílica Menor de Nuestra Señora de Guadalupe, en Roma, en presencia del Padre Maciel y de toda la comunidad de Legionarios que residían en Roma en aquel momento.

En 1975, el Papa Pablo VI convocó a Pironio a Roma para dirigir la Congregación de Institutos Religiosos y Seculares, la Curia Romana a cargo de todo lo relacionado con las Congregaciones Religiosas. Como asistente personal se le asignó un talentoso Legionario español, Fernando Vergez. Esto formaba parte del plan del Padre Maciel de ubicar a sus Legionarios en puestos estratégicos dentro del Vaticano. Al mismo tiempo, Roberto Gonzáles, otro Legionario mexicano, se desempeñaba como secretario del Cardenal Biaggio, encargado de todos los asuntos relacionados con los Obispos. Y durante un año yo también fui secretario del Cardenal Raimondi, a cargo de la canonización de los santos.

Con esta gente trabajando en estrecho contacto con los líderes estratégicos del Vaticano, el Padre Maciel tomaba el pulso de lo que ocurría en la Iglesia. Formaba parte de sus tácticas para asegurarse de que el Vaticano aceptara a su nueva Congregación.

—◦◦◦—

Me aseguré de que el clero local estuviera al tanto de que un Cardenal de Roma se hospedaría conmigo en Rye, ya que esto daría más credibilidad a mi presencia en Rye. Recuerdo la expresión del pastor de nuestra parroquia cuando se lo dije: una mezcla de sorpresa, satisfacción y reconocimiento, ya que esto era bueno para nuestras relaciones públicas. Era un buen sacerdote y sin duda deseaba que nos fuera bien en Rye, pero jamás había hecho nada para ayudarnos. Cuando le hablé de mi amigo el Cardenal, debo haberle parecido como un gato que cazó al ratón.

Durante los dos cónclaves papales de 1978, el primero después de la muerte de Pablo VI y el segundo al morir su sucesor, Juan Pablo I, el Cardenal Pironio fue candidato al papado durante un breve período. Tener a este cardenal amigable y culto hospedándose en casa representaba una validación de nuestro enfoque y otro signo de que la Legión estaba en el camino correcto.

Como la mayor parte de los Legionarios, no tenía demasiado respeto por el clero diocesano. Estábamos habituados a vernos como la tropa de élite de la Iglesia y veíamos al clero diocesano como "blando", porque jugaban al golf, pasaban tiempo con la familia, tenían una vida social activa y no eran tan cultos ni tan leales al Papa como nosotros. Lo que sí envidiaba era la libertad que tenían para comportarse con más naturalidad.

En el plano personal, yo estaba encantado de volver a ver a este extraordinario sacerdote. En mi primer encuentro con el Cardenal Pironio en Roma, me atrajo su naturaleza práctica y realista. Cuando los Legionarios Fernando Verges, Kevin Farrell y yo pasamos unas vacaciones con él en la villa al sur de Nápoles, creo que llegó a considerarme su amigo. Con frecuencia lo llevaba a él, y a las tres monjas que se encargaban de su casa, a la playa de Positano para nadar. Su personalidad relajada, combinada con su espiritualidad sencilla y profunda, me cautivó; disfrutaba en su compañía. Cuando lo fui a buscar al aeropuerto Kennedy, sentí que estaba recogiendo a un viejo amigo.

Varias veces durante su estadía en Rye me invitó a rezar el rosario en voz alta con él mientras caminábamos junto al mar. Siempre me deleitaba oírlo cantar su himno preferido a la Virgen María al terminar cada misterio. Debo confesar que a veces me sentía ligeramente avergonzado por las miradas sorprendidas de los transeúntes, cuando lo acompañaba cantando con entusiasmo en español.

El Cardenal Pironio era Prefecto de la Congregación para los Institutos de Vida Consagrada, la oficina que se encarga de supervisar a más de un millón de religiosos y personas consagradas en todo el mundo. Se sentía espiritualmente cercano a la Hermana Lucía, la visionaria de Fátima. Más tarde, el 8 de abril de 1984, Juan Pablo II lo nombró presidente del Concilio Pontificio para los Laicos y se convirtió en la mano derecha del Sumo Pontífice en su obra pastoral con la juventud de todo el mundo.

Antes de ser Cardenal, había sido obispo de Mar del Plata, en la provincia de Buenos Aires, y había trabajado muchos años en el concilio de obispos latinoamericanos, primero como secretario y luego como presidente. Su relación personal con la Virgen María se traslucía en todos los aspectos de su vida, pero jamás daba la impresión de ser pedante ni afectado. Me inspiraba y me animaba a convertirme en una mejor persona. Su ejemplo estimulaba mi fe imperfecta y me ayudaba a apreciar el poder de una relación personal con el Señor. No conocí a la Madre Teresa de Calcuta, pero por lo que he visto de ella en la televisión, ella y el Cardenal Pironio tenían en común la misma familiaridad simple y sin pretensiones con Dios, que atrae a los seguidores e impulsa a la gente a realizar buenas acciones.

El objetivo principal de la visita del Cardenal a Rye era encontrarse con el Arzobispo de Nueva York, Terence Cooke, quien estaba ayudando a implementar las reformas del Segundo Concilio Vaticano en su diócesis, utilizando un estilo de gestión más conciliador que su predecesor, el Cardenal Spellman. Sus feligreses lo consideraban un santo. El Papa Pablo VI lo había nombrado cardenal en 1969. Tanto Pironio como Cooke fueron cardenales electores y participaron en los cónclaves de agosto y octubre de 1978, en los que se eligieron a los Papas Juan Pablo I y Juan Pablo II respectivamente. Pironio no hablaba inglés y Cooke, cuyos padres provenían del condado de Galway en Irlanda, no hablaba español.

Me sorprendí cuando el Cardenal Pironio me pidió que tradujera sus reuniones.

"Su Eminencia" le dije "el Cardenal Cooke está rodeado de sacerdotes que hablan español. Me encantaría traducir para usted, ¿pero no cree que sería visto como una intromisión por parte del personal de Nueva York?" Yo sabía además que Pironio tenía muchos amigos sacerdotes en la ciudad que hablaban español.

"No es una cuestión de intromisión" me respondió. "Necesito un traductor de mi absoluta confianza. Quiero saber qué dice el Cardenal Cooke y viceversa, sin que haya distorsiones por parte de algún traductor con segundas intenciones".

El Cardenal Cooke nos invitó a comer a su casa, junto a la catedral San Patricio sobre la Quinta Avenida, en Manhattan. Antes de sentarnos a comer, nos mostró la pequeña estancia que había usado el Papa Pablo VI durante su visita a Nueva York. La simpleza de los muebles y lo común de la diminuta habitación me impresionaron.

Cuando bajé al comedor, me di cuenta del sentido histórico de la casa del arzobispo y me sentí privilegiado por estar allí con dos cardenales. La cena fue muy sencilla. Aunque probablemente yo esperaba más pompa y solemnidad, disfruté de la informalidad. Nos acompañó uno de los oficiales de mayor rango del Cardenal Cooke. No había mozos ni mayordomos, sólo nosotros cuatro, compartiendo una comida tranquila en el hogar del arzobispo. Mientras traducía, aproveché la oportunidad para recordarle la presencia de la Legión de Cristo en su arquidiócesis al Cardenal Cooke.

Cuando volvíamos a Rye, hablamos con el Cardenal Pironio acerca de la Catedral de San Patricio (que yo adoraba) y de cómo se convirtió en una parte emblemática de la ciudad y en símbolo del crecimiento del catolicismo irlandés.

En 1785, en la ciudad de Nueva York sólo había doscientos católicos y un sacerdote. La Diócesis de Nueva York se había creado en 1808 y comprendía todo el estado de Nueva York y el este de Nueva Jersey. En 1853, el Arzobispo Hughes anunció su proyecto de "erigir una Catedral en la ciudad de Nueva York digna de nuestro número creciente de miembros, de nuestra inteligencia y riqueza como comunidad religiosa; y en todo caso, digna, como monumento arquitectónico público, de los logros presentes y futuros de esta metrópolis del continente americano".

Cuando la Catedral de San Patricio se inauguró oficialmente el 25 de mayo de 1879, los periódicos alabaron la nueva iglesia como "el templo más noble del mundo erigido en memoria de San Patricio, y la gloria de la Norteamérica católica". Al elegir la Quinta Avenida como ubicación para su iglesia, la congregación católica irlandesa estaba enviando un mensaje muy claro. En la semana, la mayoría de los irlandeses acudían al vecindario a trabajar para los ricos. Al menos los domingos podrían disfrutar de un lugar prestigioso propio.

En 1762, nostálgicos inmigrantes y los soldados irlandeses, que servían en las colonias británicas y americanas, organizaron un desfile que luego se convirtió en una tradición en la ciudad de Nueva York. Como el uso del color verde era un símbolo de orgullo y estaba prohibido en Irlanda, los irlandeses de Nueva York aprovechaban la libertad para hablar en irlandés, lucir ropas verdes, cantar canciones rebeldes y tocar melodías irlandesas. Hoy en día el Arzobispo de Nueva York asiste al Desfile anual del Día de San Patricio, cada 17 de marzo, desde los escalones de la Catedral.

El Cardenal Pironio escuchó mi historia con una sonrisa perpleja, mientras conducíamos por la autopista congestionada, y dijo que disfrutaba de mi humor. En un abrir y cerrar de ojos, nos encontramos nuevamente en la casa de la Legión en Rye.

Cuando el Padre Maciel visitó Nueva York, nunca se hospedó en mi casa. De hecho, vivió muy poco tiempo en casas de la Legión y mucho tiempo en los mejores hoteles, como el Waldorf Astoria, donde yo me había hospedado con él de camino a mi primera función en México. Una vez me dijo que, a pesar de ser un hotel de lujo, el Waldorf ofrecía excelentes descuentos para el clero. Es decir, me dio a entender que era una opción barata para hospedarse en Nueva York.

De la misma manera, en Rye jamás nos pidió directamente que le reserváramos habitación en un hotel de lujo. Su estrategia era más sutil y consistía en recalcar que, por su salud frágil, necesitaba alojamiento especial. Pidió un "hotel de servicio completo", con habitaciones amplias y aire acondicionado central. Aparentemente, los equipos de aire acondicionado ruidosos no le permitían dormir. Su sistema digestivo era delicado, por lo que necesitaba comida "especial", diferente de los alimentos usuales de nuestra comunidad. Necesitaba coches especiales (Citroen, Mercedes, sedán de lujo) por sus problemas de espalda. Durante sus viajes usaba ropa elegante, porque no quería que nadie lo reconociera como sacerdote y lo distrajera de sus asuntos urgentes al frente de la Legión.

A esta altura, hacía catorce años que conocía al padre Maciel y poco a poco estaba comenzando a aceptar que mi Fundador tenía dos personalidades distintas: el sacerdote austero y audaz, que había luchado contra todos los obstáculos y realizado grandes sacrificios por la obra de Dios; y el empresario brillante y manipulador que llevaba una vida diferente a la que prescribía para sus seguidores.

La virtud de la caridad era la característica más importante de la espiritualidad Legionaria. Para salvaguardarla, yo, al igual que todos los Legionarios, había hecho el voto solemne y obligatorio de no criticar jamás a un superior y de denunciar cualquier crítica a la autoridad directamente al Padre Maciel, nuestro Superior General. Una cosa era darse cuenta de que la personalidad del Padre Maciel tenía dos caras, y otra era saber qué hacer con ello.

Durante mi período en Rye, me di cuenta de por qué era importante para nuestra congregación tener una presencia sólida en la poderosa arquidiócesis de Nueva York. El padre Maciel me confió que la venida a Nueva York era una parte importante de su estrategia. Sabía que no sería fácil establecerse en los Estados Unidos si sólo disponía de mexicanos que hablaban español. Por esto había aprovechado la oportunidad de abrir una casa en Irlanda, a raíz de una vaga invitación de los Hermanos Cristianos de Irlanda en 1960.

Aunque me había unido en 1962, yo formaba parte de su plan de largas miras: reclutar a los jóvenes irlandeses mejores y más inteligentes que pudiera encontrar, acelerar su entrenamiento en Roma, hacerlos pasar por México para que se empaparan del apostolado Legionario, y enviarlos a establecer la Legión en los Estados Unidos. Una vez logrado esto, reclutaría líderes para participar en Regnum Christi, utilizando así el poder del país más rico del mundo.

Yo venía a ser un peón de su plan. Estaba contento (aunque no feliz) durante mi estadía en Rye, y cumplí la tarea de seguir hacia delante, como lo hace un peón en el juego de ajedrez, con movimientos calculados para afianzar a la Legión en Nueva York, sin atraer demasiado la atención hacia nuestras motivaciones.

———❧———

Cuando se realizó el Capítulo General en 1980, yo estaba satisfecho con mi progreso, aunque comenzaba a sentirme solo y triste. Seguía recibiendo un flujo constante de visitantes, y cuando venían las familias mexicanas me sentía feliz. Su calidez y su capacidad de disfrutar de la vida y progresar en medio del caos no dejaban de impresionarme. Cuando pasaba tiempo con ellos en Nueva York me divertía y cargaba la batería, y por un momento me olvidaba del desencanto creciente con mi vida. A veces, cuando se marchaban, me sentía muy triste y terriblemente solo.

Una vez mis padres vinieron de Dublín a visitar Rye; mi madre se maravilló con la belleza de los alrededores. Rye es un pueblo pintoresco y próspero a orillas del estrecho de Long Island, rodeado de campos de golf y country clubs. Sin embargo, descubrí que mi madre se había hecho una imagen completamente distinta: imaginaba que yo vivía en una zona parecida al sur del Bronx, que muchas veces había visto en televisión; para ella, eso era "Nueva York".

Durante los inviernos en Irlanda, ella oía informes meteorológicos de fuertes nevadas en Buffalo, Nueva York, donde el clima invernal es muy duro. No tenía idea de la distancia entre Buffalo y Rye (unas seis horas en automóvil). Al escuchar "Nueva York", ella me imaginaba enterrado en la nieve, rodeado de edificios desportillados. Se sintió una tonta cuando le mostré nuestra casa victoriana, con piscina y cerca de una hectárea de parque en un elegante suburbio.

La fama de mis homilías había crecido, y yo había descubierto que adoraba predicar. Antes de venir a Rye, jamás predicaba en inglés. Al hablar mi idioma nativo, era capaz de expresar más pasión, más entusiasmo, y llegué a encontrar mi "voz". Aparentemente, había gente de todas las edades que disfrutaba de mis conferencias y me decían que yo era "inspirador y divertido". Estos retiros espirituales eran un excelente medio para informar a la gente sobre la Legión de Cristo. A mi vez, me sentí bien al descubrir que los neoyorquinos se sentían atraídos por nuestra espiritualidad ortodoxa, sin ambages y centrada en Cristo. Dirigía un grupo de discusión para estudiantes en una prestigiosa universidad de Nueva York y colaboraba con la organización de una serie de retiros en un bachillerato en los suburbios de Washington. A través de estas actividades, me hice amigo de personas influyentes: banqueros, abogados, médicos y líderes industriales.

Poco a poco, los norteamericanos empezaban a aceptar nuestra misión y espiritualidad. Los que veían cómo nos apoyaban los mexicanos se sintieron inspirados para recolectar dinero por su cuenta. Me ayudaron a organizar algunos eventos exitosos, que culminaron en una elegante reunión en uno de los clubes más prestigiosos del condado de Westchester. Yo insistí en contratar a una banda tradicional de Mariachis, como un gesto hacia nuestros colaboradores mexicanos. Me divertí mucho al ver la combinación de los mariachis en sus trajes de charro con detalles plateados, con el ambiente un tanto acartonado del rico club privado. ¡Recolectamos mucho dinero esa noche!

Hablando de dinero, yo pasaba la mayoría de los fines de semana oficiando misas para juntar dinero para la Sociedad para la Propagación de la Fe, una institución de caridad que apoya las actividades de los misioneros católicos. Los fondos recaudados con estas homilías ayudaban también a la Legión. Conservábamos lo recaudado menos un porcentaje que entregábamos a la Propagación de la Fe. Las diversas congregaciones misioneras se turnan para visitar las parroquias y diócesis para recaudar fondos de manera directa. Los donantes saben que el dinero va directamente a la congregación; a cambio, escuchan historias contadas por los sacerdotes y hermanos misioneros que por lo general son más interesantes que la tradicional homilía del domingo.

Al visitar una rectoría e iglesia diferentes cada fin de semana, tuve la oportunidad de experimentar cómo es la vida de un sacerdote diocesano. Algunos de ellos eran fervientes y entusiastas, y dirigían parroquias vibrantes. Otras parroquias, en cambio, ofrecían poco más que la liturgia dominical. Yo los respetaba a todos, pero estaba seguro de que la vida parroquial no era para mí Hubo un sacerdote parroquial que me dio un excelente consejo cuando estuve asignado a la recaudación de fondos del fin de semana.

"Dígales directamente que quiere que la colecta sea como las montañas de Mourne (en Irlanda)" me dijo. "¡Es decir, que sea suave, silenciosa y verde!" Y agregó: "Durante los primeros diez minutos de tu homilía, imagínate que la gente estará poniendo dinero en la bandeja de colectas. Pero, debes saber, si te pasas de los diez minutos, empezarán a sacarlo".

Seguí su consejo y empecé a contar historias acerca de mis aventuras con serpientes y escorpiones en México; esto los mantuvo motivados y las donaciones fueron muy generosas. Por mi parte, yo disfrutaba pidiendo el apoyo de la gente para las Misiones, porque éste es un tema que siempre me había apasionado. Me sentía feliz y asombrado cuando los parroquianos más ancianos, incluso con dificultad para caminar, que no habían traído dinero para la colecta "extra" volvían a su casa después de la misa y regresaban a la rectoría para entregarme un cheque.

Una vez fui a predicar en la ciudad de Syracuse, al norte de Nueva York. Calculé mal el tiempo que me llevaría conducir hasta allí. Cuando llegué a la autopista principal, me di cuenta de que me sería casi imposible llegar a tiempo para la primera misa del sábado por la tarde. Me había comprado una radio de banda ciudadana, como las que usan los camioneros, para estos viajes largos. El aparato emisor-receptor me resultaba útil para pedir indicaciones de otros conductores que tenían estos equipos, y para evitar las trampas de la policía de la autopista para los excesos de velocidad. Al igual que la jerga de Internet hoy en día, la gente que usa estas radios tiene su propio lenguaje; uno daba su nombre de usuario o "handle"; el canal nueve estaba reservado para emergencias. Y el canal diecinueve era para conversación general.

Mi nombre de usuario era "the Mad Monk" (*el Monje Loco*). Para comenzar una conversación en el canal diecinueve, esperé un momento de silencio y luego dije:

"Aquí el Mad Monk en el canal 1 - 9. Cambio". Unos minutos después, recibí una respuesta.

"Monje Loco, aquí Coffin Man (*el Hombre Ataúd*)".

Coffin Man me dijo que aún me faltaban unas tres horas hasta Syracuse, pero me informó que había una caravana de "carnada para osos" (autos veloces) más adelante. Los "osos" es como se referían a los policías.

"Si no te preocupa que te""muerdan los fondillos" (una multa por exceso de velocidad), puedes ir con ellos. ¡Asegúrate de llevar la parte brillante de tu coche para arriba y la engrasada para abajo!" me dijo.

Me uní a la caravana de autos veloces. Nos turnábamos para ir adelante "sacudiendo las matas" (viendo si había policías o trampas de velocidad). Llegué a las afueras de Syracuse poco después de las

17:00 horas. Pensé que si podía encontrar la iglesia rápidamente, podría unirme al sacerdote con la misa ya empezada. Tal vez llegaría a tiempo para decir mi homilía. Poco después vi un cartel de "Bingo" fuera de una iglesia. Estos carteles eran muy comunes en las iglesias católicas, ya que las parroquias organizaban frecuentes juegos de Bingo para los parroquianos de más edad. Decidí entonces que había llegado a mi destino. Con un suspiro de alivio, aparqué en el estacionamiento y corrí a la entrada lateral de la iglesia.

Como yo preveía, la puerta daba a la sacristía (la antecámara donde el sacerdote se prepara para la misa). Estaba vacía. Rápidamente me puse el alba (una túnica blanca con mangas ajustadas, que llega casi al piso). Me la ajusté apresuradamente con un cinturón blanco, me puse la estola y abrí la puerta que daba al santuario. Entrando lo más discretamente posible, me senté en la primera silla que encontré. La congregación apenas notó mi llegada. El sacerdote me miró perplejo y luego me sonrió con aprobación. Me preparé para relajarme, orientarme un poco y poner en orden mis ideas.

A medida que el sacerdote hablaba, el servicio me iba pareciendo cada vez menos familiar. Me llevó unos minutos darme cuenta de que no estaba en una Iglesia Católica, ¡estaba en un templo protestante! ¡Así que el Bingo no era exclusivo de los católicos! Salí digna y apresuradamente, y llegué a la iglesia correcta justo cuando terminaba la misa.

Además de predicar en los retiros, recaudar fondos, reclutar para Regnum Christi, celebrar la misa, asistir a reuniones del clero y escuchar confesiones, me ofrecí de voluntario para colaborar con el programa de enfermos terminales de nuestro hospital local ("*hospice*" = hospicio). El objetivo del programa consiste en combinar la mejor atención profesional con el servicio más personalizado posible, para atender a los pacientes que están por morir. La idea se remonta a la Edad Media, y de ahí provienen las palabras "hospitalidad" y "hospicio". Las comunidades religiosas establecían "estaciones en el camino" para atender a los enfermos y heridos en los viajes a Tierra Santa. La dimensión espiritual del hospicio se basa en las palabras de Jesús: "En cuanto lo hicisteis a uno de estos mis hermanos más pequeños, a mí lo hicisteis".

El personal médico a veces se siente frustrado, impotente y triste al saber que todo su conocimiento y habilidad son inútiles para prolongar la vida de un paciente. Para ayudar a los moribundos a su cuidado, tienen que aprender a lidiar con estos sentimientos al comienzo de su carrera.

En el plano espiritual y emocional tiene lugar otra dinámica con respecto al proceso de la muerte. El consejo de cleros de varias confesiones del que yo formaba parte participaba en el programa "*hospice*" de cuidado a enfermos terminales brindándoles ayuda espiritual a los pacientes. El comité me pidió que trabajara con pacientes que no profesaban ninguna religión en especial, pero que deseaban hablar con un ministro o sacerdote.

A pesar de mi entusiasmo inicial, el trabajo era muy duro. Me llevaba mucho tiempo y me consumía emocionalmente. Muchos pacientes pasaban del estado consciente a la inconsciencia, y no siempre resultaba fácil verlos en uno de sus momentos buenos. Hice lo mejor que pude durante alrededor de un año, pero finalmente decidí no continuar.

Sin embargo, aprendí una lección muy importante a partir de esta experiencia. Los pacientes que creían en algo, que tenían fe en un poder superior, se mostraban más serenos durante el proceso de morir, sentían menos temor. Aquéllos que no creían en la vida después de la muerte tenían más dificultades para resignarse y encontrar la paz. No estoy sugiriendo que esta conclusión sea universalmente válida. Sin embargo, me ayuda en mis momentos de duda. Creo que corrobora el dicho de San Agustín: "Tú, Señor nos hiciste para ti, y nuestro corazón está inquieto hasta que descanse en ti".

GABON: MUCHO RUIDO Y POCAS NUECES

Mi fatídica entrevista con el Padre Maciel en Cheshire tuvo lugar seis años después de mi llegada a Nueva York. Después de haber aceptado viajar a Gabón, acudí a la embajada gabonesa en Washington para tramitar los documentos que fueran necesarios. El funcionario de la embajada me aseguró que no necesitaba visa para viajar a Gabón, y pareció incluso sorprendido de que yo lo preguntara. Me dio un libro llamado "El nuevo Gabón" y un folleto, que declaraba que la región de los alrededores de Franceville "son similares a las llanuras de Auvernia". Esto es una exageración; probablemente quien lo escribió había pasado demasiado tiempo al sol del mediodía. A uno y otro lado de las llanuras de Franceville se encuentra la imponente jungla, con colinas arenosas que llegan hasta la frontera con la República del Congo. No es exactamente la "encantadora Francia".

La ciudad de Franceville es el lugar de nacimiento del Presidente Bongo, el líder gabonés. Gracias a sus esfuerzos, la ciudad aparentemente estaba destinada a convertirse en un altar personal en honor de la magnificencia del Presidente. El centro tenía calles asfaltadas, algunos edificios de importancia y oficinas del gobierno, ofreciendo un absurdo contraste para una ciudad en medio de la jungla. Pero África está llena de sorpresas; una vez, en un pequeño supermercado, encontré hamburguesas congeladas, importadas de New Ross, Irlanda.

No hay carreteras principales que se conecten con Franceville. Alrededor de la ciudad hay algunas descoloridas brechas construidas por las empresas madereras, poblaciones de casas de barro y puestos de vendedores de carne de "animales de la selva." Algunas veces venía de visita la esposa del Presidente Bongo. Sus guardaespaldas conducían un AMC Pacer rojo, un vehículo futurista, totalmente fuera de lugar en el contexto, con sus formas redondeadas y sus enormes paneles de vidrio. Cuando pasaba veloz, levantaba grandes nubes de polvo, ahogando a los lugareños fuera de sus chozas de barro en las afueras del pueblo. La gente, sentada en sus pequeñas mesas de trueque fuera de sus casas solía agitar las manos y saludar el paso de la caravana. A falta de un sistema monetario, usaban el trueque. Una familia colocaba plátanos sobre su mesa; venía un vecino y tal vez cambiaba unas patatas por los plátanos. La gente que tenía acceso al dinero utilizaba el CFA (Communaut Financiaire Africaine), una divisa no convertible, sin ningún valor fuera de Gabón.

<hr />

Nuestra dieta básica en la misión consistía en cabezas de pescado para la cena (sin cuerpo ni cola, sólo la cabeza), con la boca abierta y mostrando los dientes.

"Linda, ¿cuál es el motivo de tu encanto y atractivo?" los imaginaba cantando el jingle de la pasta dental de principios de los años '50. Muchos me han preguntado: "¿Y qué pasaba con el resto de los pescados?" Debo confesar que no lo sé, y no tengo la menor idea de por qué llegaban sólo las cabezas a nuestra mesa.

El obispo, vestido con su sotana blanca de todos los días, se molestaba mucho cuando yo no comía los ojos del pescado. Se levantaba de su silla en la cabecera de la mesa, daba la vuelta, palillo de dientes en mano, como un oscuro Don Quijote, dispuesto a traspasar con él mis ojos de pescado no deseados, al tiempo que murmuraba lo deliciosos que eran mientras se los metía en la boca. No me iba bien con la comida: nunca era suficiente, y a pesar de tener gustos muy eclécticos, no la disfrutaba.

El mercado local vendía artículos diversos, como ropa (nada de mi talla); frutas y hortalizas; artículos electrónicos básicos y algo de carne, incluyendo la proveniente de la selva. Dentro de este grupo, podía conseguirse pitón africana de roca, una de las serpientes más largas, que mide hasta 20 pies. Una pitón de roca es capaz de devorar un cocodrilo o una gacela. Tiene muy mal temperamento, y a pesar de que carece de veneno, está dispuesta a morder si se la ataca. El mercado también vendía carne de mono y algunas otras especies'de animales locales. Yo no era un comprador frecuente.

Un día después de llegar a la misión, descubrí una enorme cantidad de plátanos en la cocina. Nuestra cocinera compraba los plátanos, aún verdes, en un gran racimo, cortado directamente del árbol, y los había colgado en la cocina para que madurasen. Los plátanos se convirtieron en mi "golosina" y pasaron a completar mis comidas. Me metía en la cocina durante la noche y tomaba un par. Me ayudaban a aliviar el hambre y estoy seguro de que me proporcionaron una excelente nutrición. Los pobladores utilizaban las hojas de plátano como sustitutos del papel de celofán o del papel encerado, debido a que son grandes, flexibles y resistentes al agua. Crecen hasta unos 8 pies de largo y la gente del pueblo incluso los usaba como improvisados paraguas durante los intensos aguaceros.

Además de la escasez de alimentos, estaba el problema de las enfermedades. Yo tomaba tres comprimidos de quinina al día contra la malaria y ocho píldoras contra la oncocercosis, o "ceguera del río". Cuando nos despedimos en Washington, mi hermano Brendan me había informado sobre estas enfermedades y sobre las precauciones que debía tomar. En los NIH (Institutos Nacionales de la Salud) tenía acceso a información especializada, que no estaba disponible para el público en general (esto fue antes de la llegada de Internet). Brendan me explicó que por año se producen de 350 a 500 millones de casos de malaria, la enfermedad producida por la picadura del mosquito, y muere más de un millón de gente, la mayoría niños pequeños del África subsahariana. Gabón está en el África subsahariana.

La gente con malaria generalmente padece de fiebre, escalofríos y malestar similar al de la gripe. Si no se trata a tiempo, pueden desarrollarse complicaciones serias e incluso la muerte. La enfermedad es prevenible y curable. Los mosquiteros de cama, insecticidas y medicamentos anti-malaria son efectivos. Las otras enfermedades que mencionó mi hermano fueron la ceguera del río y la filariasis, producida por el gusano Loa Loa. Antes de ir a Gabón, creo que ni siquiera había oído hablar de estas enfermedades (muy similares entre sí), que causan estragos en África Occidental y Central.

En las aguas oxigenadas de los tumultuosos ríos cercanos al Ecuador se reproduce un gusano, el principal causante de ceguera ("ceguera del río"). Las moscas negras propagan las larvas del gusano, que transmite la enfermedad al morder; esto hace vulnerables a los habitantes que viven cerca de los numerosos ríos de África Central. Además de causar ceguera, la enfermedad provoca nódulos en la piel junto con picazón severa. Vi a muchas personas mayores con la piel manchada como la de un leopardo, como resultado de los daños a la pigmentación. Si no se la trata, la ceguera del río se vuelve incurable y puede producir parálisis. Aproximadamente 18 millones de personas están infectadas, de las cuales alrededor de 300.000 son ciegos irreversibles. El noventa y nueve por ciento de los afectados por la ceguera del río vive en África. Es una enfermedad terrible, complicada aún más por el hecho de que la única droga que se conoce para curarla puede producir el coma y la muerte en pacientes infectados además con el parásito Loa Loa, muy común.

Mi hermano estaba al corriente de las últimas investigaciones con drogas nuevas. Logró que me incluyeran en un estudio clínico, donde me suministraron una medicación experimental; esto fue lo que me conservó inmune a la tremenda enfermedad. Para formar parte del estudio y recibir la medicación, los NIH me exigían un chequeo completo. Me resultó interesante comprobar que mis niveles de colesterol parecían estar muy bien, a pesar de una dieta que incluía dos huevos y un litro de leche por día durante los últimos 20 años. Gracias a la medicación, no me enfermé de gravedad en África, aunque bajé unos 15 kg. Sin la ayuda de Brendan, la posibilidad de contraer una de estas enfermedades habría sido muy alta. Después de irme de Gabón, los científicos hicieron grandes avances en el tratamiento a fines de la década de 1980. Laura, una enfermera italiana que trabajaba con un grupo de Hermanas cerca de nuestra misión, se marchó de Franceville casi al mismo tiempo que yo. Se había enfermado con el Loa Loa y dejó Gabón en silla de ruedas. Estaré eternamente agradecido a mi hermano, el médico.

⚬⚬⚬

Uno de los misioneros de Franceville, un sacerdote holandés anciano y con barba, me convenció de que las píldoras contra la malaria (quinina) podían inducir la ceguera. El Padre Bernard era un hombre gentil, y estaría en su elemento en una película de Indiana Jones. Según él, si contraía la malaria, al menos podría ver mis propios temblores y tratarla con la quinina. Me sonó a que sabía lo que decía, y seguí su consejo. Seguí tomando la medicación contra el Loa Loa. Por primera vez en mi vida, cuando afeitarme en el húmedo clima tropical se tornó demasiado molesto, me dejé la barba, como el Padre Bernard y los otros cuatro misioneros.

El viejo holandés había llegado a Franceville en canoa, una piragua hecha con un tronco ahuecado. El Padre Bernard había llegado de Holanda a la costa occidental de África hacía muchas lunas. ¡En esos tiempos, el viaje debe haber sido realmente épico! Guardaba fotografías arrugadas en blanco y negro de la "tripulación", todos desnudos hasta la cintura, que había guiado la piragua a través de los rápidos. Me contó que un momento memorable del viaje había sido detenerse para saludar al reconocido Dr. Albert Schweitzer en su hospital de Lambaréné, cerca de la desembocadura del inmenso río"Ogooué, que conecta Franceville con el mar. El holandés de voz suave me contó muchas anécdotas sobre el Dr. Schweitzer, de quien yo sabía poco o nada.

Al terminar sus estudios médicos en 1913, el Dr. Schweitzer, natural de Kaisersberg en Alsacia-Lorena, viajó a Gabón con su esposa para fundar un hospital cerca del puesto de una misión en Lambaréné, unas millas al sur del Ecuador. Este médico, teólogo y músico aprendió a administrar un hospital en medio de África; el único acceso al mundo exterior era a través del río Ogooué, y los suministros eran sumamente escasos. El Padre Bernard me contó que gracias a su fuerte personalidad, Schweitzer logró lo que se proponía; no dudaba en realizar o supervisar hasta las tareas más banales. Era un teólogo, que sabía mucho acerca del trabajo duro y de las vidas difíciles. En 1952 obtuvo el Premio Nobel de la Paz. Schweitzer escribió: "Los únicos verdaderamente felices son aquéllos quienes buscan y encuentran el modo de servir".

Después de un largo período en Gabón, mi colega holandés regresó a su país natal. Pero pasados dos años, se aburría terriblemente. Sufría de un "shock cultural inverso", y añoraba a su amada gente de Franceville.

El Padre Bernard vivía en una choza aislada en uno de los pueblos; yo lo visité una sola vez y nunca supe por qué había decidido vivir lejos de la casa de la Misión. No tenía electricidad ni agua corriente, ya que estas comodidades eran difíciles de conseguir fuera de los confines de la ciudad. Con verdadero espíritu misionero, había instalado luces de Navidad en su choza, conectadas a la batería de su vetusto Land Rover. Realizaba sus abluciones en la "ducha", un tonel de agua que pendía del techo de su morada. Pedía a los niños de la zona que voltearan el tonel, y así obtenía el despertar inmediato que sólo una ducha fría puede proporcionar.

Cuando me habló de la malaria, el Padre Bernard dijo: "¿Sabía que la quinina fue un factor importante en la colonización europea del África?"

"No" respondí "no lo sabía".

"La quinina hizo que África dejara de ser la "tumba del hombre blanco" al ofrecer un antídoto contra la malaria" dijo él.

Por experiencia propia, sabía que los comprimidos de quinina tienen un sabor amargo y repulsivo. Pero jamás los había relacionado con un pasatiempo más placentero.

"Los colonos británicos de la India mezclaban el tónico de quinina con gin, para disimular el sabor" me contó. ¡Eso sí que era un buen gin tonic! Sin embargo, en la misión, el Johnnie Walker Etiqueta Roja era la bebida favorita, así que tuve que conformarme con el whisky.

——⁂——

Poco a poco, me habitué a la rutina de la vida en Franceville, aunque esto no siempre era fácil ya que cada día traía nuevos desafíos, muchos de los cuales se relacionaban con el clima. Era la temporada de lluvias, y los diluvios borraban los caminos, inundaban los ríos y cortaban la electricidad; tampoco teníamos teléfono en la misión. Luis y yo realizábamos numerosas tareas juntos y aprendí mucho de su inventiva y de su enorme capacidad para el trabajo físico extenuante, que él emprendía con gusto para calmar sus demonios interiores. Luis estaba deprimido, desalentado y, en cierta medida, tenía tendencias suicidas. Estaba desesperado por irse de Gabón, pero ambos acordamos que esperaría al menos seis meses. Hablábamos en español entre nosotros, y en francés con los demás misioneros cuando nos encontrábamos durante las comidas. No teníamos un "criado", como el amigo de mi padre en Nigeria. Teníamos a Dominique, nuestro experto en tareas manuales de todo tipo, y una cocinera, que no vivía en la casa de la misión. Apenas la conocí, pero me dio la impresión de que tenía la ruda personalidad de una superviviente. Que yo sepa, nunca nos preparó guiso de perro.

——⁂——

Dominique medía 1,60 m, tenía un rostro ancho, contextura frágil y cabello algo canoso. Como tantos hombres de Libreville, Dominique llevaba siempre una camiseta con la foto del Presidente Bongo en el pecho. Los funcionarios del gobierno repartían estas camisetas en las reuniones que organizaban los días festivos. El Presidente Bongo era nativo de Franceville, y gracias a su generosidad, la ciudad había llegado a ser la segunda más importante, después de Libreville, la capital.

El Presidente Bongo se llamaba Omar Bongo Ondimba, aunque después se lo conoció por su nombre cristiano, Albert-Bernard. En 1973 se convirtió al islamismo y se hizo llamar El Hadj Omar Bongo. Según los rumores, la ciudad de Franceville aprovechó la misión personal de Bongo de desarrollar su pueblo natal y de enriquecer enormemente a los miembros de su familia. Murió el 8 de junio de 2009 en un hospital español. El Presidente Bongo fue uno de los jefes de estado más ricos del mundo; su riqueza se atribuía a las ganancias provenientes del petróleo y a su supuesta corrupción. Gracias a la generosidad del Presidente, Dominique poseía varias camisetas de Bongo, que para mí quedarán siempre indisolublemente ligadas con él.

La mayor parte del tiempo estaba de buen humor y se mostraba ansioso por complacer. Dominique fue el primer gabonés al que llegué a conocer bien, pero nunca estaba seguro de cuán sincero era conmigo o con Luis. Nos acompañaba en nuestros viajes más largos, sirviéndonos de intérprete y guía. En cierta oportunidad tuvimos que pasar la noche en una escuela de una sola habitación sin baño interior; recuerdo el alivio que sentimos por tener a Dominique y su rifle con nosotros.

Antes de acostarme, salí a orinar, pero antes de abrir la puerta, Dominique me advirtió desde su yacijo:

"¡Padre, no salga en la oscuridad!"

"¿Por qué no?" le pregunté. "Tengo que orinar".

"Es demasiado peligroso, por las serpientes y otros animales. Use la ventana" replicó.

Dormí mal, me despertaba al menor ruido. A lo lejos oíamos el palpitante sonido de los tambores.

En Gabón nos acostábamos y nos levantábamos temprano. Fuera del centro de la ciudad, la mayoría de la gente no tenía electricidad y nuestro día estaba regulado por la salida y la puesta del sol. Como estábamos muy cerca del Ecuador, no existía el crepúsculo.

Una noche, poco después de dormirme en mi caseta de la Misión, oí fuertes golpes a mi puerta. La abrí y me encontré con dos hombres completamente borrachos. Me llevó un momento sobreponerme a mi susto inicial y comprender lo que decían. Eran amigos de Dominique, que estaba enfermo y necesitaba ayuda enseguida. Subí a los dos hombres a la caja de mi camioneta y me llevaron hasta la casucha de Dominique en las afueras de la ciudad. Los miraba constantemente por el espejo retrovisor, para ver si se habían caído; vi a uno de ellos inclinándose hacia afuera y vomitando. Cuando llegamos a la choza de Dominique, la encontramos cerrada con llave; sus amigos se turnaron para vomitar al costado de la choza y golpear a la puerta.

Como no obteníamos respuesta alguna, supuse que Dominique estaba muerto o inconsciente. Derribé la puerta. Yacía en mitad de la choza, en un charco de orina y excremento; el olor era insoportable. Alguien había usado la camiseta de Bongo para tratar de limpiar el desastre, y luego la había dejado tirada a su lado. Estaba descalzo y desnudo de la cintura para arriba. La adrenalina, esa hormona maravillosa, inmediatamente aumentó mi sensación de urgencia. Levanté a Dominique y lo llevé hasta la camioneta. Jamás en mi vida había sentido un cuerpo humano tan caliente: estaba literalmente hirviendo de fiebre. Lo envolví en una vieja manta y lo llevé lo más rápido que pude al hospital, volando sobre las carreteras destruidas. Sus amigos borrachos no nos acompañaron.

———⊗———

A eso de la 1:00 llegamos al hospital, un edificio de dos pisos pintado a la cal, apenas iluminado por el farol de la calle. Había dos mujeres sentadas en los escalones de la entrada, fumando. Vestían las ropas azules y blancas de las enfermeras. A pesar de lo tarde que era, casi no me prestaron atención. Expliqué la apremiante situación de mi compañero; no podía creer lo que me contestaron:

"Vuelva mañana, cuando esté el doctor" me dijo una.

"Tómele la temperatura" hice un gesto hacia la camioneta. "No soy médico, pero creo que para entonces podría estar muerto".

"Lo siento, no podemos hacer nada por usted" respondió y reanudó la conversación con su amiga.

"¿Dónde encuentro un médico de inmediato?" insistí. Esta vez la enfermera notó la urgencia de mi tono.

"Mire, la casa del doctor se encuentra a unas cuantas millas y la camioneta del hospital no está aquí para ir a buscarlo".

Justo en ese momento llegó una camioneta blanca que estacionó detrás de la mía. Entretanto, Dominique yacía en la parte de atrás, muriéndose o ya muerto. Me acerqué al conductor de la camioneta blanca, que llevaba sólo una chaqueta larga, demasiado grande; iba descalzo y no pude ver si llevaba pantalones.

"¿Eres el chofer del hospital?" pregunté.

"Oui, Monsieur" respondió hoscamente.

"¿Podrías ir a buscar a Doctor? El hombre en mi camioneta se está muriendo".

Su actitud demostraba una total falta de interés. Me dijo que iría a buscar al médico, ya que éste era su trabajo, pero que tenía un problema:

"Lamentablemente, monsieur, mi camioneta casi no tiene gasolina".

Sin dudarlo, tomé al hombrecillo de las solapas y me acerqué tanto que podía oler su aliento ácido. Noté que las enfermeras comenzaban a inquietarse, ya no eran indiferentes a lo que pasaba. No había muchas personas tan grandes como yo en Franceville; estoy seguro de que temían una explosión violenta. En mi mejor francés y con calma, le dije al chofer que fuera a buscar al médico inmediatamente, en su camioneta o en la mía. Le dije que si se negaba, lo mataría.

Quince minutos después, Dominique ingresaba al hospital. Lo pusieron en una cama en una sala pequeña, con otros ocho pacientes. Una vez que estuvo instalado, pero todavía inconsciente, me fui, planeando volver a la mañana. De camino a casa, reflexioné sobre el poco valor de la vida en un país pobre. Yo estoy convencido de que hay que hacer todo lo posible por salvar a un ser humano. Sin embargo, sólo Dios sabe los horribles casos de pobreza y enfermedad que esas enfermeras tenían que ver cada día. Tal vez tenían sus motivos para actuar de manera tan pragmática y algo fatalista.

Al día siguiente, Luis y yo visitamos a Dominique. Le habían puesto una bata de hospital limpia, estaba consciente y parecía estar bien; la fiebre había bajado. Los parientes que visitaban a los demás pacientes cocinaban en pequeñas fogatas encendidas en el pasillo sin techo del hospital. Algunos pacientes habían salido de sus camas para que se acostaran sus visitantes, siguiendo la costumbre local.

Dominique no estaba contento en el hospital y no parecía agradecido por que yo lo hubiese traído. Una vez más, yo no sabía si estaba interpretando correctamente sus emociones. Cuando nos fuimos, prometimos regresar al día siguiente. Cuando lo hicimos, él se había ido; lo encontramos caminando por la carretera, vestido con su bata de hospital, a unas diez millas de la ciudad. La sonrisa había desaparecido de su rostro consumido; pero parecía estar bien.

"Gracias, pero no confío en los médicos del hospital" nos dijo. "Vuelvo a mi pueblo, allí me curarán".

A pesar de su evidente debilidad y de estar enfermo de malaria, obstinadamente rechazó nuestra ayuda; sólo nos permitió llevarlo en la camioneta hasta su pueblo. Nunca regresó y jamás lo volví a ver. Llegué a comprender mejor su fatalista sistema de creencias: lo que tenga que ser, será; las fuerzas detrás de las cosas son más grandes que nosotros, los humanos no debemos interferir.

Dominique creía que el curandero de su pueblo era más apto para lidiar con esas fuerzas misteriosas que los médicos occidentales en sus elegantes delantales blancos.

Algunas semanas más tarde, Luis me preguntó si quería asistir a un funeral en la selva con él.

"Quiero ver uno" me explicó. La idea era ir de incógnito, si es que esto era posible para dos tipos blancos en un pueblo de negros. Ninguno de nosotros había visto un funeral local, y Luis se había enterado de la muerte a través de un pariente de la fallecida. Los extraños casi nunca asistían a un funeral en un pueblo remoto.

Decidí aprovechar la oportunidad de observar este aspecto de la cultura nativa. Cuando llegamos al pueblo donde había muerto la mujer, nos resultó fácil encontrar su choza de barro; simplemente seguimos el sonido de los cantos y los gritos. Había un enjambre de niños, algunos de ellos jugando en la tumba recién cavada a pocos metros de la choza; se turnaban para saltar dentro. En el suelo alrededor de la tumba había comida. A un lado yacía la ropa de cama de la difunta y algunas de sus ropas. Permanecimos a la sombra, observando la escena. Parecía que habían organizado una gran fiesta.

Poco después un grupo de hombres salió de la choza portando un ataúd de contrachapado desvencijado, que no parecía pesar mucho. Se tambaleaban, no por el peso, sino porque estaban borrachos. El ataúd cayó al piso, el contrachapado se abrió y el cadáver rodó fuera de él.

Entonces salieron las mujeres de la choza. Estaban completamente desnudas, con el cuerpo cubierto de un polvo blanco (quizá cenizas). Emitían sonidos fúnebres mientras los hombres recogían el cuerpo y los restos del ataúd como podían y los colocaban en la tumba. Los niños continuaron jugando, indiferentes a la gravedad de la situación. O tal vez, dadas las circunstancias, no había allí "gravedad" alguna. Los deudos estaban enviando a la difunta de regreso a sus ancestros, bien cuidada y con ropa de cama, alimentos y ropa para su viaje al mundo espiritual. Sabían que no había desaparecido, que estaría con ellos en espíritu y que la recordarían con reverencia, como a todos sus ancestros.

Hay cristianos y musulmanes en Gabón, pero en las zonas periféricas prevalece el animismo y la adoración de los ancestros.

No hay Dios, ni Cielo ni Infierno. El mundo espiritual es parte de su vida material y cotidiana.

A veces leía o estudiaba francés con la puerta abierta. Generalmente, uno o dos niños locales venían y se sentaban en mi casa, con la espalda apoyada en la pared, y me miraban. Era algo inquietante que los niños me miraran tan intensamente; me producía la misma incomodidad que cuando visitaba pueblos remotos en los que el único blanco era yo.

Era incómodo ser tan diferente de los demás. La gente se quedaba mirándonos. Un día, pregunté a unos niños por qué me miraban, y por toda respuesta salieron corriendo. Cuando regresaron, movidos por la curiosidad infantil (que es universal), les volví a hacer la misma pregunta. Acababa de volver del funeral donde había visto a las mujeres desnudas cubiertas en polvo blanco.

"¿De qué color son sus ancestros en el mundo de los espíritus?" les pregunté.

"Comme toi – como tú" replicaron.

Muchas veces me pregunté si era por eso que "blancura" los inquietaba. Tal vez pensaban que nosotros, los sacerdotes blancos a los que asociaban con los extraños rituales, formábamos parte del mundo de los ancestros.

Laura, la enfermera italiana, era una mujer atractiva y agradable, algo más joven que Luis y yo. Su hermoso cabello negro contrastaba con el uniforme blanco. Estaba muy unida a las monjas, y a Luis y a mí nos trataba con cierta deferencia. No es de extrañarse: ninguno de nosotros era una buena compañía.

Cada uno de los pueblos que visitábamos tenía un pequeño lugar de reuniones comunitarias en el centro. El programa de Laura consistía en visitar ciertos pueblos en determinados días. Al llegar, las madres con bebés y niños pequeños se reunían en la choza comunal. Generalmente la construcción tenía un techo de paja, paredes abiertas y una rústica mesa en el centro.

Laura usaba una báscula antigua, similar a las que yo veía de niño en las tiendas de Dublín. Colocaba a los recién nacidos en el plato de la balanza. Luego agregaba pesas del otro lado y anotaba el peso del bebé en su cuaderno. Las madres observaban el procedimiento con cierta aprensión. Luego inspeccionaba rápidamente a cada niño. Los enfermos recibían un examen más detallado, con estetoscopio y termómetro. Laura les entregaba los medicamentos que tuviera a disposición. Yo solía desear poder conseguirle más suministros.

Cuando hacía sus rondas de maternidad, Luis y yo muchas veces la acompañábamos. En muchos pueblos, éramos los primeros blancos que veían los nativos en su vida. Arreglábamos la choza comunal y preparábamos todo para que Laura pudiera examinar a los bebés. Luego encontrábamos algún lugar a la sombra y organizábamos juegos y clases de religión para los niños más grandes. Cuando Laura terminaba con los chequeos, las mujeres se sentaban en círculo con sus bebés y Laura les enseñaba los aspectos básicos del cuidado infantil.

No todos los nativos hablaban francés, así que muchas de nuestras lecciones las impartíamos con gestos y mímica. Las madres prestaban una atención absorta a las demostraciones e instrucciones de Laura. Tanto ellas como sus bebés desnutridos, muchas veces consumidos, tenían que conformarse con los servicios de Laura, porque el hospital de Franceville estaba demasiado lejos. Mientras esperaban nuestra próxima visita, confiaban en las pociones y encantamientos del curandero del pueblo. En este período pensé muchas veces en John Turner, el amigo de mi padre.

<hr />

La ley gabonesa permite la poligamia; es decir, tanto hombres como mujeres pueden tener varios cónyuges. Al momento de casarse, la pareja decide si será monógama o polígama. Sin embargo, si se deciden por la monogamia, el marido tiene derecho a cambiar de opinión más adelante y volverse polígamo; de manera que, en la práctica, el derecho a tener varias esposas está reservado a los hombres.

Gabón forma parte del llamado "cinturón de infertilidad" (junto con la República de África Central, Camerún y el sudoeste de Sudán). Esto hace que el embarazo sea un requisito para casarse. Las niñas pueden casarse a partir de los 15 años; los niños, a partir de los 18. Las adolescentes que no pueden demostrar su capacidad de concebir no encuentran pareja. Esto lo descubrí al ver, tanto en Franceville como en zonas más alejadas, una cantidad inusual de niños pequeños que corrían apoyándose en las manos. Los pobres pequeños no tenían piernas. Laura me explicó que esto se debía a la polio y a otras enfermedades relacionadas con la cantidad de embarazos adolescentes.

La mayoría de las niñas de trece o catorce años ya tenían un bebé. Éste era su seguro de matrimonio, ya sea monógamo o polígamo, de acuerdo con la decisión del futuro marido. No me será fácil olvidar a esos niñitos golpeados por la pobreza, corriendo por el polvo sobre sus manos. No tenían acceso a sillas de ruedas ni prótesis de ningún tipo, que en los países desarrollados damos por sentado. Para muchos de ellos, Laura era la única esperanza, y sus recursos eran muy limitados.

La religión predominante en las áreas alejadas era el animismo. Para ser preciso, creo que el animismo es más bien una filosofía cultural que una religión. La gente creía en el mundo de los ancestros y construía pequeños altares para honrarlos y adorarlos. Creían que el alma debe viajar hasta el mundo de los espíritus sin extraviarse, en cuyo caso se convertiría en un fantasma errante. Los ritos funerarios ayudaban al difunto a completar el viaje con éxito. Sus costumbres giran más alrededor de la resolución de problemas prácticos, como la salud, la alimentación y la seguridad, que de abstractos dilemas metafísicos. Para ellos, el universo está lleno de espíritus, y los seres humanos están relacionados con ellos.

Muchas veces me pregunté qué podría lograr como sacerdote católico en este entorno animista y polígamo.

A mi hermano Brendan le costó entender por qué me iba a Gabón. Decir que no era un partidario entusiasta de la Legión de Cristo, es decir poco. Se había casado inmediatamente después de graduarse de médico en la Universidad de Dublín. Cuando partí hacia Gabón, él vivía con su esposa y sus dos hijos en los suburbios de Washington DC, cerca del enorme campus de los Institutos Nacionales de Salud. Los NIH, que forman parte del Ministerio de Salud y Servicios Sociales de los Estados Unidos, es la principal agencia federal a cargo de realizar y colaborar con la investigación médica en los Estados Unidos. Los NIH están compuestos de 27 Institutos y centros, conducen y brindan apoyo financiero a las investigaciones que se realizan en cada estado y en todo el mundo. Durante más de un siglo han tenido un papel importante en la salud de la nación, a la cabeza de los descubrimientos médicos más importantes. Los científicos de los NIH investigan la forma de prevenir las enfermedades, y las causas, tratamientos y curas de las enfermedades comunes y exóticas.

Brendan es un médico brillante, totalmente apasionado en su trabajo. Trabajó con especialistas pulmonares reconocidos en todo el mundo para encontrar la cura para las enfermedades de pulmón. Durante mis seis años en Rye, pude visitarlo con más frecuencia que nunca antes desde que me había unido a la Legión en 1962. Brendan y su esposa Carmel me hacían sentir bienvenido en su casa, y sus dos hijos, Karina y Stephen, siempre parecían felices de ver al "tío Jack". Disfrutamos de la novedad de vernos de manera más regular y predecible. Francamente, llegado a ese punto yo ya no prestaba demasiada atención a las reglas de la Legión con respecto a las visitas familiares, así que incluso los visité más de lo permitido.

En mis viajes a Washington, donde predicaba en algunos retiros con el Padre Declan Murphy, pude asistir a algunos partidos de fútbol de mi sobrino, y hacerme una idea de lo que era la vida familiar. Ésta era toda una experiencia para mí, porque al visitarlos, me daba cuenta de cuán alejado estaba yo de la vida familiar normal.

Por normal me refiero a cosas pequeñas, como cierta cuota de desprolijidad, risas espontáneas, comidas en familia y conversaciones acerca de lo que cada uno había hecho durante el día. Durante los primeros diez años de su vida de casado, yo había tenido muy poco contacto con Brendan y su familia. Cuando me uní a la Legión, él tenía apenas quince años. La Legión no se acercaba a la calidez e intimidad que yo asociaba con la vida familiar. Camaradería y hermanos de combate, sí; pero nada de familia.

La Legión era ambivalente con respecto al rol de la familia en la formación de sus miembros. Por un lado, se exaltaban los valores familiares. Sabíamos que una de las características más importantes de la vida del Padre Maciel era su intenso compromiso con la importancia de la familia. Creamos numerosos centros para promover los valores familiares, como el que yo había fundado en Rye. Pero el contacto con nuestras propias familias estaba regulado por normas muy estrictas. Durante mi aislamiento en Gabón, me di cuenta por primera vez que en mis veinte años de Legionario, había pasado un total de veinte días con mi familia en irlanda. Entretanto, yo sabía que el Padre Maciel pasaba muchísimo tiempo con su familia; estaba claro que las reglas no eran iguales para todos. Como de costumbre, él era el Fundador, por lo que cualquier cosa le estaba permitida.

Según la experiencia con mi propia familia durante mi vida en la Legión, no existía compromiso alguno de parte de la Congregación con los miembros de las respectivas familias. Veinte días en veinte años es demasiado poco, y visto retrospectivamente, era increíblemente injusto. Sin embargo, el contacto mínimo con la familia era la norma aceptada en muchas congregaciones religiosas antes del Concilio Vaticano Segundo, a principios de los años 1960.

En 1971, el propio Padre Maciel me prohibió asistir a la boda de mi único hermano. Esto fue muy doloroso para Brendan y para mis padres. Mi implacable defensa de nuestra "disciplina" Legionaria y mi apoyo al Padre Maciel acrecentaron su malestar. No creo que supieran que mi corazón sangraba. Más de una vez, en mi pequeña caseta en las afueras de Franceville, lloré por este tremendo sentimiento de pérdida y alienación de mi propia familia.

Durante mis primeros tiempos en Gabón, yo estaba absorto en la introspección contemplativa. Había venido a Gabón para ponerme en contacto conmigo mismo y tratar de discernir cuál era la voluntad de Dios para conmigo. Debido a este estado de ánimo, me resultaba difícil mostrar mi entusiasmo habitual por los lugares nuevos, y lo inhóspito del entorno me forzó a concentrarme aún más en mi yo interior. Sintiéndome más solo y perdido que nunca, empecé a cuestionar el valor de todo lo que había logrado, preguntándome si la creencia de que realmente sabía lo que Dios quería para mí no era una especie de lavado de cerebro.

No cabía duda de que la Legión me había lavado el cerebro. Y lo peor es que, sin saberlo, yo había lavado el cerebro de otros. Durante la mayor parte de mi vida en la Legión no lo había visto así, pero mis dudas con respecto al primer Capítulo General Extraordinario de 1980 me habían llevado a la conclusión de que la Legión era muy parecida a un culto. Me encontré con la pregunta: ¿cuál es mi vocación? Si Dios me había convocado al sacerdocio, ¿era posible que Él cambiara mi vocación ahora?

Me pregunté por qué no había considerado ninguna alternativa diferente de mi vida como sacerdote en la Legión, y si no me habría engañado escuchando sólo a mi mente y no a mi corazón.

En un pueblo remoto, a varias horas en automóvil de Franceville, trabajaba un pequeño grupo de sacerdotes italianos. Al pueblo se llegaba por un camino olvidado, intransitable después de una tormenta. Luis Lerma los conocía, por lo que me entusiasmé cuando me invitaron a verlos. Me alegraba de que no existiera la barrera del idioma con ellos. A pesar de todos mis esfuerzos, mi francés no era suficiente para mantener una conversación relajada, y sería divertido practicar mi excelente italiano. Tal vez lograría ver aspectos de la vida misionera que se me habían escapado hasta ese momento. Tal vez me inspirarían para reinventarme a mí mismo.

Una mañana temprano, preparamos la camioneta Mitsubishi, asegurándonos de que contaba con combustible, aceite, neumáticos inflados, una sierra para los árboles caídos en el camino, un set de herramientas básicas y nuestros rifles, por si nos encontrábamos con animales hostiles. No tenía mucho sentido planificar en función del clima; por empezar, no teníamos servicio meteorológico; segundo, la mayor parte del tiempo llovía torrencialmente. Las lluvias cerca del Ecuador se asemeja a baldes de agua que caen del cielo plomizo. En cuestión de minutos, las carreteras se transforman en ríos de lodo rojizo. Un viaje de 20 millas puede tomar varias horas a través de los que comúnmente se llama "jungla", aunque su nombre técnico es selva tropical.

Gabón contiene parte de la flora de mayor diversidad biológica y más amenazada de la Cuenca del Congo. Su selva tropical es la segunda más grande del mundo después de la del Amazonas. Es uno de los pocos lugares del planeta en que la selva tropical primigenia se extiende hasta la playa.

El camino que tomamos para llegar a los misioneros italianos había sido construido por las empresas madereras. Cada dos por tres debíamos detenernos al costado del camino para dar paso a los enormes camiones cargados de inmensos troncos de Okoume. Los troncos se mantenían en su lugar mediante postes de acero verticales a los lados de la caja del camión. El árbol de Okoume puede alcanzar hasta 200 pies y se usa para fabricar contrachapado, de modo que es una importante fuente de ganancias. Los troncos más grandes tienen un diámetro de unos 6 pies. Son camiones grandes con enormes troncos, que circulan demasiado rápido para lo resbaloso de los caminos de lodo. En nuestra Mitsubishi, un accidente podía resultar fatal, por más simple que fuera. Es muy fácil desangrarse y morir si la ambulancia y la ayuda no pueden llegar durante horas, si es que llegan.

La ventaja de las carreteras madereras es que eran, al fin y al cabo, carreteras. En un país con muy poca infraestructura, esto era una rareza. Las desventajas también eran evidentes: estas mismas carreteras abrían las áreas forestales para la explotación. Las armas baratas, la abundante vida salvaje y la enorme demanda de productos hacían que la caza furtiva fuera un problema creciente en Gabón. La selva tropical es una jungla primigenia, que aloja a miles de especies, incluyendo elefantes, gorilas y leopardos. En nuestro viaje a la misión italiana cruzamos un río, y me pregunté si veríamos cocodrilos u otros animales salvajes. Como de costumbre, había poco tráfico motorizado.

Cerca de los pueblos, muchas veces se veía a un hombre caminando solo, seguido de cuatro o cinco mujeres que caminaban 20 yardas más atrás; la poligamia era muy común. El hombre no llevaba nada, a no ser un machete, y las mujeres cargaban enormes bultos, en elegante equilibrio sobre sus cabezas o espaldas. Seguramente regresaban del trabajo, cargando lo producido. En una oportunidad, ingenuamente me detuve y sugerí que tres mujeres pusieran sus cargas en la caja de mi camioneta y se subieran ellas también. Les habría ahorrado la caminata de dos millas hasta su pueblo. ¡Cuando las ayudé a colocar sus bultos en la camioneta, me di cuenta de que cada uno pesaba alrededor de 100 libras!

Las esposas llevan la carga porque no hay animales de carga (como caballos o burros) debido a la mosca tse-tse. Ésta, como otros tipos de mosquitos, se alimenta de la sangre de animales y personas. Su picadura puede transmitir un parásito que penetra en el cuerpo y, si no se trata, conduce a una muerte lenta y dolorosa; la enfermedad es conocida con el nombre de "enfermedad del sueño". La mosca tse-tse prospera en una angosta banda geográfica, a cada lado del Ecuador, en África. Además de hacer imposible la cría de animales de carga, pone en riesgo de epidemia a 55 millones de personas.

En países extremadamente pobres, con poca o ninguna atención médica, no es fácil obtener un diagnóstico preciso de la enfermedad del sueño. Y sin diagnóstico, no hay tratamiento. Yo no soy hipocondríaco, pero me sentía muy nervioso por estos mosquitos durante nuestro largo viaje a la misión italiana. La mosca tse-tse encuentra un nuevo huésped en cada una de sus víctimas sin diagnosticar y sin tratar, por lo que la enfermedad del sueño se difunde de manera exponencial. Yo había leído mucho acerca de los horrores del Ébola y de la fiebre hemorrágica. Pero la idea de que mi cuerpo fuera lentamente destruido por un parásito que me volvería literalmente loco, era aterradora. Ya tenía en mi vida suficientes cosas para enloquecer.

Laura, la enfermera italiana, me dijo que los síntomas son similares a los de la gripe: fiebre alta y dolor en las articulaciones.

"Al igual que con la ceguera del río y con el Loa Loa" me explicó, "el parásito viaja por el torrente sanguíneo y destruye los órganos. Se llama enfermedad del sueño porque, una vez que el parásito llega al sistema nervioso central, el paciente se siente completamente extenuado".

Ella había oído historias de comportamientos agresivos súbitos, a tal punto que las víctimas se volvían peligrosas para sí mismas y para los demás.

"En los pueblos" me contó "atan a las víctimas a un poste para que no lastimen a los demás".

Entretanto, sus cuerpos se deterioran, destruidos por el parásito.

"Al final, entran en coma profundo y mueren".

No hay cura para esta enfermedad.

<hr />

Finalmente llegamos al río, el último obstáculo antes de la misión italiana. Pero no había ningún puente a la vista. Vimos dos cables de acero paralelos que atravesaban unas cien yardas de agua. El río fluía tranquilo, pero con mucha fuerza. Era evidentemente profundo y su superficie reflejaba el sol refractado que brillaba a través del cielo plomizo.

Había una barcaza precaria amarrada de nuestro lado al poste donde estaban atados los cables. No había un alma a la vista; para cruzar el río, necesitábamos al barquero. Bajé de la camioneta y a los pocos pasos mis botas Timberline se cubrieron de pegajoso lodo rojo. Los neumáticos, el radiador y los lados de la camioneta, que había sido azul, se hallaban cubiertos del mismo lodo. Empezamos a buscar al barquero y lo encontramos durmiendo en su choza. Nos dijo que estaría con nosotros en una hora, porque necesitaba a su asistente. Apestaba a alcohol, y supusimos que el asistente también estaría completamente ebrio.

La mayoría de los niños de Gabón que han asistido a la escuela hablan francés (el idioma oficial). Los adultos también hablan francés, pero sólo los más educados. Entre ellos, adultos y niños hablan los idiomas nativos. El idioma que se habla en Franceville y sus alrededores se llama "Douma" o "Duma". No existen gramáticas ni diccionarios, por lo que no es fácil aprenderlo, y hay más de 40 idiomas que se hablan en Gabón. Gran parte de nuestra comunicación con los nativos, incluido el barquero, era gestual, ayudándonos del poco francés que conocieran.

Un par de horas después, habíamos pasado la Mitsubishi por dos planchas y habíamos logrado subirla a la barcaza. El barquero encendió el cabrestante a gasolina y nos lanzamos a la corriente. A varias yardas de la orilla, la intensa corriente nos empezó a empujar hacia la izquierda. Los cables nos sostuvieron, pero el mecanismo no inspiraba demasiada confianza. Llegamos a salvo a la otra orilla, bajamos la camioneta, pagamos al barquero y a su asistente y nos fuimos.

A unas cuantas millas vimos un Mercedes todoterreno volcado en una zanja. Habíamos oído hablar de este accidente antes de comenzar el viaje. El conductor había sobrevivido, pero el acompañante se había roto una pierna y había muerto, debido a la larga espera antes de que llegara la ayuda y a la pésima atención médica. Bajamos la velocidad al pasar junto a la camioneta volcada. En un país subdesarrollado, es fácil morir de lesiones que se consideran menores cuando se dispone de atención médica.

El diminuto pueblo habitado por los italianos era el habitual conjunto de chozas de barro con techos de chapa o de paja. En la choza comunal, saludamos a las personas que se encontraban allí conversando, aprovechando lo que quedaba del día. Se olía comida asándose y se veían mesas de trueque con vegetales y artefactos en exposición.

Había un gran grupo reunido alrededor de algo que no pude ver en la tierra. No pude con mi curiosidad y me acerqué a investigar. El grupo se separó tímidamente para abrirme paso. Extendida en el polvo, con los extremos clavados con pequeñas estacas afiladas, había una magnífica piel de leopardo. Parecía fresca y la habían espolvoreado con sal. Los espectadores me contaron orgullosamente que lo habían matado esa mañana y que habían puesto la piel a secarse al sol y curarse. Su satisfacción se mezclaba con alivio, ya que el leopardo había atacado y matado a uno de ellos. Llamé a Luis para que viera la piel y luego fuimos en busca de los sacerdotes italianos.

Mis nuevos compañeros europeos eran muy conversadores, y me resultó muy agradable volver a escuchar la musicalidad del italiano. Pasados los saludos iniciales, las presentaciones y la charla intrascendente, la conversación viró hacia los "safaris" de gorilas. Contaron historias de gorilas que habían destrozado el cráneo de un hombre con una sola mano. Nos animaron a ir con ellos a su próximo viaje a ver a los gorilas en su hábitat natural, que se hallaban a gran distancia de la misión. Sirvieron la cena y yo preveía una noche tranquila. Ésta era mi primera comida fuera de la misión en Franceville.

Resultó algo distinta de lo que esperaba. Yo recordaba la deliciosa comida italiana, y se me hacía agua la boca. Imaginaba la oportunidad de escapar de las odiosas cabezas de pescado de nuestra misión y de disfrutar de una buena pasta: fettuccini, rigatoni, lasagna o tal vez ravioli con salsa de tomates y mozzarella; cualquier pasta, me daba lo mismo.

Trajeron una gran bandeja con vegetales a la mesa. No me resultaban familiares, pero eran muy sabrosos. Entonces, nuestros amigos anunciaron con particular entusiasmo que el plato principal era carne especial, un regalo poco común en nuestro entorno.

"Esta noche no comeremos pasta. En vez de eso, hemos preparado una carne especial" anunció riendo por lo bajo el más locuaz de nuestros compañeros. Trajeron la carne con fingida pompa. Me serví un trozo y nos pusimos las servilletas. La carne tenía un color distinto al de la carne de vaca o de cordero, y el sabor era decididamente fuerte. A los pocos bocados me di cuenta de que, a pesar de que me encanta la carne, no me gustaba. Pensé que no sabía bien, y mi estómago estaba de acuerdo conmigo. Esto no era filet mignon.

Con gran sobresalto, comprendí que estábamos comiendo la carne del leopardo devorador de hombres, capturado y matado esa misma mañana. Era la primera vez que ellos comían leopardo también, y por eso estaban tan excitados.

Empecé a sentir retortijones. Tomé una servilleta de papel y me levanté de la mesa. El aire fresco, lejos del denso olor de la comida, me ayudó a recuperarme. Di una caminata por el complejo de la misión. Vi un congelador a propano fuera de la cocina. Al menos tenían congelador en medio de las precarias condiciones.

Mientras me preguntaba cómo obtenían el propano para llenar sus tanques, abrí la puerta. Al ver los monos congelados con los ojos abiertos, los civets de cola peluda y quién sabe qué más, el disgusto provocado por el leopardo regresó. Corrí a vomitar en el borde de la jungla. Nunca fuimos a la excursión para ver los gorilas.

DUBLÍN: ADIÓS A LA FAMILIA

En la Irlanda católica de la década de 1950, cuando yo era adolescente, el llamado al sacerdocio estaba considerado como un don de Dios, y no se le tomaba a la ligera. Muchas campañas de recolección de fondos en la escuela, organizadas por los Hermanos Cristianos irlandeses y por la Iglesia, me recordaban la situación apremiante de los niños africanos. Las tiendas de Dublín, incluida Bolands, la panadería local en Camden Street, donde mi madre me enviaba a comprar el pan, tenían cajas de colecta para los bebés pobres. Sus rostros consumidos, tristes e inocentes nos interpelaban desde las tapas de las revistas publicadas por las órdenes misioneras de monjas y sacerdotes. Irlanda tiene una larga y orgullosa tradición de obras misioneras en África. La idea de ir allí como misionero me atrajo desde que era muy joven.

Una vez, cuando yo tenía unos 8 años, la cuñada de mi padre, la tía Molly, me preguntó: "Jack, ¿qué quieres ser cuando seas grande?"

"¡Franciscano!" respondí, por lo que mi tía me recompensó con media corona (dos chelines y seis peniques) y un gran abrazo. Por aquel entonces, media corona alcanzaba para comprar varios helados o para ir al cine unas tres veces. Desde ese momento, cada vez que un adulto me preguntaba: "¿Qué quieres ser de grande?", yo respondía: "¡Franciscano!"

A los 7 años, me hice monaguillo en la University Church en St. Stephens's Green en Dublín. La University Church era un lugar de moda para la realización de bodas, y logré amasar una pequeña fortuna (a mis ojos de niño) con las "propinas" de padrinos ingenuos, encargados de dar una propina al sacristán y a los monaguillos. Si parecía que el padrino estaba por irse sin dejar una propina, yo decía algo así: "Disculpe, señor, ¿está usted al corriente de la costumbre?"

"¿De qué costumbre hablas?"

"No es mi intención ser maleducado, pero no quiero que los novios se avergüencen por su culpa".

"¿Qué dices? ¿Por qué habían de avergonzarse?" me preguntaba el padrino.

"Bueno, ¿sabía usted que la costumbre es dar una propina al sacristán?" Para ese momento, ya había establecido contacto visual con el padrino. El truco consistía en no pestañear y en parecer serio y profesional. "La propina habitual para el monaguillo es de una libra".

Si parecía que el padrino podía permitirse un poco más, yo agregaba: "Es decir, una libra como mínimo. Usted ya vio qué hermosa fue la ceremonia, y lo magnífica que es esta iglesia".

Me iba bien con las bodas; sabía la ceremonia de memoria y podía ayudar a los sacerdotes que no estuvieran demasiado familiarizados con ella. Fui monaguillo hasta los 14 años.

⸎

Mi primera instrucción fue en la venerable "Synge Street", a cargo de los Hermanos Cristianos irlandeses. El nombre oficial de la escuela primaria era "Sancta Maria CBS", título que rara vez se usaba. Los que íbamos a la "Synger", como todo el mundo la llamaba, recibíamos el apodo de "los niños canario", probablemente por la afición irlandesa a los juegos de palabras.

La escuela era un edificio de cuatro pisos con ladrillos a la vista, y ocupaba toda una manzana en la Synge Street, frente a la casa natal de George Bernard Shaw (el escritor ganador del Premio Nobel). La casa de la familia Shaw, en el número 33 de la Synge Street, ha sido restaurada y hoy ostenta su elegancia y encanto victoriano. De camino hacia y desde la escuela, pasaba por la casa Shaw, sin saber, por ser muy joven, nada acerca de la riqueza de los personajes de los libros del autor, algunos de los cuales se habían inspirado, sin duda, en la sala de estar al frente de la casa, en la que la señora Shaw organizaba veladas musicales.

La CBS de Synge Street fue inaugurada con gran pompa al principio de la década de 1950; mi padre usó la influencia de sus contactos universitarios (incluido el Arzobispo de Dublín) para hacer que nos aceptaran a mi hermano y a mí. Por razones poco claras, yo formé parte de un grupo de niños que pasaron directamente de primero a tercer año, como parte de un programa piloto en el que todas las asignaturas se dictaban en irlandés. Saltarme un año de escuela fue uno de esos eventos aparentemente insignificantes, que más tarde influyó sobre decisiones mucho más importantes.

Hacia el final de la escuela primaria, pasamos nuevamente al inglés. Me gradué en 1962. Synge Street estaba considerada como una de las mejores escuelas de Dublín y de ella salieron muchos graduados famosos, incluidos Eamonn Andrews, un presentador de TV de origen irlandés que se hizo conocido en el Reino Unido (con los programas "What's my line?" y "This is your Life"), y Gay Byrne, anfitrión del "Late, Late Show" de la década de 1960. Byrne está considerado como la persona de su generación con más influencia sobre el panorama actual de la sociedad irlandesa, debido a que, al principio de la década de 1960, rompió muchos tabúes de esta sociedad, hablando sobre temas polémicos en su programa, como los anticonceptivos y el aborto.

Mi padre, Paddy Keogh, fue invitado a su popular "Late, Late Show" en los años setenta. Otros pupilos conocidos de Synge Street son: Eddie Jordan, el capitán del equipo de Fórmula Uno, el actor Milo O'Shea y el escritor James Plunkett. Muchos de los primeros Legionarios irlandeses también egresaron de Synge Street CBS: Jude Furlong, Declan Murphy, Brian Farrell (ahora obispo y secretario del Consejo Pontificio para la Promoción de la Unidad de los Cristianos en el Vaticano), Eddie Farrelly y John McCormack.

Desde los 7 años fui un apasionado nadador. El sobrino de mi padre, Seamus Keogh, pasaba mucho tiempo con nosotros. De algún modo, Brendan y yo nos convertimos en sus hijos sustitutos. Seamus nos proporcionaba numerosas aventuras: nos llevaba a los partidos de fútbol y nos volvió fans de los "Shamrock Rovers". Nos enseñó a conducir, y con él, su esposa Mary y mis padres recorrimos gran parte de Irlanda. Seamus me enseñó a nadar durante nuestras vacaciones anuales en un pequeño pueblo llamado Rush, sobre la costa al norte de Dublín.

Irradiaba alegría de vivir y me dio la confianza necesaria para desarrollar mis habilidades como nadador. Gané muchas competencias locales y regionales, y para el momento que comencé la secundaria, me había vuelto competitivo. Ya había ganado el campeonato regional Leinster y me iba muy bien en las carreras de distancias breves y en el polo acuático. Formé parte activa de la sociedad de debates de la escuela y en la fraternidad de niños (*sodality*) de la parroquia St. Kevin. Obtenía buenas notas y tocaba el piano y la guitarra. Me juntaba con amigos a tocar "skiff-rock", las canciones populares a fines de los años cincuenta. Como resultado de todo esto, creo que me había vuelto más seguro que la mayoría de mis pares. Me sentía cómodo conmigo mismo, con mi familia, con mis amigos y con mi religión; había desarrollado una consciencia social. El catolicismo era un elemento muy importante en mi vida (también lo era para mis compañeros), y como muchos otros jóvenes en esa época, pensé seriamente en volverme sacerdote y en servir en las misiones en el extranjero.

En la Irlanda de las décadas de 1950 y 1960, los reclutadores de la diócesis y otras congregaciones religiosas visitaban regularmente las escuelas para sugerir la carrera del sacerdocio a los jóvenes. La Sociedad de Misiones Africanas, una congregación misionera de sacerdotes que había llegado a Irlanda en 1876, envió un reclutador a mi clase en Synge Street. Me entregó un folleto que me produjo una impresión indeleble. Decía: "Es mejor haber intentado y fracasado, que despedirme tristemente de la persona que pude haber sido". Más tarde, el sacerdote reclutador me ofreció un cigarrillo y fuimos al patio a fumar y conversar. No estaba convencido de querer unirme a ellos, pero disfruté del cigarrillo, y el mensaje del folleto me acompañó durante años.

Por el contrario, el reclutador de la Legión de Cristo que visitó la escuela durante mi último semestre sabía cómo se cierra un trato. Era un mexicano joven, versátil e imponente, llamado Santiago Coindreau. Aunque todavía no había sido ordenado, iba bien vestido para los estándares irlandeses del momento, con un traje negro cruzado bien planchado y el alzacuello romano.

El Padre Santiago, había rechazado una beca para la academia militar de West Point a fin de unirse a la Legión. Todavía no era sacerdote, pero eso no le impedía invocar el título de "Padre". Conducía un Volkswagen Beetle negro y bien lustrado. ¡Y conducía rápido! No respetaba para nada las leyes de tráfico, controladas en aquel momento por Gardai (el cuerpo de policía irlandesa), que patrullaban en sus monopatines o en una de las seis motocicletas Triumph 250 asignadas a Dublín.

El Padre Santiago me produjo una excelente impresión. Si Dios me estaba llamando para ser sacerdote, ¡yo quería ser este tipo de hombre! Su energía y entusiasmo eran contagiosos. Indudablemente, sabía cómo relacionarse con muchachos irlandeses inteligentes, competitivos y ambiciosos.

Se presentó a nuestra clase en un excelente inglés, e inmediatamente empezó a mostrarnos copias de revistas comunistas en español.

"La cuestión es simple" dijo.

"¿Quieren salvar a Latinoamérica del comunismo? No es complicado. Latinoamérica ya es católica. Hay millones de habitantes católicos. ¿Quieren ayudar a conservarlos, o viajar a otros lugares (como África) para convertir gente por primera vez?"

Su razonamiento tenía sentido.

"México es el líder de Latinoamérica. Lo que haga México, lo imitará el resto del continente. Yo represento a una nueva orden llamada la "Legión de Cristo". El nuestro es el fundador más joven de una orden en la Iglesia Católica. Tiene sólo cuarenta y dos años".

El Padre Santiago nos contó que el Padre Maciel estaba formando un grupo de sacerdotes profesionales, capacitados y comprometidos para hacer que México y Latinoamérica regresaran al seno de la Iglesia.

"En este preciso momento, el clero diocesano de México no está a la altura del desafío. Son menos sofisticados, inteligentes y educados que sus oponentes. ¿Nos ayudarán ustedes a cambiar esto?" preguntó.

Era distinto y emocionante. Primero las revistas comunistas, después un excelente discurso y luego estábamos todos de pie rezando el Ave María en español por el éxito de la Legión de Cristo.

"El Padre Maciel debe ser un hombre increíble" pensé. ¡Esta nueva congregación era exactamente lo que el Santo Padre Juan XXIII necesitaba en Latinoamérica! Y era evidente que el Santo Padre era amigo de la Legión.

"Completen este formulario. Si marcan la casilla de "estoy interesado", arreglaremos una visita a nuestro nuevo noviciado, la Casa Hazelbrook, durante el verano".

Por esos días, uno ingresaba en un noviciado con gente que tenía un nivel cultural similar y el proceso no era difícil. La mayoría de mis pares iban a escuelas secundarias católicas similares, tenían alrededor de dieciocho años y no tenían otros compromisos. El Padre Santiago era irresistible: su discurso me resultaba atractivo en el plano intelectual, estimulaba mi deseo de aventuras y, sobre todo, mi pasión por hacer que las cosas cambiaran.

Veinte años más tarde, en Gabón, finalmente tuve que reconocer que a los 17 años, yo no tenía idea de lo que implicaba ser sacerdote en una congregación religiosa estricta y conservadora. No comprendía las implicaciones profundas de un compromiso para toda la vida con los votos de pobreza, castidad y obediencia. Si no me hubiera saltado el segundo año en la escuela primaria al ingresar a Synge St. CBS, habría sido un poco más maduro al momento de graduarme. Al terminar bachillerato a los 17, no tenía mayor experiencia del mundo, y hoy estoy convencido de que era demasiado joven para asumir un compromiso de por vida tan solemne.

Mis padres, ambos católicos devotos, siempre me habían apoyado en mi aparente vocación para la Iglesia. Mi madre, Margaret, era una mujer pequeña. Yo nací con 8 libras y 3 onzas, en un parto difícil, y le llevó una semana recuperarse; durante ese período estuvimos separados. Años más tarde, me contó que me había "ofrecido a Dios" como sacerdote o lo que Él dispusiera, si sobrevivía. Muchas madres irlandesas ofrecían sus niños a Dios. Nunca supe si en realidad ella quería o esperaba que Dios le tomara la palabra.

Mi padre tenía una Fe más racional y comprendía que, para que una vocación religiosa fuera válida, tenía que ser sancionada por el obispo que "convocaba" a una persona a servir a Dios de parte de la Iglesia.

El consejo que me dio mi padre fue muy sensato: "Has hablado de esto por mucho tiempo, así que tal vez deberías poner a prueba tu vocación para asegurarte de que Dios realmente te está llamando".

Eso tenía sentido. Después de todo, pensaba yo, "tengo muchos años por delante. Tengo sólo 17".

Es tarea del superior ayudar al aspirante a discernir su lugar en la orden. Si el superior decide que no se tiene vocación para la Iglesia, será el primero en decirlo.

"¿Y si me dicen que no tengo un lugar?" pregunté a mi padre.

"En ese caso, Jack" dijo, aspirando su elegante pipa Patterson, "simplemente vuelves a casa, convertido en un hombre mejor por la experiencia. Tu madre y yo estaremos orgullosos de ti de todas formas".

En el verano de 1962, me enamoré intensa y apasionadamente de una chica que había conocido mientras trabajaba en el verano en la Universidad de Dublín. Patricia tenía justo un año más que yo y era de un pueblo llamado Rosslare en el condado de Wexford. Estaba pasando el verano en Dublín. Su hermana fue una de las primeras modelos irlandesas famosas. En mi opinión, Patricia era más hermosa que su hermana, y creo que estaba tan enamorada de mí como yo de ella. Yo quería pasar tanto tiempo con ella como fuera posible antes de ingresar en el noviciado de la Legión en la casa Hazelbrook, Malahide, en el condado de Dublín. Cuando salía o pensaba en ella, la idea de convertirme en sacerdote me parecía poco apetecible, o directamente ridícula. Estaba completamente loco por ella y empecé a pensar que era el amor de mi vida.

A finales de agosto, mi madre me llevó a la tienda Clerys a comprar un traje cruzado negro, que formaría parte de mi uniforme de Legionario. Clerys, un importante edificio sobre la calle O'Connell en Dublín, fue una de las primeras tiendas departamentales del mundo, fundada en 1853. En 1941, el señor Denis Guiney, un comerciante en telas local que dirigía el exitoso emporio Guineys de la calle Talbot, compró la tienda. Aplicó la fórmula de grandes volúmenes y bajos precios a la tienda Clerys y la transformó en el principal destino de compras de Irlanda, donde los clientes sabían que conseguían mercancía de alta calidad a precios excelentes.

Mi madre, con su intuición característica, se dio cuenta de que yo estaba disgustado mientras comprábamos el traje y demás artículos para la Legión. En los días sucesivos vi que estaba preocupada por la decisión que yo estaba por tomar. Una semana después, me sentí abrumado por las dudas sobre esta decisión de convertirme en sacerdote.

"Mamá, ¿qué opinas?" le pregunté.

"¿Podemos cambiar los botones negros de la chaqueta por botones plateados y bordarle la divisa de mi club de natación (el

Club Sná Colmcille) en el bolsillo? Podría usar la chaqueta como blazer, y así no habremos perdido el dinero".

"Pero Jack, ¿qué dices?" me preguntó con los ojos llenos de lágrimas. Cuando se fue de mi habitación, mis ojos también se llenaron de lágrimas.

Al día siguiente, mi padre dijo que quería hablarme. Sin duda, mi madre le había mencionado el incidente de la chaqueta, y él creía que debía intervenir para aclarar mi historia de amor con Patricia. Como de costumbre, fue amable y gentil. Me hizo ver con firmeza que era una locura pensar en una relación a largo plazo con alguien a quien había conocido durante una locura de verano.

"Por el amor de Dios, Jack, piénsalo bien. ¡Tienes sólo 17 años!"

Pero para mí era mucho más que un romance de verano: ésta era la primera vez que sentía "amor verdadero". Sin saberlo, Patricia me estaba obligando a cuestionar la idea de convertirme en sacerdote. Mi padre siguió aconsejándome; sus palabras calmaron mis dudas y me tranquilizaron. Sentí que por primera vez me hablaba como a un adulto. Muchos años después, en Gabón, me pregunté qué habría pasado si, por el contrario, me hubiera dicho "Me parece bien. Es una buena chica, y tu madre y yo queremos tener nietos algún día".

⟨∞⟩

A principios de agosto, Patricia me invitó a pasar las vacaciones en Francia, junto con sus padres.

"Papá dijo que nos prestará el Mini" me dijo. "Podemos salir a pasear, será estupendo".

"¡Por Dios, Patricia, eso suena genial! Pero no sé si podré ir. Tengo que resolver algo antes".

Me miró con incredulidad, pero decidió respetar mis dudas. Yo me sentí triste e indeciso, y seguimos hablando hasta que ella empezó a comprender.

"Si no puedes venir, lo entiendo. Te llamaré en cuanto volvamos, lo prometo" me dijo.

¡Mi mente y mis emociones estaban hechas trizas! "¿A quién debo obedecer, a mi cabeza o a mi corazón?" me pregunté. Entretanto, mi familia estaba planeando unas vacaciones en un balneario popular, llamado Arklow, al sur de Dublín en el condado de Wicklow. Como las dos posibilidades eran inminentes, había llegado el momento de tomar una decisión.

En mi última cita con Patricia fuimos al cine a ver la película "*West Side Story*". Ella no sabía que ésta sería la última vez que nos veríamos. Supongo que yo tampoco.

Su padre la recogería en la calle O'Connell después de la película. Desde el "reloj McDowell's", un sitio de reunión muy conocido, la llevaría a Rosslare en el condado de Wexford. Cuando lo vi acercarse lentamente a través del tráfico de la hora pico, besé a Patricia apasionadamente, murmurando "Lo siento, lo siento tanto".

Me quedé mirándola, memorizando cada detalle... "No podemos vernos más".

"¿Qué? ¿Por qué?" No tuvo tiempo de reaccionar; no podía creerlo.

Yo sabía que la estaba lastimando, y me odiaba por no poder explicarle los complicados detalles."

"Patricia, me siento muy mal. Hay algo importante que tengo que hacer, y para hacerlo tengo que estar solo". No estaba seguro de poder terminar la conversación, así que dije apresuradamente: "Espero que algún día puedas comprenderlo, pero ésta es la última vez que nos vemos".

Su padre, un hombre distinguido y atlético de cabello gris, estaba bajando del auto para abrir la puerta del acompañante. Con una última mirada a los ojos incrédulos y húmedos de Patricia, me volví y me alejé. No miré atrás: no quería que me viera llorar.

Con frecuencia me pregunté después por qué no le había explicado que me iba a ir al Seminario. Tal vez porque habíamos tenido una relación muy intensa, y ella podría haberse sorprendido de que yo quisiera hacerlo. O tal vez la razón principal era que yo sabía que ella fácilmente podría disuadirme de mi decisión. Me habría convencido, y yo no quería correr ese riesgo.

Quince años después, descubrí que Patricia había llamado frecuentemente a mi madre durante los siguientes dos años, para preguntar si ya había dejado el seminario. Me estaba esperando. Por desgracia (o por fortuna, según cómo se mire), mi madre nunca me dijo que ella llamaba, por miedo a que "perdiera mi vocación", a pesar de que sabía que cada vez que yo visitaba la capilla del noviciado, la estatua de la Virgen, tallada a mano en Italia, me recordaba a Patricia. Tanto mi madre como yo lamentamos más tarde que ella no me hubiera dicho nada de las llamadas.

Una tarde de domingo, mientras cumplía con mi obligación de adorar en silencio al Santísimo Sacramento durante treinta minutos, podía oír a los pájaros cantando y a mis compañeros novicios jugando al fútbol afuera. Mi mente no estaba en la capilla, y a la mirar a los ojos de la estatua, rompí a llorar.

———

Mis sentimientos al unirme a la Legión abarcaban un amplio espectro, pero predominaban el miedo y la ansiedad por la decisión que estaba tomando. En el fondo, pensaba que podía dedicar uno o dos años al servicio de Dios, quien después encontraría la forma de decirme que en realidad no me quería en la Legión.

Confié en el consejo de mi padre: "Date un año, sé honesto con tus Superiores. Ellos te ayudarán a descubrir cuál es la voluntad de Dios para ti".

Abandonar mi casa para unirme al noviciado fue lo más difícil que tuve que hacer en mi vida. La idea de no ver a mi familia por largos períodos era terrible. Nunca olvidaré el momento preciso en que dejé a mis padres y a mi hermano para entrar en el desapasionado mundo masculino del noviciado en la Legión de Cristo; fue el 2 de septiembre de 1962.

Mi nueva familia pasó a estar constituida por diecisiete jóvenes, la mayoría un año mayores que yo, quienes, por motivos similares a los míos, se habían unido a la Legión para salvar al mundo.

Recuerdo a Brian Stenson, un sujeto divertidísimo quien (en parte) quería convertirse en sacerdote para salvar a las prostitutas de todo el mundo.

Estaba también Michael McCann, un talentoso pianista, que deseaba orar por la gente por la que nadie más oraba, incluyendo específicamente a Marilyn Monroe.

Turlough O'Brien de Carlow, Michael Ryan de New Ross, Gabriel Flynn, un genio diminuto con un cerebro enorme. David Hennessey, un espíritu afín. Brian Muldoon, de Dundalk, uno de los pocos Hermanos más altos que yo. Brian y yo rápidamente nos metimos en problemas con el Padre maestro de novicios, yo por tocar "Let's Twist Again" de Chubby Checker en el piano de la sala principal, mientras Brian bailaba con su metro noventa y cinco sobre la mesa de caoba. Yo no tenía mucho en común con algunos de los Hermanos, pero me llevaba bien con los candidatos de Dublín.

Eddie Farrelly y John McCormick eran amigos de Synge Street. Eddie fue una fuente de diversión y alegría durante muchos años. Tenía una risa contagiosa y el clásico sentido del humor dublinés. David Hennessy no era de Dublín, pero nos llevábamos muy bien; se había unido el mismo día que yo.

Al llegar al noviciado, ubicado al norte de Dublín, a la hora designada, invitaron a nuestras familias a unirse a la comunidad para la bendición vespertina, antes de despedirnos definitivamente. Recuerdo que la madre de David empezó a sollozar cuando el sacerdote elevaba la custodia para la bendición. Mi madre y otro par de mujeres se le unieron.

Algunos días después, me di cuenta de que tenía algo en común con David. Él me habló de su novia, yo le conté de Patricia, y esta confidencia mutua creó un lazo entre nosotros. Ambos entendíamos lo difícil que había sido unirse a la Legión, y tácitamente admitíamos que teníamos dudas con respecto a nuestra decisión. Él conservaba el lápiz labial de su novia, un recuerdo de los días felices; yo guardaba una foto de Patricia. Juntos llegamos a la conclusión de que el lápiz labial y la foto debían desaparecer: teníamos que quemar las naves. Nuestra ceremonia improvisada concluyó con el lápiz labial arrojado por la ventana y la fotografía despedazada. Ésta fue nuestra despedida formal del mundo que habíamos conocido (mínimamente).

Que yo sepa, Michael Ryan, Patrick Corrigan y Bernard Quinn son los únicos de mi grupo de 1962 que siguen siendo sacerdotes en la Legión. Michael es un hombre muy compasivo, tolerante e inteligente que enseña teología en el Colegio Legionario en Roma, Italia. Patrick y Bernard han dedicado sus vidas a la gente de Quintana Roo en el sur de México. John McCormick, que se unió con nosotros en 1962, es ahora Monseñor y vive en Florida; es un sacerdote excelente, pero ya no es Legionario.

<hr />

Eventualmente aceptamos los rigores del noviciado con algo de entusiasmo. Las múltiples tareas de la vida cotidiana nos mantenían distraídos y el interminable programa diario nos dejaba poco tiempo para los pensamientos personales.

La casa Hazelbrook, en la zona norte de Dublín, era una espaciosa casa familiar. No estaba diseñada para hospedar a 25 novicios Legionarios y a los dos sacerdotes que residían en ella. Ampliamos las instalaciones convirtiendo el establo de vacas en dormitorio, cubriendo las paredes internas con paneles de cartón, sostenidos con varillas de contrachapado. Nuestro reclutador, el Padre Coindreau, consiguió 25 catres prestados del ejército irlandés. Entre los catres, colocamos alfombras delgadas para cubrir el suelo de cemento. El frío y la humedad del dormitorio eran exacerbados por nuestra regla diurna de vivir en "relativo silencio" (que implicaba hablar sólo cuando era necesario); por la noche, observábamos el "silencio absoluto", desde las plegarias nocturnas hasta terminada la misa de la mañana siguiente. Eddie Farrelly y Brian Stenson, muchachos extrovertidos como yo, tenían una visión distinta del valor del "silencio", por lo que constantemente debíamos hacer penitencia.

Para nuestra consternación, la ropa de cama, toallas y otros artículos imprescindibles que cada uno había traído al noviciado, pasaron a ser de propiedad común. Éste es sólo un ejemplo de lo poco que habíamos comprendido lo que significaba hacer un voto de pobreza. Caí bruscamente en la realidad cuando mis sábanas extra largas, elegidas cuidadosamente por mi madre para mi altura, no me fueron devueltas después de enviarlas a la lavandería. En su lugar, me dieron dos sábanas pequeñas, muy gastadas y miserables. Muchos de mis compañeros tuvieron la misma reacción que yo. Eddie Farrelly había traído dos pares de sábanas amarillas, que simplemente desaparecieron, para reaparecer en Navidad como parte de la decoración de la "sala de Navidad".

Su madre las reconoció cuando vino de visita y armó un escándalo. "Eddie, ¡mira lo que han hecho con tus sábanas!" grito. Eddie hizo todo lo posible por explicarle que las cosas habían cambiado.

Al final de nuestro período de noviciado, que duraba dos años, debíamos tomar los votos de Pobreza, Castidad y Obediencia, y la mayoría de nosotros no tenía idea de lo que éstos implicaban al comenzar nuestra vida de religiosos.

Un Legionario profeso (que ha tomado los votos) no posee nada excepto el crucifijo de madera y metal que se le entrega, además de una imagen de Cristo, una imagen de la Virgen María y, generalmente, una foto del Padre Maciel, el Fundador. Según yo lo entendía, el crucifijo sería mi única posesión "legal". Para usar cualquier otra cosa, debía pedir el permiso de mis superiores. El noviciado está pensado para que los aspirantes experimenten el estilo de vida, determinen si su vocación es auténtica y, al final del período de dos años, profesen los votos, o abandonen la congregación.

Un día, mientras me cambiaba los pantalones para un partido de fútbol, pisé con el pie descalzo un objeto filoso junto a mi cama. Al examinarlo de cerca, vi que era un trozo de alambrada de unas seis pulgadas de largo por dos de ancho. Los alambres estaban doblados formando muchas puntas pequeñas, y tenían un cordón de zapatos marrón atado a un extremo.

Era evidente que pertenecía al hermano que dormía en la cama de al lado, mi amigo larguirucho de un metro noventa y cinco, Brian Muldoon. Comprendí que lo que había encontrado era una especie de instrumento de penitencia, más común en la Edad Media que en la Irlanda del siglo veinte.

"Dios mío" pensé "¡Brian necesita ayuda!"

Acudí corriendo con la evidencia al Padre Guillermo Izquierdo, nuestro Director de Novicios, un hombre tímido y con calvicie prematura, de las Islas Canarias. Yo no podía creer que el Padre Guillermo no pareciera perturbado en absoluto; tampoco pareció preocupado por la salud mental de Brian.

"¿No sabe qué es esto, Hermano John?" me preguntó el Padre Guillermo. Consternado, comprendí lo que pasaba: él había olvidado hablarme de la penitencia corporal practicada por los Legionarios. Nerviosamente me explicó que todos los Legionarios usaban dos instrumentos de penitencia. El que yo había encontrado se llama "cilicio" (al que algunos, en broma, dan el nombre de "ahorcadora de pollos"), y se usa ajustado alrededor de la parte alta del muslo desde el momento de salir de la ducha por la mañana, durante las primeras oraciones, una hora de meditación, la misa y el desayuno. Las puntas no penetran en la piel (a menos que uno calcule mal la presión al colocarlo), pero dejan marcas rojas, que tardan unas horas en desaparecer.

Y después está el "flagellum", un pequeño látigo con tiras anudadas de cuerda rígida, fabricado a mano por las monjas de un convento de Ávila, España. Me pregunté en qué pensaban ellas mientras fabricaban los látigos. Se suponía que quince latigazos en el muslo, dos veces por semana, mantenían nuestros impulsos carnales bajo control. ¡Y si se dirigía mal el golpe, de hecho podía producir un doloroso efecto sobre la parte del cuerpo que encarna los impulsos carnales!

Después de varios años, dejé de usar estos instrumentos sin permiso, porque francamente, no me parecía sano y, curiosamente, parecían despertar en mí los impulsos que supuestamente debían controlar.

❦

Cualquiera que haya vivido en una Congregación Religiosa, ya sea hombre o mujer, puede contar historias similares. La vida religiosa en la década de 1950 y principios de 1960 era muy dura. No había cambiado demasiado desde la Edad Media. La vida cotidiana en los años de formación consistía en intensas oraciones, una disciplina severa, estudios espirituales, adoración ante el Santísimo Sacramento, misa diaria, meditación, recitado del Rosario, plegarias comunitarias, largos períodos de silencio y casi ningún contacto con el mundo exterior, incluida la familia.

La mayor parte de las congregaciones exigían estrictos votos de Pobreza, Castidad y Obediencia. En la Legión había dos votos adicionales, pensados para "preservar" la virtud de la caridad. Estos votos los tomábamos de forma privada, en la sacristía, después de la primera profesión formal, y por eso se los llamaba "Votos Privados". El primero de ellos era no criticar nunca a los Superiores, el segundo consistía en no buscar cargos para uno mismo ni para otros. Ambos votos exigían que se informara al Superior General si alguien los había transgredido.

Se suponía que estos votos promovían la armonía en el interior de la Legión y eliminaban la tendencia humana a buscar el poder. Por ese entonces, yo sabía que las Órdenes monásticas (como los Cistercienses, Trapenses y Benedictinos, por ejemplo) tenían además el voto de "permanencia", mediante el que prometían vivir en el mismo monasterio durante el resto de sus vidas naturales. Jamás se me ocurrió que el Padre Maciel tuviera un motivo siniestro para reprimir las críticas a él o a su administración.

A diferencia de la mayor parte de las Congregaciones, donde un año era lo habitual, la Legión exigía dos años de noviciado antes de profesar los votos. Después de esto, el nuevo religioso hace su primera profesión de votos "temporales", y pasados tres años más de prueba, toma los "votos a perpetuidad".

La promesa solemne de una vida de pobreza, castidad y obediencia se basa en la antigua visión cristiana de Jesús como un "viajero pobre y solitario". La vida religiosa ofrece un medio para basar el propio estilo de vida en la vida de Jesús. Los que eventualmente fuéramos ordenados sacerdotes seríamos llamados "Alter Christus", es decir, otro Cristo. En Irlanda y en la mayoría de los países católicos a principios de la década de 1960, estas prácticas eran comunes.

La gente que no tenía experiencia directa de la vida religiosa sabía muy poco sobre el funcionamiento interno de noviciados, conventos, monasterios y "Casas de Formación".

Mis superiores permitieron una breve visita de un amigo mío de la secundaria, que estaba estudiando para ser sacerdote en el seminario diocesano. El permiso fue otorgado con la esperanza de que yo lo reclutara para la Legión. Cuando le conté los detalles de mi vida en el noviciado, se horrorizó y me dijo que estaba "completamente loco" cuando le sugerí que se uniera a nosotros. Muchas de las viejas prácticas cambiaron y se modernizaron a partir del Concilio Vaticano Segundo, y fueron implementadas después de que yo terminara el noviciado. Al escuchar a mi amigo, me di cuenta por primera vez de cuánto más estricta era la vida en la Legión, comparada con el seminario diocesano. El Padre Maciel prefería el estilo tradicional y siguió imponiendo una vida excepcionalmente disciplinada y rigurosa para sus Legionarios después de los cambios.

Los sacerdotes, hermanos y monjas habían formado parte de nuestra vida cotidiana en la escuela. Como muchos niños de mi edad, yo asistía a la misa diaria con mi madre. Si bien criticábamos alegremente a nuestros sacerdotes, por lo general los respetábamos y a veces los temíamos. Sabíamos muy poco de su vida privada; algunos de ellos estaban considerados como "personas santas". Invariablemente, admirábamos con especial fervor a los que habían abandonado todo para servir a Dios y al prójimo, soportando los rigores de la vida en las misiones extranjeras.

La implementación de la vida religiosa de la Legión estaba culturalmente influenciada por los orígenes de la Congregación y las persecuciones que habían tenido lugar en México durante la vida del Padre Maciel. En la formación del enfoque de la Legión había tenido una parte importante el desarrollo temprano de la Congregación en la España conservadora y tradicional, el estudio en seminarios jesuitas y, más tarde, la fundación de una casa de estudios en Roma.

Cuando la gente que no tuvo una vida religiosa como católico en las décadas de 1940, 1950 y principios de 1960 conoce estas prácticas, comunes a la mayor parte de las Congregaciones en la Iglesia de aquel entonces, su reacción inicial es de sorpresa, seguida de incredulidad y muchas veces críticas.

Antes de los años '60, los escándalos públicos del clero eran poco frecuentes, o por lo menos no eran de conocimiento público. Las noticias eran más lentas y la gente tendía a darle al clero el beneficio de la duda, ya que en casi todas las profesiones éste estaba a cargo de la educación, la información y la moral. Por lo general, todos confiaban en los sacerdotes. Los laicos, por su parte, estaban muy satisfechos con escuchar y obedecer. En Irlanda, al igual que en otros países como Polonia, España, Italia y México, el Papado simbolizaba la fidelidad de la gente a la fe católica durante las largas luchas con las fuerzas invasoras. Durante siglos los hombres y mujeres irlandeses habían estado dispuestos a morir antes que traicionar su fidelidad a Roma.

Recuerdo a mi padre arrodillado junto a la radio en 1960 para recibir la bendición de Pascua del Papa, llamada "urbi et orbi" (para la ciudad de Roma y para todo el mundo). La generación de mi padre en Irlanda poseía una fe profunda y sin cuestionamientos. En muchos aspectos, agradezco que mis padres me hayan transmitido la confianza y devoción de su Fe, antes de que estallaran los escándalos de la Iglesia al terminar el siglo. Ambos tenían una vida espiritual profunda, que transmitieron a sus dos hijos. Ahora pienso que depende de mi generación y las que siguen, reconciliar los dogmas de nuestra fe, las prácticas religiosas y nuestras creencias profundas, con las demandas de principios del siglo XXI. En mi opinión, una de nuestras tareas consiste en reconciliar la espiritualidad y la religión mientras nos reinventamos y adaptamos nuestra Iglesia a las estructuras del nuevo milenio.

Al ser el chofer de la comunidad, mi vida en el noviciado se me hacía más tolerable. No había muchos muchachos de dieciocho años con licencia de conducir en la Irlanda de 1962. Esto significaba que yo era el único novicio que podía abandonar la casa regularmente, para conducir al pueblo de Malahide y al centro de Dublín. Esto representó un enorme alivio de la monotonía y me deleitaba la posibilidad de salir.

Mi primer viaje en la camioneta VW a la farmacia local a recoger unos medicamentos fue todo un evento para mí. Durante mis salidas al "mundo exterior", debía usar mi traje negro y el alzacuello eclesiástico en lugar de una sotana. Pronto me di cuenta de que era como una metamorfosis instantánea. La gente me trataba diferente, me saludaban con un "Hola, Padre" y me atendían inmediatamente en los negocios. Vestirse como sacerdotes a pesar de ser sólo novicios principiantes era una característica inusual de la Legión, probablemente pensada para dar la impresión de que contábamos con más sacerdotes de los que teníamos en realidad.

La chica de la farmacia tenía unos 18 años (mi edad) y no era nada fea.

"Buenos días, Padre" me dijo, haciéndome sentir algo cohibido. Tenía que hacer un ajuste interior: ya no era un joven que podía coquetear con una linda muchacha. Tenía que comportarme como un clérigo digno, y no me sentía para nada cómodo en mi nuevo rol.

"Vengo a recoger unos medicamentos para los Legionarios" dije. "Soy el nuevo chofer".

Ella me trataba diferente, como si yo fuera un "adulto", no como su par. Ésta fue la primera vez que experimenté la mezcla de deferencia, distancia y respeto con la que los irlandeses trataban al clero. A pesar de que nos sonreíamos, yo no me sentía una persona real.

"Legionarios de Cristo, es un nombre extraño para una Orden católica. ¿Es verdad que los Legionarios son en realidad una organización de monjas protestantes?" me preguntó riendo.

"No, para nada" le dije. "Somos una nueva Congregación de sacerdotes católicos".

Al volver a la casa Hazelbrook, no podía quitarme su rostro de la cabeza, y esperé que estuviera allí la próxima vez que tuviera que ir a la farmacia. Mucho después, cuando ya era sacerdote, no siempre disfrutaba de la sensación de aislamiento que generaba mi atuendo clerical. Sentía que muchas personas (especialmente en Irlanda) trataban a los sacerdotes con demasiada deferencia. El respeto era aceptable, pero no me sentía cómodo con el servilismo que alguna gente mostraba en presencia de un alzacuello.

En una oportunidad tuve que llevar a unos novicios a ver al médico. Todavía recuerdo al buen doctor que atendía nuestras dolencias: se llamaba Dr. Walsh. Una vez, después de su diagnóstico, hizo un comentario gracioso: "Hermano, déjeme decirle que, médicamente, ¡el único problema en este maldito país son las uñas encarnadas y la constipación!"

Cuando estaba desanimado, solo y a punto de darme por vencido, siempre existía la posibilidad de salir con el auto. Esto me alegraba y me daba la fuerza de voluntad para continuar.

※

Conducir tenía sus dificultades. Por ejemplo, solía ir a una imprenta llamada "Earlsfort Press" cerca de Harcourt Street en Dublín, para recoger recortes de papel gratuitos, que nos daban para usar como pequeños blocs de notas. El problema era que la imprenta estaba a sólo cien yardas de la casa de mis padres. Durante el noviciado, las visitas a la familia estaban completamente prohibidas. Exceptuando las visitas oficiales en Navidad y en Pascua, de una hora de duración, no podíamos ver a nuestros padres ni hermanos ni recibir llamadas telefónicas.

De camino a la imprenta, pasé varias veces por la casa de mis padres. En varias oportunidades vi a mi madre saliendo o volviendo a casa. Jamás olvidaré la horrible sensación de tener que reprimir el impulso de detener el auto, correr hacia ella y abrazarla. Saludar a mi familia sin permiso, incluso si me los encontraba en la calle, habría constituido una transgresión a las reglas. Aunque sólo era Legionario desde hacía un año, estaba bien entrenado (probablemente por eso justamente me eligieron como chofer). Podían confiar en mí.

A pesar de que nadie se habría enterado jamás, nunca toqué la puerta de mi casa. Este sacrificio era extremadamente difícil. Pero, si quería ser un verdadero soldado de Cristo, tenía que moldear mi voluntad obedeciendo las reglas.

※

El único modelo del Legionario es Jesucristo. El modo de imitar a Cristo estaba personificado en el Padre Maciel, el Fundador. Vino a visitarnos una o dos veces durante el noviciado. La primera vez que lo vi, yo tenía 17 y él 42 años: era más joven que mi padre. Habíamos oído hablar tanto de él, que verlo por primera vez era lo más importante del noviciado. ¡Imaginen lo que significa conocer al Fundador de una nueva Congregación! Si me hubiera unido a los franciscanos, como le había prometido a la tía Molly, no podría haber conocido a San Francisco de Asís. Los jesuitas no pueden conocer a San Ignacio de Loyola, ni los dominicanos a Santo Domingo en persona. La emoción de su llegada se vio avivada por lo rumores que empezaron a correr semanas antes de su visita.

Los novicios de las congregaciones religiosas tienen la fama de ser muy curiosos; probablemente porque su horizonte es tan limitado, los detalles cobran especial importancia. Estábamos constantemente buscando pistas, y muchos de nosotros rompíamos la regla de silencio susurrando "están limpiando el auto" o "¡El Padre Neftalí Sánchez salió de compras! Tal vez Nuestro Padre ya viene".

"Nuestro Padre" era un término raro para Irlanda. Sin embargo, en las lenguas romances, era un título de respeto común al hablar del Fundador de una orden religiosa. La confirmación final de su inminente llegada fue la furiosa limpieza de la casa a la que nos entregamos todos los Hermanos.

A cada novicio del primer año se le asignaba un "Ángel" de segundo año, para que nos ayudara a aprender lo básico. Mi ángel fue John Walsh, de Enniscorthy en el condado de Wexford. John era extremadamente devoto y se veía y se comportaba (y así lo hizo toda su vida) como si acabara de hacer la Primera Comunión. Su cabello rubio, ojos azules y porte de santo lo convertían en candidato ideal para la tarea de Sacristán. Llegó a ser un consejero espiritual muy respetado entre las mujeres mayores y ricas de México. A cada novicio se le asigna un puesto, una tarea a la que debíamos dedicar una hora cada mañana. Las tareas iban desde limpiar los excusados, hasta trabajar en el jardín. A mí me asignaron ayudar al Hermano John Walsh a ocuparse de la capilla, las vestiduras, la lámpara del santuario las velas, etc. Cuando John comenzó a preparar el elegantísimo juego bordado en oro, que sólo se usaba en ocasiones especiales, supe que el Padre Maciel estaba por llegar.

Cuando llegó el gran momento, todos los novicios fuimos convocados a la sala de conferencias. Antes de que entrara el Padre Maciel, nuestro Instructor, el Padre Guillermo, roció desodorante en toda la habitación y sobre nosotros. En ese momento me ofendí mucho.

Años después, le pregunté: "¿Creía que todos olíamos mal?"

"Mal no" respondió. "Pero los irlandeses tienen un olor peculiar. Creo que proviene de la cantidad de té que beben".

Desde ya, yo sabía que el Padre Maciel era una persona importante. Y en poco tiempo se convertiría en una de las personas más importantes e influyentes de mi vida. Vestido con el clásico traje negro cruzado de los Legionarios y el alzacuello, era un hombre bien parecido, de alrededor de 1,80 de alto. Su cabello claro ya escaseaba y sus anteojos redondos de marco negro acentuaban sus finas facciones. Nos habló exclusivamente en español; jamás aprendió el inglés. Se veía muy seguro de sí y proyectaba un aire de tranquila autoridad. Nos habló de sus expectativas para los primeros Legionarios irlandeses y de las grandes cosas que, estaba seguro, haríamos por Cristo. Nos instó a ser fieles y generosos y mencionó varias veces al Papa, con quien parecía tener una relación de familiaridad. Aunque yo no era un fanático de la realeza británica, el Padre Maciel me hizo recordaba al Duque de Edimburgo; siempre parecía complacido cuando alguien le hacía notar el parecido.

En su primer encuentro con mi generación de novicios, el Padre Maciel nos mostró orgullosamente algunas fotos de la magnífica propiedad que acababa de ser donada a la Legión en México por una familia muy rica, los Pascal. El Padre Maciel había decidido transformarla en el "Centro Cultural Inter-Americano", y usarla para retiros y reuniones de alto nivel con los laicos. En las fotos se veían espléndidos jardines, habitaciones con piso de mármol, un boliche, una cancha de "frontenis" y un pequeño teatro. Las fotos parecían un folleto de un centro de conferencias de lujo.

"Todo lo que necesito son sacerdotes generosos y fieles, para administrar estos apostolados" nos dijo. "Dios tiene grandes planes para ustedes".

El Padre Maciel irradiaba estilo, autoridad y clase. ¡Yo quería ser como él!

Si bien no había sido ordenado, Santiago Coindreau, el reclutador, siguió trayendo jóvenes irlandeses con gran éxito a la Legión. Durante el segundo año de noviciado, nos mudamos a la zona sur de Dublín a una casa mucho más grande, llamada el Castillo Belgard, para poder alojar a la cantidad creciente de Legionarios. Belgard tenía hasta una torre y una bandera con mástil en las almenas. Ubicado en el pueblo de Tallaght, el castillo ofrecía mucho más espacio que la casa Hazelbrook.

En 1963, los novicios de segundo año proseguían sus estudios en Salamanca, España. Y después mi trabajo consistía en enseñar lo básico a algún muchacho nuevo. Me asignaron a un muchacho muy agradable, reclutado del condado de Donegal y con un encantador acento del norte, llamado James Manus McIlhargey. Manus era un luchador, y un excelente jugador de fútbol. Aunque era de estatura mediana, parecía tener un centro de gravedad bajo cuando jugaba a la pelota. Elevó el nivel de nuestro juego de fútbol (deporte que amo, pero para el que era bastante torpe). Tuve discusiones muy interesantes con él, que me hicieron pensar; me caía bien y lo admiraba. Como Legionario, le aconsejaron que cambiara su nombre a "James" porque en español "Manus" podía dar lugar a desagradables sobrenombres.

El Hermano James hizo un excelente trabajo como sacerdote Legionario más adelante, y la gente joven lo adoraba. Me conmovió muchos años después al decirme que yo lo había ayudado a tomar la decisión de permanecer en la Legión. Murió prematuramente en Chile, en el año 2005, alejado de la Legión que una vez había amado.

Su excelencia John Charles McQuaid, Arzobispo de Dublín, nos visitó en el Castillo de Belgard. Yo no sabía si sentirme halagado o atemorizado cuando le preguntó al Padre Guillermo: "¿Bueno, quién es Jack Keogh?" Me hicieron pasar al frente del grupo y John Charles me explicó que era muy amigo de mi padre. Todos los novicios sonrieron con aprobación, como sonríen los novicios, y probablemente rompí las reglas de lo orgulloso que me sentí.

***

En otra oportunidad, el Nuncio Papal (el embajador del Papa en Irlanda) vino a visitarnos. Aceptó nuestra invitación para quedarse a almorzar con nosotros y amablemente regaló una caja de Guinness para los Hermanos novicios. ¡Esto provocó un gran dilema! No porque la Legión en sí misma fuera contraria al consumo de alcohol, sino porque muchos novicios habían realizado la promesa de los "Pioneros" para abstenerse de beber.

Uno de nuestros opositores al consumo de las Guiness más elocuentes fue Raymond Comiskey. Era un apasionado novicio de segundo año, un poco mayor que los demás, totalmente transparente con sus emociones. Era un buen pianista de honky-tonk, tocaba también el acordeón y jugaba muy bien al fútbol. Era lo suficientemente grande como para tener opiniones muy fuertes, y era muy franco a la hora de expresarlas con vehemencia.

Además de la promesa de los Pioneros, había otro problema. Cuando los niños irlandeses de mi generación tomaban la confirmación, debían repetir las palabras del obispo: "Abstenerse de bebidas alcohólicas hasta los 21 años". En mi ceremonia de confirmación, recuerdo perfectamente que estaba de pie, de brazos cruzados y negándome desafiantemente a pronunciar esas palabras. Parecía una demanda injusta para un niño de 10 años. Raymond tenía razones válidas para su objeción. Opinaba que ni él ni los demás Pioneros debían beber Guiness, y así se lo hizo saber, muy claramente y sin pelos en la lengua, al inquieto Padre Guillermo.

Esto era un problema mayor de lo que parece a primera vista. La Asociación de Abstinencia Total de los Pioneros del Sagrado Corazón (PTAA) es una organización irlandesa de abstemios de la

Iglesia Católica. Aunque la PTAA no apoya la Prohibición, exige completa abstinencia de alcohol de sus miembros. Fomenta la devoción al Sagrado Corazón de Jesús como una ayuda para resistir la tentación de la bebida. Los Pioneros usan un distintivo con la imagen del Sagrado Corazón, para publicitar su organización y para que los demás no les ofrezcan alcohol. James Cullen, SJ, fundó la PTAA en 1898 en respuesta a la difusión del alcoholismo entre los católicos irlandeses. El movimiento de moderación anterior, fundado por el legendario Padre Matthew (celebrado en más de una canción de borrachos irlandeses) estaba desapareciendo de la memoria. El término "Pionero" se volvió sinónimo de abstinencia entre los católicos irlandeses, y la organización se hizo lo suficientemente poderosa como para influir sobre las políticas públicas. Mi propia madre había realizado la promesa, pero yo no, y nunca tuve intenciones de hacerlo. La Iglesia en Irlanda no quería que los menores de 21 años bebieran.

Dos jóvenes mexicanos, llamados Francisco Ysita y Javier Moreno, habían sido asignados para hacer su noviciado con nosotros en Dublín. Como nosotros, se habían unido a la Legión después de terminar el bachillerato. No tenían idea de por qué se hacía tanto escándalo.

Después de un debate entre los superiores, la cuestión se resolvió al estilo Legionario: las reglas y votos tenían precedencia sobre todas las demás normas. ¡Beberíamos y disfrutaríamos de la Guinness! El Nuncio vería que éramos tipos

"normales". En ocasiones festivas (durantes las fiestas de la Iglesia), podíamos hablar durante las comidas. La comida con el Nuncio (y con su Guinness de regalo) produjo el nivel de sonido más alto que yo haya escuchado nunca en el comedor de un noviciado.

⎯⎯⎯∞⎯⎯⎯

Desde septiembre del año anterior, sólo habíamos visto dos veces a nuestros padres y hermanos. Cada una de estas visitas había durado exactamente una hora. Según las reglas de la Legión, los novicios no podían recibir visitas de la familia durante los dos años de noviciado. Algunos de nosotros recordábamos que el Padre Santiago nos había prometido que permitiría una visita familiar en Navidad. Cuando en noviembre nos enteramos de que no se permitiría la visita navideña, algunos de nosotros organizamos una pequeña rebelión. Los cabecillas eran Eddie Farrelly, Stenson y yo. Le dijimos al desventurado Padre Guillermo, nuestro Instructor de Novicios, que nos marcharíamos si no permitían la visita prometida. Dijo que tendría que consultarlo con el Padre Maciel. Después de un período insoportablemente largo, Maciel autorizó una excepción a la regla, con una condición: la visita duraría exactamente una hora. Estas breves visitas eran claramente insuficientes, pero era más de lo que recibían los pobres novicios de España.

El Maestro de Novicios confeccionó un programa e informó a nuestros padres del tiempo permitido para la visita el día de Navidad. Como sólo había dos habitaciones aptas para recibir invitados, el programa era muy ajustado. El hermano "regulador" (el único que tenía reloj) tomó el tiempo a las visitas de una hora, para asegurar que la habitación estuviera disponible para los siguientes invitados. Esta estricta adhesión al programa generó un ambiente tenso para los novicios y sus familiares. ¡Teníamos tantas preguntas que responder!

"Dime, Jack, ¿estás contento? ¿Por qué estás tan delgado? ¿Cuántos kilos has bajado? ¿Cómo es la comida? ¿Comes lo suficiente? ¿Te llevas bien con los demás hermanos? ¿Cuándo vienes a casa?" Y así sucesivamente…

Yo también tenía mucho que decir. Nos recomendaban que estuviéramos alegres y optimistas al hablar de nuestra vocación. La visita era una oportunidad para mostrar cuánto estábamos avanzando en nuestro entrenamiento como soldados de Cristo.

"¿Quieres una taza de té? Uno de los hermanos nos traerá té y galletas. Brendan, ¿estás cuidando mi bicicleta de carrera?"

"La vendí" respondió Brendan.

"¿Cómo que la vendiste?"

"¿De verdad tenemos sólo una hora? ¿Crees que te quedarás? ¿Cuándo te veremos de nuevo?" se apresuró mi madre.

"Mamá, espero que no te preocupes demasiado por mí; estoy muy feliz. ¿Recibiste mis cartas? ¿Cómo está el perro? ¿Te gustaría ver el salón de Navidad? Es fantástico, estuvimos todo diciembre preparándolo".

Para cuando habíamos tomado el té y visitado el salón de Navidad, no nos quedaba demasiado tiempo. El Hermano Regulador golpeó a la puerta.

"Disculpe, Hermano John, es hora de terminar". Nos despedimos con lágrimas en la entrada. Luego puse mi cara de (póquer) y volví a la comunidad. No quería que nadie supiera que había llorado.

<hr />

En septiembre de 1964, terminé mi noviciado de dos años, tomé mis votos temporarios y me mudé a Salamanca para comenzar el juniorado, un curso de uno o dos años en humanidades clásicas. El curso de la historia contribuyó a que la transición fuera más interesante para mi grupo. El Papa Juan XXIII había convocado el Segundo Concilio Vaticano Ecuménico, a realizarse en el Vaticano. La primera sesión se realizó el 11 de octubre de 1962. La segunda, en 1963, la tercera en 1964 y la cuarta y última en 1965. Todos los obispos del mundo fueron convocados a Roma. Más de dos mil quinientos Padres estaban presentes en la misa de apertura, la asistencia más grande a un Concilio en la historia de la Iglesia.

Los obispos hacían todo lo posible para encontrar alojamiento para los meses que tendrían que pasar en Roma. Astutamente, el Padre Maciel había ofrecido la hospitalidad Legionaria a todo el Episcopado Mexicano en nuestro colegio de la Vía Aurelia. Puso nuestro autobús Mercedes Benz a disposición de los obispos para ir y volver del Vaticano. Según el Padre Maciel, los obispos tendrían la oportunidad de conocerse mejor, tal vez incluso de verse por primera vez, al vivir en la misma casa. Entretanto, al hospedarse con nosotros darían gran impulso a la credibilidad de la Congregación. La visita brindaría a los obispos la posibilidad de conocer a los estudiantes Legionarios y nos daría a nosotros la increíble oportunidad de participar en el suceso más importante de la Iglesia en nuestra época. Esto concedería al Padre Maciel el derecho de "jactarse" por ser elegido para hospedar a los Obispos mexicanos. Siempre estaba buscando oportunidades para promover a su congregación; sin un esfuerzo consciente, yo estaba aprendiendo valiosas lecciones en relaciones públicas.

Mi grupo perdió varios miembros, que optaron por dejar el noviciado antes de tomar los votos. El resto de nosotros viajó a Roma en el otoño de 1964, para recibir a los obispos mexicanos durante su estadía en la tercera sesión del Concilio. Nuestro pequeño contingente asumió las tareas extras, permitiendo que los Legionarios seminaristas de Roma prosiguieran con sus estudios universitarios sin interrupciones. Este viaje a Roma retrasó nuestro entrenamiento en Salamanca por unos dos meses. Éste era un precio pequeño a cambio del privilegio de participar en el Concilio Vaticano Segundo en Roma. No importaba que nuestras tareas principales consistieran en lavar platos, trapear pisos o limpiar las habitaciones de los obispos. La Legión otorgó un permiso especial a nuestros padres y hermanos para venir a despedirnos al aeropuerto de Dublín.

Fue maravilloso volver a ver a mis padres, aun cuando la despedida me rompía el corazón. Lloramos todos a mares. ¿Cuándo volveríamos a vernos? La sensación de tristeza producida por las despedidas emotivas pasó a formar parte del patrón que ya se estaba delineando en mi vida como Legionario: despedirme pasaría a ser siempre algo traumático.

Para la mayoría de nosotros (y no sé si para todos), éste era el primer vuelo. El avión era un brillante Vickers Viscount, pintado con el nuevo logo de nuestra aerolínea nacional. Tenía el techo verde, un rayo blanco que descendía por las ventanas y la bandera irlandeses en cada aleta. Desde ese momento, cada vez que veía un avión de Aer Lingus en un aeropuerto, sentía una punzada de orgullo y nostalgia, recordando mi primera experiencia en el aeropuerto de Collinstown.

La inquietud de la partida se convirtió en una sensación creciente de entusiasmo. Un par de fotógrafos convocados para registrar el evento nos juntaron para una foto grupal de los Hermanos Legionarios. Estábamos impecables en nuestros trajes negros cruzados, que casi no habíamos usado durante los dos años del noviciado. El conjunto se completaba con relucientes zapatos negros, los alzacuellos, las caras rojas y las narices llenas de mocos, como resultado de nuestra emotiva despedida. Una vez que estuvimos listos, el Padre Guillermo, el Padre Coindreau y un par de funcionarios de Aer Lingus se acercaron para salir en la foto.

Por ser una ocasión tan significativa (unos seminaristas irlandeses de camino al Concilio Vaticano Segundo, imagínense), el nuevo funcionario de relaciones públicas de Aer Lingus nos acompañó hasta el avión. Era un individuo alto y desgarbado, con nariz prominente y andar atlético, unos 10 años mayor que yo. Para mi gran asombro y alegría, vi que no era otro que el gran Ronnie Delaney, uno de mis héroes deportistas del momento.

En 1956, Ronnie Delany se convirtió en el séptimo corredor del mundo en batir el récord de una milla en cuatro minutos. Sin embargo, había tenido dificultades para clasificarse en el equipo irlandés que asistiría a las Olimpiadas de Verano de 1956, que se realizaban en Melbourne, Australia. Pero Ronnie logró clasificarse para la final de 1,500 metros, cuyo favorito era el corredor australiano John Landy. En ese entonces yo tenía 11 años y, como todos los irlandeses, escuché la transmisión de la carrera en Radio Eireann. Como nuestro ex Primer Ministro, Eamon de Valera, aparentemente no se fiaba de la televisión, no había hecho mucho durante su mandato para establecer un servicio de televisión en Irlanda. El sucesor de De Valera, Sean Lemass, dio el visto bueno para formar la TV irlandesa.

En 1956 era imposible ver las Olimpiadas y teníamos que conformarnos con la emoción transmitida por los comentaristas de radio, que transmitían en vivo desde Melbourne. Delany estuvo cerca de Landy hasta la vuelta final, en la que aceleró y ganó la carrera, batiendo el récord olímpico. Fue el primer irlandés que ganaba un título olímpico en atletismo desde Bob Tisdall en 1932. Ronnie cayó de rodillas después de cruzar la línea de llegada. Ésta era una enorme victoria para Irlanda, y nuestro orgullo nacional se fue por las nubes. En 1959, estuvo disponible la TV irlandesa y mi padre adquirió nuestro primer televisor en blanco y negro.

Gracias a la fama instantánea de Delany, la Universidad de Villanova y su entrenador de pista, Jumbo Elliot, se convirtieron en nombres conocidos en Irlanda. Nativo de Arklow, un pueblo a orillas del mar en el condado de Wicklow, donde pasé mis últimas vacaciones antes de unirme a la Legión, Delany continuó su carrera en Norteamérica, ganando cuatro títulos consecutivos de la AAU, además de los cuatro títulos nacionales irlandeses, y tres títulos de la NCAA.

Ronnie Delany estaba trabajando en Relaciones Públicas para Aer Lingus al momento de nuestra partida; ayudaba a fomentar las relaciones con los clientes con grupos como el nuestro. Me propuse saludarlo. Fue amistoso y profesional, diciendo "Espero que tengas un buen viaje y que disfrutes de Roma". No fue una conversación muy larga. Ronnie fue la primera celebridad que conocería durante mi carrera. A pesar de las oraciones, las despedidas llenas de lágrimas y las reglas estrictas, yo seguía esperando que hubiera magia en mi vida como sacerdote. Conocer a Ronnie Delaney me pareció un buen comienzo.

Desde la izquierda: mi hermano Brendan, mi papá, mi mamá y yo

Mi papá, Paddy Keogh, y mi mamá Margaret, el día que la Universidad Nacional le confirió su titulo de "Master of Arts"

Mi papá con Éamon de Valera, Presidente de Irlanda

La primera visita de mis papás a Roma

Desde la izquierda: Mary Keogh, mi primo Seamus,
Patricia su hija, mi hermano Brendan, Carmel su esposa,
mi mamá, la mamá de Carmel, y mi papá

1963: John Charles McQuaid, Arzobispo de Dublín, visita el Noviciado en Belgard Castle

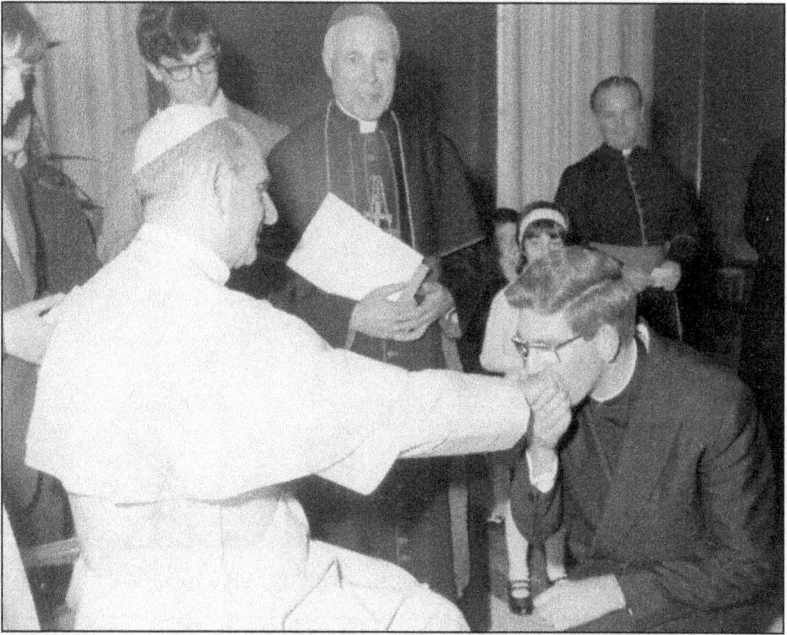

Marzo 1973: El Papa Pablo VI, Cardenal Luigi Raimondi y yo

¡La felicidad! Cruzando los Alpes en el autobús Mercedes de 64 plazas

Conduciendo derecho en renglones torcidos

Gabón, 1982

Gabón: Una escuela de pueblo. Luis Lerma (izquierda),
y el nuevo maestro (segundo de la derecha)

Gabón: Cruzando un río. Dominique a mi derecha

Gabón: Cruzando otro río

Equipo de futbol del Instituto Irlandés, en el Estadio Azteca de México DF.
El Prof. Vicente Jurado, ex entrenador del Atlante, a la izquierda.
Soy yo a la derecha

Diciembre, 1976: El P. Maciel en mi ordenación sacerdotal

El Cardenal Antoniutti, Prefecto Emeritus de la Congregación de Religiosos, visita el Instituto Irlandés de México, DF. Don Antonio Bermúdez y su esposa Hilda a la derecha del Cardenal. El Padre J.M. Fdez. Amenábar, tercero desde la derecha. Ma. Victoria Enterria, la primera profesora de la escuela en último lugar, a la derecha de la primera fila. David Hennessy, tercero de la izquierda en la segunda fila.

Misa de ordenación, 1976: Desde la izquierda: Enrique Flores, David Owen, Peter Coates, Cardenal Baggio, Yo, Enrique Vizcaíno, John Devlin, Héctor Gómez

ROMA: CONCILIO VATICANO II

El Viscount aterrizó sin contratiempos en el aeropuerto de Fiumicino en Roma, temprano por la tarde. Mientras algunos de mis compañeros dormían o rezaban el Rosario durante el viaje, yo estaba pegado a la ventanilla, disfrutando de la emoción de mi primer vuelo. Dublín, sobre la desembocadura del río Liffey, se veía magnífica y apacible, enmarcada por los innumerables tonos de verde de la campiña irlandesa. Traté en vano de localizar la casa de mis padres. Me preocupaba que se sintieran tan tristes como me sentía yo. Volar era algo completamente nuevo para mí. La azafata de uniforme verde repartió dulces y nos indicó que los chupáramos para reducir los efectos de la compresión en nuestros oídos. Hasta el baño me parecía una maravillosa proeza de la ingeniería moderna.

Mientras volábamos en círculos sobre Roma, esperando para aterrizar, pude ver las ruinas antiguas, intercaladas con los edificios modernos de las afueras, que luego se disolvían en las verdes colinas de la campiña romana.

Los dos meses siguientes empecé a familiarizarme con una ciudad que llegaría a conocer muy bien. Roma es una embriagadora mezcla de ruinas clásicas, obras maestras, extravagantes iglesias y piazzas. Cada piedra está imbuida de 2.700 años de historia. La omnipresente inscripción "SPQR" en edificios y monumentos es la abreviatura de la frase latina "Senatus Populusque Romanus" ('el Senado y el pueblo de Roma'), el lema utilizado en los estandartes de las Legiones romanas en el pasado. Es un recordatorio permanente del poder del Imperio Romano, y aparece cientos de veces en la literatura política, legal e histórica de Roma.

El aire de Roma está impregnado de historia. La ciudad entera es un impresionante museo al aire libre. La Fontana di Trevi, la escalinata de la Piazza di Spagna, la Piazza Navona, la Piazza del Pópulo, el Panteón, el Coliseo, el Foro Romano, el amanecer sobre el Gianicolo, las magníficas iglesias... todos ellos se volverían tan familiares para mí como el paisaje y los sonidos de Dublín.

Con el tiempo, Roma grabaría en mi mente imágenes inolvidables: un mar de campanarios y cúpulas doradas, la cúpula de San Pedro, la plaza del Vaticano y el Castello di San Angelo, a orillas del Tíber. La ciudad es sede de increíbles monumentos, que parecen joyas perfectamente dispuestas y destacadas por el caos organizado de la Roma moderna. Los seis años que viví allí darían forma definitiva a mi fe, a mi interpretación del Catolicismo Romano y a mi relación con la Legión.

El Papa Juan XXIII sorprendió a todos cuando anunció su intención de convocar al Concilio Vaticano II en 1959, menos de tres meses después de ser electo Papa, en octubre de 1958. Cuando le preguntaron por qué era necesario el Concilio, cuentan que el Papa abrió una ventana y dijo: "Quiero abrir de par en par las ventanas de la Iglesia para que podamos ver hacia afuera y los fieles puedan ver hacia el interior".

Invitó a otras Iglesias Cristianas a que enviaran observadores al Concilio. Pronto llegaron las aceptaciones de la Iglesia Protestante y de la Iglesia Ortodoxa. Por temor al Gobierno Comunista Soviético, la Iglesia Rusa Ortodoxa aceptó sólo una vez que se hubo asegurado de que el Concilio sería de carácter apolítico.

El Papa Juan XXIII, nació el 25 de noviembre de 1881 bajo el nombre de Angelo Giuseppe Roncalli en el pueblo Sotto il Monte, en Italia, en la diócesis de Bergamo. Fue Papa desde 1958 hasta 1963, y tuvo una gran influencia en mi decisión de hacerme sacerdote. Las repercusiones del Concilio convocado por él tendrían un rol central en mi formación teológica

La fidelidad al Papa y a los Obispos era un principio fundamental en la formación de los Legionarios. Para los católicos irlandeses, la lealtad al Santo Padre era una característica importante de nuestra fe. El Papa Juan fue el primer Papa del que supe algo más que su nombre. Lo llamábamos "el Papa bueno". Era mucho menos austero e intimidante que su predecesor, el Papa Pío XII. El Papa Juan era el cuarto de una familia de 14 hijos; ¡una familia grande, incluso para los irlandeses! El primer aprendizaje del futuro Papa en la vida cristiana provenía de la atmósfera religiosa de su familia y del fervor de su parroquia.

Durante sus años en el seminario, adquirió el hábito de tomar notas espirituales, que continuaría hasta su muerte, y que luego fueron publicadas en un libro llamado "Diario del alma"; mi padre amaba este libro. El Papa Juan creía en practicar la dirección espiritual. En la Legión de Cristo, la confesión y la dirección espiritual eran elementos importantes de nuestra formación. Cuando Italia entró en guerra en 1915, el Papa Juan fue enrolado como sargento en el cuerpo médico y se convirtió en capellán de los soldados heridos. Una vez terminada la guerra, abrió una Casa de Estudios para las necesidades espirituales de los jóvenes.

A la muerte de Pío XII, el 28 de octubre de 1958, fue electo Papa y tomó el nombre de Juan XXIII. El diálogo con el mundo del cristianismo ortodoxo y el Islam se convirtió en una característica importante en su vida. Su pontificado, que duró menos de cinco años, lo presentó ante el mundo entero como la auténtica imagen del Buen Pastor. Era humilde, valiente, alegre y bondadoso. Visitaba a los presos y a los enfermos y recibía a personas de cualquier nacionalidad y religión. Como Papa, convocó al Sínodo Romano y creó la Comisión para la Revisión del Código de Derecho Canónico. Luego abrió de par en par"las ventanas de la Iglesia" al convocar al Concilio. El Papa Juan XXIII murió la tarde del 3 de junio de 1963, cuando yo terminaba mi primer año como Novicio Legionario en

Dublín. Su ejemplo, sus logros, su personalidad cálida y bondadosa me alentaron en gran medida a convertirme en sacerdote. Cuando llegó el momento de estudiar teología como parte de mi formación, el Concilio Vaticano, convocado por el Papa Juan, tuvo una gran influencia sobre mis estudios y mis ideas.

Aunque los muchachos como yo no lo supiéramos, durante la década de 1950 la teología y los estudios bíblicos en el catolicismo romano empezaban a desviarse del neoescolasticismo y de la lectura literal de la Biblia predominantes en aquel momento; ésta fue una reacción contra el Modernismo, que la Iglesia Católica considerada una herejía. Yo no tenía idea de lo que significaban esos términos, pero los católicos bien informados se enteraban por los periódicos de la aparición de "nuevos" teólogos, como Karl Rahner, S.J. y John Courtney Murray, otro jesuita, Yves Congar, Joseph Ratzinger y Henri de Lubac, quienes buscaban integrar la experiencia humana moderna con el dogma cristiano y descubrir una interpretación más precisa de las Escrituras. Es decir que, antes ya del Concilio, soplaban vientos de renovación en la Iglesia.

Entretanto, los cambios políticos, sociales, económicos y tecnológicos empezaban a presentar nuevos desafíos a la Iglesia, representada por los Obispos. Algunos de ellos buscaban nuevas maneras de encarar los cambios. Al recurrir a las enseñanzas del Primer Concilio Vaticano, realizado en 1869, veían que sus predecesores se habían limitado a analizar el rol del Papado. Este concilio se había suspendido cuando la Armada Italiana invadió Roma, durante la reunificación de Italia. Los padres del Concilio del siglo anterior no habían podido enfrentar los problemas pastorales y dogmáticos que acuciaban a la Iglesia casi un siglo más tarde.

El papa Juan XXIII tenía objetivos específicos para el Concilio. La Lealtad al Papa y a los Obispos "en comunión con Él" nos era impartida constantemente por el Padre Maciel. Los objetivos establecidos para el Concilio apoyaban el pensamiento del Padre Maciel y lo ayudaron a posicionar a la Legión como una nueva fuerza que implementaría dichos objetivos en la Iglesia. Dicho esto, él no relajaría ni un ápice la disciplina que había establecido desde un principio.

El Papa Juan le pidió al Concilio que "alentara el fervor y la energía en los Católicos, para servir a las necesidades del pueblo cristiano". Para lograrlo, el Papa decía que los obispos y sacerdotes debían acercarse más a la santidad. Decía que los laicos necesitaban instrucciones efectivas para su fe y moral cristiana. Debía prestarse especial atención a la educación de los niños. El Papa Juan quería que aumentara la actividad social cristiana y recordaba a todos los cristianos que debían conservar sus "corazones de misioneros". El Papa resumió todo esto en una palabra: "Aggiornamento" ("actualización"). Quería que la Iglesia se adaptara a los desafíos contemporáneos. El símbolo del "aggiornamento" pasó a ser la ventana abierta de su apartamento papal, y la ráfaga de aire fresco que entraba por ella.

Mi destino en Roma era el Collegio Massimo de los Legionarios de Cristo, en el número 677 de via Aurelia, a unos 15 minutos en auto del Vaticano. El edificio de ladrillos a la vista, con sus numerosas ventanas con persianas blancas y sus cuidados jardines, me levantó el ánimo desde el momento en que lo vi. Era un gran avance con respecto a las únicas propiedades Legionarias que había conocido: la Casa Hazelbrook y el Castillo Belgard. ¡Esto era otra cosa! Los Legionarios venían aquí para estudiar filosofía y teología en la prestigiosa Universidad Gregoriana, dirigida por los jesuitas.

El edificio de cuatro pisos se centraba alrededor de una bella capilla con ventanas de ónix traslúcido importado de México. Encima de las cortinas, detrás del altar, pendía un sencillo crucifijo. A la derecha del altar había un pedestal con una estatua de mármol blanco de la Virgen María. La planta baja, donde se encontraban la recepción, el comedor para invitados, el comedor principal y la sala de estar, ostentaba un imponente piso de mármol tostado. En comparación, los pisos superiores, vedados a los visitantes, eran muy modestos. El Padre Maciel creía que los espacios públicos debían ser admirables y elegantes, y las áreas privadas, humildes.

Nuestra apariencia externa de riqueza y elegancia confundía a mucha gente con respecto a la verdadera naturaleza de la relación de la Legión con el dinero. "Legionarios de Cristo" rima con "millonarios de Cristo", un mote que se había vuelto popular en México. Si alguien criticaba el piso de mármol, diciendo que era demasiado ostentoso para una casa de formación religiosa, nosotros respondíamos que había sido un regalo de un Cardenal importante; problema resuelto.

Como yo solía competir en natación, me sentí feliz al enterarme de que el colegio tenía una piscina revestida con azulejos azul marino, ubicada en un rincón tranquilo de los jardines, detrás del edificio. Había también una cancha de fútbol. El edificio principal está junto a la Basílica de Nuestra Señora de Guadalupe, la primera parroquia Legionaria en Roma. Ésta era la única iglesia dirigida por los Legionarios. Quedé impresionado por su elegancia sencilla, donde destacaban el crucifijo y la estatua de Nuestra Señora, y por las ventanas ónix traslúcido.

Los pisos superiores de nuestro colegio tenían corredores similares a los de un hotel, con habitaciones sencillas a cada lado. En estas pequeñas habitaciones había una cama individual, un lavamanos y un diminuto armario con espacio para colgar dos trajes y una sotana, y cuatro cajones para artículos pequeños. Encima del armario sin puerta había espacio para almacenar un par de maletas. El radiador debajo de la ventana estaba enmarcado por dos pequeños libreros empotrados, de madera, con tres estantes a cada lado. El espacio para estudiar se reducía a una pequeña mesa con cajón, una lámpara y una silla de madera. Las paredes estaban pintadas de color beige claro. El piso era de baldosas blancas con pintas azules. Este falso mármol se usaba en todas las salas y corredores, excepto en la planta baja. Resultaba muy fácil de mantener y de limpiar, con un producto italiano llamado "Kop". No había duchas en las habitaciones.

Como yo venía de vivir en un establo de vacas en Hazelbrook, y de compartir la habitación con cinco o seis muchachos más en Belgard, este alojamiento se me hacía un verdadero palacio. Los obispos mexicanos que se hospedaban en el colegio durante el Concilio Vaticano también se encontraron con que el alojamiento era completamente distinto al habitual, pero en sentido opuesto. A cada uno se le asignó una habitación del primer piso, y ninguno se quejó. Se parecían más a mi idea de buen "cura de parroquia", en lugar de darse aires de exagerada importancia, que en mi opinión tenían algunos obispos irlandeses. Los obispos mexicanos se instalaron alegremente en sus habitaciones pequeñas y frugales.

<hr />

Como había un piso entero dedicado a los obispos, el resto de los Legionarios tuvimos que compartir las habitaciones restantes. Esto hizo que estuviéramos algo apretados, pero no me importó. ¡A caballo regalado no se le miran los dientes! Ésta sería sólo una breve estadía de camino a Salamanca, para la siguiente etapa de mi formación como Legionario. Mi grupo había venido para trabajar y estudiar todo lo que pudiéramos en los momentos libres.

Nuestro día comenzaba a las 5:30 de la mañana, con veinte minutos para la ducha obligatoria y una visita apresurada a la capilla para la Oración Matutina. Para llegar a tiempo, hacía falta planear todo cuidadosamente. Había unas 12 duchas por piso, de manera que para aprovechar bien el tiempo teníamos que dejar preparados el jabón y la toalla la noche antes. El retraso era imperdonable; llegar tarde era bochornoso y era preciso solicitar una "penitencia" para compensar la infracción. La práctica de solicitar penitencias por infringir las reglas comenzaba en el noviciado y se mantenía vigente durante todos los años de formación.

En mi experiencia, los motivos comunes de penitencia consistían en hablar sin permiso durante las horas de silencio relativo, subir las escaleras de dos en dos, ser sarcástico, hablar demasiado alto, llegar tarde a las primeras plegarias, quedarse dormido durante las horas de estudio, etcétera. Probablemente alguien de afuera crea que estas transgresiones no merecen una penitencia

En aquel momento yo no veía gran diferencia con lo que hacían las tropas de los Marines norteamericanos o los Commandos británicos, al menos por lo que se podía apreciar en las películas. A los Marines se les ordena que hagan flexiones en el suelo por cualquier motivo; para colmo, los sargentos instructores siempre se veían de lo más intimidantes. Yo veía tanto las penitencias como las flexiones de los soldados como la manera en que las organizaciones militantes forjan el "carácter" de sus miembros. Después de todo, me estaban entrenando para convertirme en un soldado de Cristo. Y tres Ave Marías me parecían preferibles a veinte flexiones o a correr cinco millas. Además, yo estaba convencido de que solicitar penitencias formaba parte de las prácticas comunes de la vida religiosa a lo largo de los siglos.

Teníamos otras prácticas que eran todavía más afines a la disciplina militar. Por lo general las penitencias consistían en rezar algunas oraciones o visitar la capilla; pero cuando la infracción era más seria y afectaba a la comunidad, se asignaba una penitencia especial, tomada de la antigua tradición monástica.

Por mi sentido del humor dublinés y falta de disciplina, yo hacía reír con frecuencia a los demás Hermanos durante las horas de silencio. Como disfrutaba mucho de la explosión de risas que me seguía por los corredores, padecí mi buena ración de la penitencia más severa, que consistía en comer la comida principal de rodillas. Siempre había sentido lástima de los pobres Hermanos a quienes les tocaba cumplir con esta penitencia, y cuando me la dieron por primera vez, me sentí desconcertado.

Cuando la comunidad terminaba de dar gracias antes de la comida, se sentaba a comer en silencio. Yo debía tomar mi plato, cuchillo, tenedor, vaso y servilleta y ponerlos sobre el asiento de mi silla de madera, y llevarla así hasta el centro de la sala, en medio de las mesas dispuestas en U. Recogiendo mi larga sotana negra, me arrodillaba frente a la silla. Era humillante, y sin duda todos se preguntaban qué había hecho para merecer el castigo. Yo quedaba directamente frente al rector y sus asistentes, soportando sus miradas severas. Mientras tanto, el Lector designado leía un libro espiritual en voz alta, como sustituto de la conversación. Cuando ya habían servido a todos los demás, yo debía esperar a que uno de los Hermanos meseros me trajera comida y llenara mi vaso. No era complicado ni especialmente incómodo. Al terminar la comida se rezaba una oración de gracias, y yo devolvía mi silla a su sitio y me incorporaba a la fila de hermanos hacia nuestra visita obligatoria a la capilla. Retrospectivamente, todavía hoy me sorprende lo normal que me parecía este tipo de prácticas cuando era joven.

El peor momento para recibir la penitencia de comer de rodillas era en los días de fiesta, cuando no debíamos observar el silencio relativo durante la comida. Era siempre un enorme placer poder hablar mientras comíamos; no sucedía a menudo, pero las veces que me tocó comer de rodillas en una fiesta me sentí frustrado y muy mal por quedar fuera de la diversión. La mayoría de los superiores se mostraban lo suficientemente compasivos como para acabar con la penitencia después del primer plato, lo que era un gran alivio.

Después de un tiempo, creo que la mayoría de nosotros daba esta penitencia por sentado; para ser honesto, no era tan grave. Sin embargo, no todos tenían una personalidad tan fuerte como la mía, y seguramente algunos Hermanos quedaron emocionalmente marcados por este tipo de eventos. A la distancia, no creo que me haya hecho daño. Incluso, probablemente me haya enseñado a mantener la bocota cerrada.

Otra práctica que iba más allá de mi idea de la disciplina militar era lo que llamaban el "capítulo de faltas", también sacado de la tradición monástica. Una vez por semana nos reuníamos en el salón principal en silencio. El superior se sentaba en un pupitre en el estrado y, después de una oración inicial, llamaba a uno de los hermanos a pasar al frente y arrodillarse delante del grupo. Me gustaría pensar que la elección del candidato era aleatoria, pero por lo general los

Hermanos más populares y extrovertidos eran llamados con más frecuencia. Yo lo padecí muchas veces.

Una vez arrodillado, mirando al crucifijo y al superior, éste invitaba a la comunidad a señalar las fallas de mi comportamiento. Era importante que los Hermanos usaran un vocabulario caritativo durante la prueba. De manera que yo escuchaba la voz de algún Hermano detrás mío que decía: "Me parece que a veces el Hermano John no obedece las Reglas de Silencio y habla en el corredor". Y otro: "Creo que tengo la impresión de que el Hermano John peca de falta de Caridad al hacer comentarios sarcásticos"; "El Hno. John falta a las Reglas de Urbanidad al hablar con la boca llena". Y así sucesivamente. Al tratar de ser caritativos en todo momento, nuestras palabras sonaban forzadas y mecánicas. Cuando a la comunidad se le acababan las faltas para señalar, era el turno de alguien más.

En general, recuerdo el Capítulo de Faltas como desagradable, pero útil. Nos obligaba a poner los pies en la tierra. En las familias y en el matrimonio, los cónyuges y los hermanos se señalan mutuamente las cosas que les molestan del otro. El Capítulo nos daba la oportunidad de saber qué opinaban nuestros pares sobre nosotros, y en verdad nunca me molestó demasiado tener que pasar por eso. Pero, reitero: estoy seguro de que muchos individuos odiaban la experiencia y, según cuán seguros o inseguros se sintieran, es probable que algunos la hayan sufrido más que yo.

Las primeras oraciones consistían en unos 10 minutos de plegaria grupal en voz alta, que concluíamos cantando el bello canto gregoriano "Veni Sancte Spiritus". Al final del oficio simple, caminábamos en fila de a uno y en silencio hacia nuestras habitaciones, para meditar en privado durante una hora sobre cuestiones espirituales. No usábamos reloj, y vivíamos de acuerdo con un timbre eléctrico, operado por el Hermano Regulador. Al sonido impersonal del timbre, nos dirigíamos directamente a la capilla para la misa y la comunión diaria. A mediodía pasábamos 15 minutos haciendo "examen de conciencia" en privado, con el objetivo de concentrarnos en nuestros progresos, o falta de progresos, hacia nuestras metas espirituales. Luego rezábamos el Angelus, en la capilla, y cantábamos el canto gregoriano "Salve Regina". Después de almorzar, la visita a la capilla no era obligatoria, pero estaba bien vista.

En las primeras horas de la tarde pasábamos 15 minutos rezando el Rosario en privado, y en silencio; luego venían 30 minutos dedicados a las lecturas espirituales. Los viernes realizábamos individualmente las "Estaciones del Via Crucis", es decir, contemplar las etapas de la pasión y muerte de Jesús, yendo de una "estación" a otra en la capilla. El día terminaba a eso de las 21:00, con 15 minutos de plegaria comunitaria y la Bendición del Santísimo Sacramento. Después de esto, volvíamos a nuestros dormitorios, donde debíamos estar dormidos en 20 minutos. Esta tarea nunca representó un problema para mí.

Nuestras actividades "espirituales" se completaban con una conferencia dominical sobre un tema espiritual, la confesión semanal y la dirección espiritual quincenal. Pasábamos más de tres horas por día en plegarias y meditación. Si a esto le sumamos las clases en la Universidad y las otras clases (como las de canto gregoriano) en el colegio, más 30 minutos por día como mínimo para tareas generales, como limpiar o pintar, los horarios de los Legionarios eran muy estrictos. Atender a los obispos mexicanos hubiera significado una pesada carga adicional para los estudiantes de Filosofía y Teología, y justamente por eso nuestro grupo había sido trasladado a Roma, para ayudarlos.

————— ∞ —————

Para mi gran alivio, poco después de llegar a Roma me volvieron a designar chofer. Mis frecuentes salidas a Roma para encargarme de los recados para la comunidad eran una agradable distracción de la restringida vida comunitaria en el seminario.

También me asignaron el cargo de "jefe de meseros" para los obispos. Hacer equilibrio con una gran bandeja de carne, pescado o pasta en la mano izquierda, con la larga y pesada sotana negra, y maniobrar con dos cucharas en la mano derecha para poner la comida en los platos de los obispos sin derramar nada sobre las sotanas púrpuras, era todo un desafío. Los obispos volvían del Vaticano para almorzar, con sus elegantes sotanas púrpuras. Se sentaban muy cerca uno de otro en las largas mesas blancas con cubierta de fórmica. Un gesto demasiado vehemente, o un pie fuera de lugar al inclinarme para servirles, podía provocar una catástrofe eclesiástica.

Después me "ascendieron" para que supervisara el flujo de los platos desde la cocina, y para asegurarme de que los Hermanos meseros sirvieran las mesas con eficiencia. Tenía que rendir cuentas a un estudiante de teología. Ésta era una oportunidad interesante para hablar con un teólogo, porque nuestra formación no permitía que las distintas comunidades interactuaran. Un humilde novicio como yo no podía hablar con los Legionarios que estudiaban filosofía, y ni ellos ni nosotros podíamos comunicarnos con los teólogos.

Mi "jefe" en mi quehacer como mesero era un teólogo sin ordenar llamado Juan José Vaca. Sabía lo que hacía al dirigir el ajetreo y bullicio de nosotros, meseros incompetentes, y de los hermanos asistentes de cocina, coordinando además nuestros esfuerzos con el irritable chef italiano, Caesare. Aunque era mexicano, Juan José poseía un sentido alemán de la eficiencia para su tarea. Tenía un estilo afable y suave, con una sonrisa gélida que parecía decir: "Vas bien, pero no lo eches a perder o me enfureceré contigo".

La rutina del almuerzo se repetía a la hora de la cena, y mis aptitudes como mesero mejoraron mucho. Era una experiencia memorable ver de cerca al experto chef italiano en acción, especialmente cuando había 30 bistecs en la parrilla y él ladraba órdenes (condimentadas con palabrotas en italiano) a los Hermanos que lo asistían. Era un caos organizado, una coreografía perfecta. Otro aspecto interesante de servir a los obispos como mesero era oír fragmentos de sus conversaciones y, muchas veces, de sus acaloradas discusiones sobre las deliberaciones que se llevaban a cabo en el Vaticano.

SALAMANCA: SOL Y VINO

Una vez terminada nuestra labor en Roma, los 14 de nuestro grupo (los que quedaban de los 18 que se habían unido conmigo en 1962) fuimos en autobús hasta la estación Termini, donde subimos a un tren que eventualmente nos llevaría hasta Salamanca, en España. Me dieron dinero para el viaje y me pusieron a cargo del grupo. Ese viaje fue divertidísimo. Los trenes en Italia suelen estar repletos de pasajeros, por lo que pronto desarrollamos nuestras técnicas para que nadie más entrara en nuestros compartimentos. No queríamos intrusos en nuestra pequeña fiesta. Lo mejor era que podíamos hablar libremente, sin "silencio relativo" ni silencio de ningún otro tipo.

Cuando pasamos por Lourdes, en Francia, pudimos ver la Basílica y la gruta en la que María se apareció a Bernadette. Espontáneamente nos arrodillamos en el corredor del tren, y rezamos todos juntos un Ave María.

Cuando cruzamos a España, los vendedores de las estaciones ofrecían vino en las puertas del tren durante las breves paradas. Los posibles interesados podían disfrutar de un vaso de muestra de una enorme jarra protegida por una canasta. Como yo estaba a cargo (y tenía el dinero), los vendedores me ofrecieron varios vasos de sus productos para probar, tratando de convencerme de que comprara para todo el grupo. Después de probar varias copas, me sentía muy alegre.

Con el ruidoso apoyo de Eddie Farrell y Brian Stenson, decidí inmediatamente invertir el dinero que teníamos para comprar comida, en alimento líquido. De modo que el viaje a España fue una verdadera fiesta. Llegamos a Salamanca temprano por la mañana.

Cuando llegamos al juniorado, estábamos famélicos. Por suerte era justo la hora del desayuno. Mis expectativas eran muy elevadas, porque venía de dos meses de cocina Episcopal en Roma. Pero en nuestro primer desayuno en la Casa de Estudios Clásicos de la Legión en España, la leche caliente estaba quemada y diluida y los panecillos eran duros y rancios. No había mantequilla, sólo una conserva semisólida y desconocida. Esto no presagiaba nada bueno para nuestro futuro en Salamanca. Recuerdo que me sentía devastado físicamente y bastante desanimado, pensando en cómo toleraría el rudo entorno de mi nuevo hogar en Salamanca.

<hr />

Nuestra nueva morada se encontraba en una zona periférica de la ciudad de Salamanca, conocida como Ciudad Jardín. Estábamos a una milla de la Plaza de Toros, desde donde oíamos el rugido de la multitud los domingos por la tarde. Salamanca es caliente y seca en verano, pero ventosa y lluviosa en invierno, con nevadas ocasionales. Aunque la temperatura promedio en invierno de de unos 50 grados Fahrenheit, mi recuerdo de los primeros tiempos en el colegio es de frío constante.

El diseño del complejo era similar al del Collegio Massimo de Roma, pero con un aspecto más inhóspito y menos detalles elegantes. Había una piscina y, en la parte de atrás, tres gallineros comerciales con varios miles de gallinas que producían huevos para vender a nuestros vecinos y a comerciantes. Obviamente, los huevos nunca nos faltaban.

El edificio principal tenía cuatro pisos, como el de Roma. A excepción de unas pocas habitaciones privadas reservadas para los superiores, no había habitaciones sino "celdas" o cubículos. Las camas estaban separadas por separadores de seis pies de altura, de vidrio opaco. Detrás de una mampara había una ducha y un lavamanos, separados por una cortina de plástico roja. A modo de puerta de entrada a cada "celda" había una cortina de tela con riel. No había espacio para guardar nada, y casi no había lugar para estar de pie y vestirse junto a la cama. Cada "Hermano Junior", como nos llamábamos ahora, tenía una sencilla mesa de estudio con lámpara fuera de la celda, alineadas contra la pared del edificio.

Esta pequeña lámpara de escritorio se convirtió en un elemento de importancia para mí, porque poco después de nuestra llegada, en lo más crudo del invierno, se averió el sistema de calefacción y nos dijeron que no teníamos dinero para repararlo. Recuerdo que me sentaba tristemente a la mesa, acercando las manos a la lámpara para obtener algo de calor, mientras trataba de imaginarme a mí mismo estudiando humanidades clásicas por un año. No estaba seguro de poder sobrevivir a Salamanca.

En Salamanca tuvimos la oportunidad de interactuar con Legionarios mexicanos y españoles, y así como nosotros luchábamos por aprender el español, ellos no hablaban nada de inglés. En cuanto a nuestra formación, no teníamos nada en común con ellos, excepto el deseo de convertirnos en Legionarios. La mayoría de ellos habían sido compañeros durante muchos años en nuestra escuela apostólica (seminario menor) en Ontaneda, al norte de España. Estaban habituados a una disciplina muy rígida y estaban mucho más avanzados en los usos Legionarios que nuestro grupo irlandés.

Creo que, una vez pasados los saludos iniciales, no les caímos muy bien. Yo también me sentía incómodo con ellos. Los Hermanos irlandeses eran algo más grandes y tenían un vago atisbo de experiencia del mundo, al menos por el bachillerato. Los españoles y mexicanos eran más dóciles, porque estaban acostumbrados a vivir según las reglas desarrolladas a lo largo de ocho años de convivencia. Tuvimos varios choques por la diferencia de culturas.

Los superiores nos instaban constantemente a vivir en caridad Legionaria y a trabajar para integrarnos al estilo de vida, dejando de lado nuestros rasgos nacionales. Con el tiempo llegamos a conocernos y a respetarnos mutuamente, y al terminar el juniorado nos considerábamos "Legionarios", una identidad que trascendía la cultura nacional. El español era nuestro idioma oficial, y dejamos de hablar en inglés.

Estacionada en el garaje abierto junto a la piscina había una camioneta Chevy azul y blanca, uno de los autos más grandes que yo había visto hasta el momento. Una tarde, nuestro Rector, el Padre Arumí, se acercó a mi mesa de estudio, me tocó el hombro y me susurró que lo siguiera. Yo esperaba una reprimenda por usar la lámpara de lectura en busca de calor, y por no prestar suficiente atención a mis estudios.

En lugar de eso, me dijo: "Hermano Keogh, ¿así se pronuncia su nombre?"

"Sí, Padre" respondí, "casi".

"Me han dicho que sabes conducir".

"Oh sí, Padre" repliqué. "Adquirí mucha experiencia como chofer en el noviciado de Irlanda, y en Roma también conducía a veces. El tráfico allí es caótico. Creo que si alguien puede conducir allí, puede conducir en cualquier lugar del mundo".

Evidentemente, desde que había visto el auto norteamericano en el garaje, yo esperaba, contra todas las posibilidades, que me eligieran como chofer. Con los nuevos Hermanos españoles, no tenía idea de cuál sería la competencia. El Padre Arumí era hombre de pocas palabras, nativo de Cataluña, una región del noreste de España.

Se llevó el dedo a los labios para detener mi entusiasta parloteo.

"Esté listo a las 6:00 de la mañana para llevarme a Ontaneda".

Ontaneda, en la provincia de Santander, era donde se encontraba la escuela apostólica. Sería un viaje de una seis horas; creí que me había muerto y estaba en el Cielo.

"Sólo ruegue, Hermano Keogh" añadió el Padre Arumí "para que el viejo Chevy arranque".

Supuestamente, el benefactor que había donado el auto después de usarlo para recorrer España durante sus vacaciones, había reparado algunos problemas menores antes de donarlo a la Legión. Hacía meses que nadie lo usaba. Yo no sabía cuál era el santo patrono de la mecánica, pero antes de dormirme esa noche, me aseguré de no dejar nada librado al azar.

En Irlanda, cuando me nombraron "chofer" por primera vez en el noviciado, lo había tomado como una clara respuesta de la Virgen María. En mis plegarias, le había asegurado que, si me permitían ser chofer, para mí sería un signo de que mi vocación realmente era convertirme en un sacerdote Legionario. Esa noche le supliqué que el auto arrancara y que el Padre Arumí no cambiara de opinión durante la noche. Si todo iba bien y el auto arrancaba y me nombraban chofer, seguramente sería una ulterior prueba de que Nuestra Señora quería que yo fuera un Legionario.

Unas tres horas antes de llegar a Ontaneda, el motor estalló en una violenta nube de humo blanco. Varados al costado del camino, esperamos la llegada del mecánico desde el pueblo más cercano, quien nos informó que había volado la junta de la culata. Le dejamos el auto y llegamos (no recuerdo bien cómo) a Ontaneda. Me sentía desalentado y responsable por la falla. ¿Había ocurrido porque yo no tenía experiencia conduciendo con cambios automáticos y había hecho algo mal? A pesar de su semblante generalmente severo, el Padre Arumí se mostró sorprendentemente indiferente al incidente, muy indulgente y hasta bondadoso y tranquilizador.

Una vez que me asignaron una habitación en la Escuela Apostólica de Ontaneda, me dirigí al salón comedor y bebí un vaso de leche (¡leche verdadera, la primera que probaba desde que me había ido de Irlanda!). Sabía mucho mejor que la aguada imitación que nos daban en Salamanca. Como eran las tres de la tarde, pedí permiso para dormir una siesta, porque estaba agotado. ¡Me desperté para el desayuno al día siguiente! Ontaneda me levantó muchísimo el ánimo. El clima era templado, el entorno montañoso, verde y exuberante; no era Irlanda, pero se le parecía, dadas las circunstancias.

El otro auto que teníamos en Salamanca era un viejísimo sedán SEAT negro, hecho en España. Hice varios viajes con el Padre Arumí y otros a Ontaneda y, con mayor frecuencia, a Madrid. El Padre Arumí era un hombre pequeño, de rasgos marcados. La mayoría de nosotros no sabía si sentir admiración, temor o simpatía por él. Tenía fama de ser algo místico, y se decía que lloraba al rezar frente al crucifijo. Hablaba siempre en voz baja y su español conservaba el acento catalán. No sabía conducir, pero era un adicto a la velocidad. Varias veces, cuando opinaba que yo iba muy lento, estiraba la pierna y me bajaba el pie sobre el acelerador. No tenía noción del peligro, y era un pasajero muy amable siempre que fuéramos a la máxima velocidad que permitía el viejo SEAT. Para ese momento, yo hablaba suficiente español como para conversar sin problemas.

Cuando llegamos a Madrid, el Padre Arumí me dijo: "¡Tengo una sorpresa para ti!"

En la medida en que estaba lejos del juniorado, la vida ya me parecía de por sí una agradable sorpresa.

"¿Qué sorpresa, Padre?"

"Hay un pequeño restaurante al que voy a veces sobre la calle Juan O'Donojú. Creo que te gustará, te mereces una buena comida".

Fue una comida realmente buena. Aún hoy, que han pasado cuarenta años, recuerdo el plato que comí allí por primera vez en mi vida: una pasta al horno llamada

"Cannelloni alla Rossini".

"¿Qué le gustaría beber, Hermano?" me preguntó.

"Una limonada no estaría mal, Padre". Estábamos solos, en una pequeña mesa, con nuestras sotanas negras.

"Creo, Hermano, que le agradará la sangría".

"¿Qué es eso, Padre?" le pregunté.

"Es una mezcla de vino y Casera (la marca de un agua gasificada) con trozos de fruta".

Sonaba bien.

"Le gustará. Es muy refrescante".

La sangría era deliciosa: un brebaje burbujeante y helado hecho con vino tinto, agua gasificada, coñac y pedazos de fruta fresca. La vida en España y, por consiguiente, en la Legión ya no parecía tan mala.

Cuando terminamos de comer, me encontré charlando aturdido con los meseros.

El Padre Arumí me dijo: "Veo que ha disfrutado de la comida, Hermano. Cuando lleguemos al hotel, puede dormir la siesta. Le hará bien".

Yo asentí y emprendimos la búsqueda del hotel.

El Padre Arumí me guió por la calle Juan O'Donojú, de sentido único, advirtiéndome que tuviera cuidado con los taxistas, famosos por su forma salvaje de conducir. En la esquina de una calle llamada "Válgame Dios", contemplé atónito cómo un taxi negro, con la franja roja horizontal de rigor, entró por la derecha, sin respetar la prioridad de paso. Estoy seguro de que íbamos a unas 30 millas por hora cuando lo choqué de lado. El taxi quedó muy dañado. El taxista, furioso, gesticulaba y me insultaba mientras nosotros, de pie en nuestras sotanas negras, mirábamos desolados al costado de nuestro SEAT arruinado. Del metal retorcido de la parte anterior del auto salía una nube de humo blanco. No nos habíamos lastimado, ¡pero yo me moría de vergüenza!

Con su modo acostumbrado, el Padre Arumí nos sacó de allí en otro taxi. Cuando llegamos al hotel, me dijo que no me preocupara en lo absoluto.

"Posiblemente el choque haya sido una bendición, porque con un poco de suerte, la aseguradora nos pagará lo suficiente como para arreglar el SEAT, tanto de adelante como de atrás" dijo.

Nos quedamos en el hotel hasta que arreglaron el auto. Mientras el Padre Arumí se encargaba de sus asuntos, me dio algunas pesetas y me dijo que saliera a conocer Madrid.

"No deje de visitar el Museo del prado y el Palacio Municipal" me recomendó.

Madrid era la ciudad más hermosa que había visto hasta ese momento. Volví a ella con frecuencia, siempre cuidando de evitar la sangría cuando tenía que conducir.

En otro viaje, el Padre Arumí, como de costumbre, tenía mucha prisa.

"Padre, necesito ir al baño" dije yo. "¿Podemos hacer una parada rápida en el camino?"

"No, vaya al baño después de dejarme".

Cuando estacioné el auto, mi vejiga estaba a punto de reventar. Al otro lado de la calle había un magnífico hotel de primera clase, con todo y portero, con chistera y chaqueta roja con botones dorados.

"Disculpe, Señor" le pregunté, acercándome. "¿Hay aquí un baño que pueda usar?"

El pomposo portero sin duda entendió perfectamente lo que yo quería, ya que saltaba de un pie a otro tratando de contenerme. Pero un cura en sotana era un blanco irresistible para el humor anticlerical.

"¿Qué tipo de baño desea, Padre? Tenemos baños de vapor, saunas, bañeras comunes y hasta un baño turco".

Lo más dignamente que pude, según se espera de un sacerdote, le dije que necesitaba mear urgentemente, y que lo único que deseaba era el receptáculo más cercano que hubiera disponible.

"Ah, ya veo. ¿Usted desea un water closet?"

Pronunció "Vater closet" y me indicó el camino hacia el excusado. Cuando terminé, vi el papel higiénico del hotel. En mi vida había visto un papel higiénico tan suave y delicado. Puse algunos trozos en el bolsillo de mi sotana. En la ruta de Madrid a Salamanca no había muchos baños, y podría resultar útil. Y además, me moría por mostrárselo a los Hermanos en Salamanca, que probablemente jamás habían visto algo así.

Pasó la Navidad. Yo no disfrutaba de la rutina cotidiana del juniorado. No me interesaban demasiado las clases de griego y latín, pero sí me gustaba Literatura Española y nuestro excéntrico profesor de español. El edificio estaba siempre frío; nos contaron que, al construirlo, no había alcanzado el dinero para instalar el agua caliente, por lo que el día empezaba con una ducha helada.

El diminuto Padre Javier García era el decano de estudios. Su responsabilidad consistía en asegurarse de que aprovecháramos al máximo nuestras lecciones, y era comprensivo y amable. Encontré las novelas de Antoine de Saint Exupéry en la pequeña biblioteca y, para mi sorpresa, el Padre Javier me alentó a leerlas. Saint Exupéry era un escritor y piloto francés. Yo adoraba sus historias de aviadores aventureros y apasionados que volaban sobre los Andes en Sudamérica.

Saint Exupéry desapareció el 31 de julio de 1944, durante un vuelo nocturno para recoger información sobre la posición de las tropas alemanas. Su breve libro *"El Principito"* me fascinó. Lo he releído muchísimas veces desde entonces, y lo recomiendo con frecuencia.

Llegué a respetar al Padre Javier García por su dedicación, su lealtad al Padre Maciel y su amor al estudio. Por sobre todas las cosas, parecía feliz de ser un sacerdote Legionario. Había leído mucho y tenía una mentalidad abierta. Me ayudó a adaptarme a la cultura española y a los Hermanos que venían de la escuela apostólica, a quienes yo consideraba cerrados e inmaduros. Javier era bajo; como lo hubiera hecho un verdadero hermano mayor, me dio muchos consejos prácticos con respecto a la etiqueta española (¡incluso me hizo descubrir el desodorante "roll-on"!). Más tarde volví a encontrarme con él en Roma, y cuando finalmente dejé la Legión, fue él quien estuvo a cargo de tramitar la dispensa de mis votos religiosos y mi proceso de laicización.

En el otoño de mi año de juniorado, el Padre Arumí me dió una tarea diferente como chofer. Cada año, dos Legionarios partían a reclutar candidatos para la escuela apostólica de Ontaneda; es decir, encontrar muchachos jóvenes, de unos trece años a catorce años, que estuvieran dispuestos a considerar la posibilidad de estudiar para ser sacerdotes de la Legión. En Irlanda yo jamás había oído hablar de "seminarios menores", pero para ese momento ya sabía que eran muy comunes en España, Italia y México. En la Legión los llamábamos "Escuelas Apostólicas". De hecho, la primera institución fundada por el Padre Maciel fue la Escuela Apostólica de la Inmaculada Concepción, en Cotija de la Paz, su pueblo natal. Además de la de Ontaneda, la Legión tenían otra Escuela Apostólica en Tlalpan, Ciudad de México.

Me designaron chofer de los dos reclutadores. Esto me mantendría en la ruta durante unos tres meses, y yo debería proseguir mis estudios como mejor pudiera. Mis colegas para la tarea serían Juan José Vaca, quien todavía no había sido ordenado, y un sacerdote mexicano, el Padre Ángel de la Torre.

"Únete a la Legión y conoce el mundo" me empezaba a sonar como un buen slogan. La idea de pasar tres meses fuera de la vida aislada del juniorado me parecía muy emocionante. Tendría la oportunidad de conocer mejor a mis compañeros y a las familias españolas; me sentí bien con mi vocación.

El SEAT negro había sido totalmente renovado después de mi pequeño incidente con la sangría, y lo usaríamos para viajar al noreste de España. Durante los tres meses siguientes, Juan José Vaca, Ángel de la Torre y yo llegamos a conocernos muy bien, mientras viajábamos de un pueblo a otro en busca de reclutas.

Ángel era delgadísimo, hablaba nerviosamente, era severo a la manera de un monje y estaba evidentemente orgulloso de ser sacerdote. Juan José siguió demostrando el savoir-faire que yo había apreciado en Roma. Era intenso y taciturno, y prefería reservarse lo que pensaba. Cuando era necesario, tenía la sonrisa lista como un vendedor profesional; era bueno en su trabajo.

De vez en cuando dejaba ver lo molesto que estaba con el Padre Maciel por no permitirle pasar más tiempo con su familia. Como yo, los extrañaba mucho. Aunque era siempre jovial y eficiente, Juan José, a diferencia de Ángel, nunca me dio la impresión de ser realmente feliz.

Como contábamos con un presupuesto limitado, nos hospedábamos con familias que conocía Juan José, por lo general padres de alumnos de la Escuela Apostólica. Juan José estaba a cargo del dinero y de todo lo demás, aunque creo que el Padre Ángel era el de más autoridad. Aunque era agradable, Ángel era tan nervioso que su compañía resultaba agotadora. No era un líder en el sentido de hacerse cargo inmediatamente de las situaciones, y era fanático de las reglas.

Aceptábamos comida y alojamiento de quien quisiera proporcionarlos. Las estadías de hotel fueron pocas y espaciadas. Pasamos algún tiempo en Burgos, donde disfruté de muchas comidas agradables con la familia del Padre Gregorio López. Gregorio era uno de los primeros sacerdotes Legionarios y gran impulsor de las escuelas Legionarias en México.

En Torrelavega estuve algún tiempo con la familia de Juan Manuel Fernández Amenábar, un sacerdote sumamente amigable y dotado, quien luego sería mi superior en el Instituto Irlandés de México y tendría una influencia capital en mi búsqueda de sentido. Más adelante descubrí que Gregorio y Juan Manuel eran grandes amigos, al menos en la medida en que los Legionarios *podían* ser amigos, ya que las amistades personales de cualquier tipo iban contra nuestras reglas.

Recuerdo que la madre de Juan Manuel se quejó amargamente de que él nunca le escribía.

"Se fue de casa para unirse a la Legión cuando tenía diez años" me dijo. "Nunca me escribe".

Durante mis visitas, noté que esta falta de comunicación de su hijo hacía que estuviera resentida contra la Legión. Le prometí que le diría a Juan Manuel, y pude cumplir con mi promesa cuando me encontré con él en México menos de un año después.

También me hospedé con la familia del Padre Carlos Zancajo, un sacerdote extraordinario que también sería mi superior en México más adelante. Las conexiones que pude hacer con las familias de los Legionarios y otros amigos y colaboradores de la Congregación, me resultaron muy útiles con mis compañeros cuando empecé mi trabajo como sacerdote, ya que sentíamos que teníamos un lazo familiar y algo en común más allá de nuestra pertenencia a la Legión.

La experiencia y enseñanzas que obtuve visitando todos esos pueblos y aldeas de España también me ayudó a relacionarme con los ricos expatriados españoles que conocería más tarde, muchos de ellos importantes colaboradores y benefactores del Padre Maciel. En México hay una gran cantidad de españoles nacidos en España, que encontraron refugio en el anterior territorio colonial después de la guerra civil española.

⸺⸱⸺

Aunque en aquel momento mi interacción directa con el Padre Maciel era bastante limitada, yo estaba aprendiendo la importancia de establecer contactos (una de mis aptitudes más sobresalientes) y también aprendía a pensar como un Fundador. Los fundadores y los empresarios tienen mucho en común. Yo estaba siempre en busca de personas que nos ayudaran a promover a la Congregación, para así, en nombre de ellos, dedicarnos a salvar al mundo.

A modo de ejemplo: aunque yo apenas contaba con 21 años, tuve la oportunidad de conocer a Don Emilio Botín, del Banco de Santander. Su padre y su abuelo eran legendarios banqueros españoles. Para dar una idea de la importancia de este contacto, en 1986, a los 52 años, Don Emilo se convirtió en Presidente del banco. Como buen líder que era, empezó a tomar decisiones audaces, que sacudieron al sobrio entorno bancario español. Su enfoque agresivo molestaba a la vieja guardia de la banca, habituada más bien a los caballerescos almuerzos de negocios. A medida que España se unía a Europa, él se dio cuenta de que los viejos métodos no iban a ser eficaces. El Banco de Santander se unió, o compró, otros bancos importantes, y hoy en día es el noveno banco más grande del mundo. En 2007, Emilio Botín hijo ocupaba el puesto 451 de la lista Forbes de las personas más ricas del mundo, con un capital neto de $17.000 millones.

No sé si hoy Don Emilio Botín apoya a la Legión. Pero a principios de la década de 1960, el Padre Maciel empezaba a entrenar a sus reclutas para plantar las semillas de futuras recolecciones de fondos. Era evidente que el entusiasmo del Padre Maciel atraía a las personas de negocios importantes. Al observarlo y ser partícipe de su inagotable pasión, yo y muchos de mis colegas adquirimos habilidades que nos resultarían muy valiosas durante toda la vida.

Aunque me perdí algunas materias de humanidades clásicas en el juniorado de Salamanca, mis viajes por España me permitieron desarrollar un aprecio duradero por el idioma, la cultura, la geografía, la gente y el alma de España. Descubrí que los españoles son muy vitales, y disfruté mucho de sus acaloradas discusiones sobre política, deportes y religión. En España, donde estaba permitido sentir entusiasmo por las propias creencias, me sentía en casa.

❧

Ni Ángel ni Juan José sabían conducir, por lo que mi rol era de chofer, piloto y, si era necesario, mecánico.

Cada familia española que conocíamos quería que probáramos su vino casero. Este tipo de vinos es invariablemente tinto, robusto, "con sangre de toros", como afirmaban con orgullo. También se me asignó el rol de encargado de la cata de vinos. La mayoría de las veces, mis dos compañeros no participaban de la ceremonia. Con frecuencia, después de una comida abundante, estacionaba a la sombra de un árbol al costado del camino y los tres dormíamos una siesta. En una remota aldea de Castilla, el lugar natal del Padre Carlos Zancajo, quien, como dije antes, más tarde sería mi superior, yo fui el primer extranjero que veían los lugareños. Desde ya, mis hermanos mexicanos también eran extranjeros, pero yo era alto y rubio, y por lo tanto, mucho más exótico.

El Padre Zancajo, oriundo de Horcajo de las Torres, un pueblito polvoriento en medio de Castilla, había sido reclutado antes de mi época. Conocí a su familia y me conmovió el orgullo que sentían por su hijo, el Legionario.

Carlos Zancajo era por cierto in individuo extraordinario. Era casi totalmente sordo de ambos oídos y padecía de un pronunciado tartamudeo. En un principio, lo reclutaron y luego lo devolvieron a su casa, por considerarlo poco apto para la vida Legionaria. Carlos insistió, volvió a intentarlo y tuvo éxito. La primera vez que lo conocí, en Roma, casi no tartamudeaba; lo había logrado a costa de incontables horas solo en la azotea del colegio, practicando patrones de habla. Usaba un audífono en el oído que conservaba algo de capacidad auditiva.

Carlos era poseedor de una gran inteligencia, y se transformó en uno de los sacerdotes más maduros, amables, sabios y compasivos que yo haya conocido. Es uno de los mejores superiores que tuve durante mi vida religiosa.

En otro pueblo pequeño nos recibieron con gran consternación. A medida que nos acercábamos a la casa parroquial, vimos al sacerdote en la calle con un grupo de gente. Cuando el sacerdote, a quien yo jamás había visto, nos vio acercarnos con nuestras largas sotanas negras, nos salió al encuentro con grandes zancadas. A duras penas pudo reunir la compostura suficiente para contarnos que acababa de volver de la casa de su padre, donde había tenido que hacerse cargo de la horrible tarea de descolgar el cuerpo de su padre ahorcado. Los ojos del sacerdote estaban rojos e hinchados; no sé por qué me eligió a mí, pero de pronto se echó a mis brazos y sollozó incontrolablemente, durante lo que me pareció una eternidad.

Todavía quedaba una buena cantidad de anticlericalismo en la España post-franquista. El trauma del suicidio de su padre lo perseguiría por mucho tiempo; los maliciosos rumores anticlericales en el pueblo no lo dejarían olvidar. Nos contó que tendría que marcharse del pueblo. Lo consolamos cuanto pudimos, y después proseguimos con nuestra tarea. Yo estaba tan conmocionado por esta experiencia, que me costó dormir aquella noche.

⸺⸰⸰⸰⸺

Algunas familias se mostraban más deseosas que otras de ofrecer a sus niños al seminario. Sabían que al menos su hijo recibiría una buena educación, que de otra manera ellos no podían pagar, en especial si había muchas bocas que alimentar. El trabajo del reclutador consistía en adivinar sus verdaderas intenciones.

Otras familias necesitaban más persuasión. No es fácil enviar al propio hijo a un seminario menor.

"¿Y cuándo podré verlo?" preguntaban las madres. "¿Con qué frecuencia podrá volver a casa?"

Para muchos de ellos, los viajes largos estaban fuera de toda posibilidad. En su mayoría eran pueblerinos pobres. Aprendí a amar la personalidad española: fuerte, directa y al grano, con un magnífico sentido del humor y sin andarse por las ramas.

"¿Cómo es la escuela apostólica?" preguntaban. Ése era el pie para Juan José, que les mostraba las fotos del Centro Cultural Interamericano, ¡las mismas que el Padre Maciel nos había enseñado en el noviciado, cuando vino de visita a Dublín!

La "Escuela Apostólica" de Ontaneda era un antiguo hotel, con piscina alimentada con agua caliente y sulfurosa, que olía a huevos podridos. En sus buenos tiempos, había sido un prestigioso spa, famoso por las cualidades sanadoras del agua. Las habitaciones eran apenas aceptables para un internado, y no tenía nada del ostentoso lujo del Centro Cultural Interamericano.

Muchas familias pobres se convencían de enviar a su hijo a probar su vocación en Ontaneda, pensando que se hospedaría en una lujosa villa de un elegante suburbio de Ciudad de México, a 2.500 millas de distancia. Recuerdo que el Padre Ángel reprobaba la táctica del Padre Vaca, pero no era un líder fuerte. El Padre Vaca insistía: "Para salvar almas en América Latina, necesitamos todas las vocaciones Legionarias que podamos reclutar".

El reclutamiento era un imperativo clave para la mayoría de los Legionarios. Éramos juzgados en base a nuestra habilidad a este respecto. Siempre que tenía oportunidad, yo les aclaraba a los padres que las fotografías eran meramente "representativas". Siempre trataba de tener un momento a solas con los padres antes de partir, porque si les hubiera dicho esto delante de Juan José, habría dado a entender que él les había mentido.

⸎

Antes de volver a Salamanca, paramos en Ontaneda. La escuela apostólica era una atareada colmena de muchachos apostólicos con pulóveres rojos y pantalones grises corriendo de una clase a otra. Como de costumbre, disfruté de mi café con leche cremosa que tenía asociada con el desayuno en la escuela.

Un Legionario español, el Padre Blásquez, estaba realizando su práctica apostólica en Ontaneda. Él y otros nos acompañaron a desayunar. Aparentemente, Blásquez dirigía la cocina, una zona generalmente prohibida a los Hermanos Legionarios, a menos que estuvieran a cargo de un puesto en ella. Nos explicó que era el día libre del cocinero y que él prepararía las comidas. Blásquez tenía una peculiar relación de amor-odio con un enorme gato blanco y negro.

Después del desayuno, dediqué algo de tiempo al estudio y a preparar el auto para el largo viaje de regreso a Salamanca. Como yo estaba de viaje y no formaba parte de la comunidad de la Escuela Apostólica, no estaba obligado a ceñirme a horarios rígidos. Los que estábamos de paso cenaríamos después de que los niños se hubieran retirado del refectorio.

El Padre Blásquez nos esperó y dijo: "¡Qué sorpresa los espera!"

"¿Ah sí?" dije yo. Recordé que la última vez que me habían prometido una sorpresa gastronómica, había chocado el auto en Madrid.

"Hice la cena yo mismo" respondió. "Usted siempre habla de lo buena que es la comida irlandesa, así que le preparé algo especial". Esto era muy bondadoso de su parte, y me sentí conmovido.

Después de disfrutar de un guiso con carne, condimentado con hojas de laurel, yo estaba listo para el café y tal vez algún postre, cuando él me dijo que acabábamos de comernos al gato que habíamos visto esa mañana.

Inmediatamente pensé en el amigo de mi padre, el médico misionero de África, y la historia del criado que le había servido al perro para la cena. Ahora que ha transcurrido tanto tiempo, debo decir que el gato no tenía mal sabor. Durante la Guerra Civil, la gente, muerta de hambre y sin fuentes de proteína a disposición, con frecuencia debía conformarse con la carne de gato. Sin embargo, desde ese momento ya no le caigo bien a los gatos. Tal vez, con su intuición felina, saben que me comí a uno de sus parientes lejanos del norte de España.

※

En el otoño de 1965, el reluciente Mercedes Benz vino desde Roma a llevarnos, Juniors recién graduados, de España al Collegio Massimo para la siguiente etapa de nuestra formación: la filosofía.

El legendario chofer de la Legión, el P. Tarsicio Samaniego, conducía el autobús. Era un mexicano bajito y divertido, con un rápido sentido del humor y una gran afición a las bromas pesadas. El viaje a Roma fue una experiencia fabulosa. Condujimos por interminables autopistas, vimos paisajes maravillosos y nos hospedamos en seminarios que nos alojaban a bajo precio, o directamente gratis. Conocí los diferentes aromas de España, Francia e Italia. La diferencia de aroma es muy perceptible de un país a otro. Robábamos uvas en los viñedos franceses y dormíamos en el autobús cuando nos fallaba la logística del alojamiento en un seminario; una noche alquilamos habitaciones en un hotel y las llenamos a hurtadillas con ocho hermanos por habitación. El gerente no sospechaba siquiera que los amables "Hermanos" eran en realidad 40, que dormirían en cinco habitaciones y usarían las cortinas como sábanas.

Cuando no usábamos la sotana, los Legionarios nos poníamos guardapolvos blancos, como los médicos o los farmacéuticos; esta prenda era el vestuario informal de los estudiantes Legionarios en la década de 1960. En Irlanda, cuando éramos novicios, los usábamos para jugar al fútbol, en lugar de las camisetas y los pantalones cortos.

Yo me sentía avergonzado y ridículo. Expresé mi descontento ante mi "ángel" del noviciado, el Padre John Walsh.

"Hermano Keogh" me dijo él "tal vez se sorprenda, pero el guardapolvos es más cómodo que la camiseta y el pantalón corto. ¡Yo lo prefiero!"

Yo no comprendía por qué una bata blanca, usada encima de la camisa y los pantalones largos, iba a ser más cómodo. En España descubrí el verdadero origen de los guardapolvos blancos, cuando vi a los estudiantes de los seminarios diocesanos jugando al fútbol ¡con la sotana puesta!

Los pantalones cortos eran considerados inadecuados para los sacerdotes. Incluso habían acusado al Padre Maciel de demasiado liberal por permitir que los seminaristas usaran el ligero guardapolvo. Varios años después, pasamos a usar ropa más informal, jugando con pantalones cortos y camisetas. Pero al cruzar la frontera española en aquel viaje en autobús, los guardas nos preguntaron con sarcasmo: "¿Qué, van a una convención de farmacéuticos?" Tarsicio, el conductor, dio una de sus respuestas ingeniosas, pero yo odiaba el guardapolvo blanco.

La Autostrada del Sole, una magnífica carretera de alta velocidad que ahora llega hasta el centro de Italia, no estaba terminada en aquel entonces, así que tomamos la pintoresca ruta costera, pasando por Mónaco, donde estacionamos frente al casino de Monte Carlo. De allí continuamos hacia el sur por la costa oeste de Italia, en dirección a Roma. Me alegré al volver al número 677 de vía Aurelia, que sería mi hogar durante los siguientes seis años. ¡O al menos así lo creía yo!

MÉXICO: AUTOS VELOCES Y TRAJES ELEGANTES

Junto con el resto de mi clase, comencé los estudios de filosofía en la Universidad Pontificia Gregoriana, sucesora del Colegio Romano fundado por San Ignacio de Loyola hace más de 450 años. La Universidad Gregoriana es una de las más antiguas del mundo, y fue la primera universidad jesuita.

Hoy en día tiene facultades e institutos de distintas disciplinas humanísticas y cuenta con uno de los departamentos de teología más grandes del mundo. La universidad tiene unos 3.000 estudiantes de más de 130 países, en su mayoría sacerdotes, seminaristas y miembros de órdenes religiosas, y la mayor parte de los profesores son Jesuitas. Desde el Concilio Vaticano II hay una mayor presencia de laicos, tanto en el cuerpo académico como entre los estudiantes. Como "universidad pontificia", la Santa Sede autoriza sus programas y los títulos que otorga tienen pleno efecto según el derecho canónico.

En el Collegio Massimo hablábamos latín en las horas de silencio relativo. No era tan difícil como suena. Para ese entonces yo hablaba español con fluidez y mejoraba rápidamente en italiano; ambos idiomas derivan del latín. Además, yo había estudiado latín en la escuela en Irlanda y durante el juniorado en Salamanca.

Mi primera clase fue la de Lógica, impartida por el Reverendo Padre Morandini en latín, la lengua de la filosofía. Al comenzar, yo supuse que si podía pedir un tubo de pasta dental en latín, aprender lógica en ese idioma sería pan comido. Menos de dos meses después, no sólo estaba seguro de que reprobaría Lógica, sino todas las demás materias. La palabra "pánico" es la que mejor describe mi estado de entonces. Las clases en latín me resultaban muy difíciles, y empecé a pensar que no tenía futuro académico.

—⁂—

El martes 14 de diciembre de 1965, al salir de la capilla después de la misa matutina, se me acercó uno de los hermanos.

"Discúlpeme Hermano" susurró, "Nuestro Padre desea verlo en su habitación".

"¿Ahora?" pregunté yo.

"Sí, Hermano, ahora" respondió.

"Perderé el autobús a las clases" protesté.

"Eso no importa, Hermano. Nuestro Padre necesita hablar con usted".

El corazón me latía muy rápido mientras me apresuraba a subir las escaleras hacia la pequeña habitación del Fundador en el tercer piso. Todavía era una figura enigmática para mí, y yo me sentía bastante inquieto.

"¿Qué querrá de mí?" me pregunté.

"¿Estaré en problemas?" Esta inquietud sería lo normal en casi todas mis futuras entrevistas con Maciel. Creo que él disfrutaba al generar esta sensación.

Su habitación era del mismo tamaño que todas las demás en el colegio; la mesa y las sillas eran las mismas. No necesitaba demasiado, ya que la mayor parte del tiempo se hospedaba en un hotel. En esta ocasión, estaba solo, vestido con una sotana, y me saludó con calidez. Al mismo tiempo, sentí que me estaba evaluando, tratando de hacer coincidir lo que sabía de mí con la persona que tenía enfrente. Me invitó a sentarme en la única silla disponible.

"Hermano Keogh, quiero hacerle una pregunta" me dijo. "¿Cuál es su grado de devoción a la Virgen María?"

"La amo" respondí. "Hago todo lo posible por mejorar mi relación con ella".

Ésta era la verdad. Después de todo, ella me había dado señales claras de mi vocación cada vez que le había suplicado que intercediera por mí ante su Hijo para que me designaran chofer de la comunidad.

"Y dígame, ¿cómo es su relación personal con Jesucristo?"

"Creo que es buena, Nuestro Padre".

"¿Le gustaría ir a México?" me preguntó.

"Yo… espero estar preparado cuando llegue el momento" respondí, algo sorprendido.

"Bien, Hermano Keogh" dijo "prepare lo que necesite. Puede hablar con el Padre Javier Orozco, él lo ayudará".

"Gracias, Nuestro Padre. ¿Cuándo debo partir?"

"Pasado mañana" replicó. "Usted, el hermano John Walsh y yo. Vamos a abrir una nueva escuela en Ciudad de México. Que Dios lo bendiga".

La entrevista había terminado. Fuera de su habitación, los Hermanos se apresuraban para tomar el autobús a la universidad. Aturdido, bajé al comedor para desayunar. El Padre Dueñas, nuestro Rector, estaba comiendo con sus colegas.

"¡Me voy a México!" le dije.

"Sí" dijo él "lo sé".

El Padre Javier Orozco estaba a cargo de la administración de nuestra ropa y suministros. Yo necesitaba con urgencia un nuevo par de zapatos negros para mis enormes pies, pero el único par que quedaba era de cuero rígido, un número menos que el mío. Mis pies nunca se recuperaron por completo.

Al día siguiente conduje hasta la casa del Embajador mexicano con el Hermano John Walsh, mi anterior "ángel" en el noviciado. El Embajador abrió la puerta él mismo, en pijamas.

"¿Qué puedo hacer por ustedes?" nos preguntó cortésmente.

"Necesitamos una visa para México. Partimos mañana".

Nos dio un breve discurso en el que expresaba su malestar por nuestra actitud poco ortodoxa para con su embajada, pero salimos de allí con nuestras visas.

El jueves por la mañana el Padre Tarsicio Samaniego nos condujo al aeropuerto en el Citroen negro de Nuestro Padre. El Padre Maciel iba adelante, y John Walsh, Salvador Maciel (un estudiante de teología que iba a México a realizar su práctica apostólica) y yo nos sentamos atrás.

En el vuelo de TWA a Nueva York, el Padre Maciel viajó en clase Ambassador. Durante el vuelo vino a visitarnos varias veces. Walsh y yo pasamos por Migraciones a fuerza de elocuencia, y gracias a que el funcionario era un norteamericano de origen irlandés. No teníamos las visas requeridas para entrar en los EE.UU. y pasar la noche en Nueva York, pero al ver nuestros billetes de partida para el día siguiente, y con un poco de persuasión por parte del Padre Maciel (que aparentemente sí tenía la visa en regla), el funcionario nos permitió el ingreso al país. Pero el Padre Salvador Maciel, sin mediación del Padre Maciel, tuvo que tomar el siguiente vuelo a México, solo.

———— ⬤ ————

El aeropuerto Kennedy de Nueva York era abrumador. Jamás había visto tantos maleteros y taxistas negros. Tomamos un taxi amarillo hasta el Hotel Waldorf Astoria, sobre Park Avenue. Hoy en día sigue siendo uno de los hoteles más elegantes de Nueva York. El Hermano John Walsh y yo, en nuestros trajes negros y alzacuellos, quedamos impresionados con tanta riqueza. El personal norteamericano nos trató muy respetuosamente, como convenía a nuestra calidad de "sacerdotes", lo que me resultó extraño pero muy gratificante. Aunque yo sólo tenía veinte años, y John Walsh tendría veintidós, parecíamos sacerdotes. Compartíamos una habitación, mientras que Nuestro Padre tenía una habitación propia en otro piso.

Poco después de llegar, sonó el teléfono en la habitación. Como en su ciudad natal, New Ross, no había demasiados teléfonos, John Walsh no se sentía muy cómodo con ellos; de manera que respondí yo.

"¿Hola?"

"¿Hermano Keogh?"

"Sí, Nuestro Padre".

"Hágame un favor" me dijo. "Cómpreme unas nueces de la India y tráigamelas a mi habitación".

Bajé al lobby con el ascensor y me dirigí hacia el norte por Park Avenue, en busca de "nueces de la India", de las que jamás había oído hablar. Buscando en vano en la ventosa garganta creada por los rascacielos, empecé a sentir claustrofobia y encierro. No estaba vestido para el frío. Los Legionarios sólo usábamos una camiseta de algodón blanca debajo de la chaqueta y una "pechera" negra de 18 pulgadas de poliéster tejido con un "cuello confort (romano)". Este atuendo era más económico que las camisas, y probablemente estaba relacionado con el voto de pobreza y con poseer sólo lo esencial."Para dar la impresión de que usábamos una camisa, nos poníamos medias mangas, sostenidas por encima del codo con un elástico y que terminaban en puños dobles (franceses) y mancuernas.

Después de caminar un rato, estaba helado. Por primera vez en mi vida experimenté el frío de verdad, el tipo de frío que puede matar si uno se queda afuera demasiado tiempo sin ropa apropiada.

Caminé varias calles por Park Avenue y tomé varias laterales, pero no encontré las nueces de la India y volví al hotel, desanimado. Subí a la habitación de Nuestro Padre, donde encontré a John Walsh arrodillado junto a su cama. El Padre Maciel se sentía muy mal, por lo que no se habló más de las nueces. Me sentí aliviado. Años más tarde, le pregunté por las nueces. ¡Me dijo que los vendían en la tienda de regalos del lobby del hotel! Nos reímos mucho de mi caminata por Park Avenue en el viento helado. En los Estados Unidos, los llaman "walnuts".

Al día siguiente partimos hacia Ciudad de México en un vuelo de Air France. El Padre Maciel viajaba en primera clase, John Walsh y yo en clase turista. Pero yo no me quejaba.

⚬⚬⚬

La Ciudad de México es una de las ciudades más grandes del mundo. La vista desde el avión era increíble. Jamás había imaginado una ciudad tan inmensa. El aeropuerto parecía asombrosamente cercano al centro urbano cuando aterrizamos. Cuando acercaron las escaleras portátiles a la puerta del avión para desembarcar, me di cuenta de que éste era un momento histórico: ¡John Walsh o yo seríamos el primer Legionario irlandés en México! Evidentemente, no pensaba compartir esta idea con él. Cuando llegó el momento, salté por la escalera y con entusiasmo declaré ser el primer Legionario de Cristo irlandés en pisar suelo mexicano. A John Walsh nunca le causó gracia que yo le recordara esto periódicamente, al compartir mi "salto a la fama" con cualquiera que estuviera interesado. La fecha: 18 de diciembre de 1965. El 21 de marzo siguiente yo cumplía 21 años.

Mi maleta había desaparecido. Completé los formularios correspondientes de Air France y el empleado me aseguró que enviarían la maleta a mi dirección en la Ciudad de México. Como yo no tenía idea de cuál sería esa dirección, le pedí al Padre Maciel que hablara con el departamento de equipaje extraviado. De alguna manera yo sabía que si él se encargaba del asunto, todo saldría bien. Él tenía este tipo de situaciones bajo control; era un viajero sofisticado y con experiencia, e irradiaba una autoridad implícita. Me sugirió que en el reclamo declarara que en mi maleta había un par de chaquetas de gamuza y una cámara.

"De esta forma" explicó "si la maleta no aparece, recibirá una mayor compensación".

Al salir de la Aduana, nos recibió el Padre Juan Manuel Fernández Amenábar. Llevaba un traje gris cruzado, camisa blanca, corbata negra y zapatos negros. Las costuras de las solapas dejaban ver que el traje estaba hecho a medida, con cachemira de primera calidad. Juan Manuel estuvo encantador, saludó afectuosamente a Nuestro Padre y claramente estaba feliz de conocernos. Nuestro Padre nos presentó como los "primeros Legionarios irlandeses". Nos abrazamos a la manera de los Legionarios, y luego nos dimos la mano.

"Conocí a su madre y a sus primos en Torrelavega, hace tres meses" le dije.

Sonrió y dijo: "Me alegro mucho".

Su cabello ensortijado, corto y castaño enmarcaba su rostro redondeado; tenía ojos azules. El Padre Maciel observaba nuestra interacción y parecía disfrutar del momento. Me di cuenta de que presentarnos al Padre Juan Manuel era importante para él.

"Nuestro Padre" dijo Juan Manuel "paremos a tomar un licuado en Tlalpan de camino a Cuernavaca. Así damos la bienvenida a México a los Hermanos".

Nos condujo hasta un lujoso sedán negro norteamericano. "Cuidé bien de su auto, Nuestro Padre" aclaró.

El chofer que hay en mí supo apreciar el excelente encerado del auto y el inmaculado interior. Me fijé en la marca: era un Dodge Coronet.

Al igual que el Fundador, Juan Manuel irradiaba entusiasmo y confianza en sí mismo. Conducía rápido. Yo estaba atento a los detalles: cambios automáticos, frenos de potencia, poco ruido en la cabina. Íbamos a un lugar llamado Cuernavaca, a unos 90 minutos en auto desde el aeropuerto.

"Cuernavaca es la tierra de la eterna primavera" explicó Nuestro Padre. "Jamás llueve durante el día, sólo de noche. Está a mucha menos altura que Ciudad de México. Un par de días allí los ayudarán a aclimatarse en México".

Juan Manuel hablaba sin parar. Le dijo algo a Nuestro Padre sobre haber hecho "todos los arreglos con la Sra. Galas para enviar la comida a Cuernavaca". John Walsh estaba callado. Tal vez se sentía algo abrumado. Juan Manuel dijo que nos hospedaríamos en la casa que la Sra. Galas había puesto a disposición de Nuestro Padre.

"Cuando lleguemos ahí pueden nadar en la piscina si quieren" agregó. "El agua no estará fría y los refrescará después del largo viaje".

Instintivamente Juan Manuel me cayó bien desde el primer momento; era cálido, amistoso y "normal". Irradiaba alegría y entusiasmo, y era más abierto, acogedor y relajado que cualquier otro Legionario que yo haya conocido.

※

Aunque ya estaba oscuro, Walsh y yo nos dimos un chapuzón rápido en la piscina profunda e iluminada mientras Juan Manuel ayudaba a Nuestro Padre a instalarse. Llegó otro auto; el chofer descargó una hielera y varias cajas de comida, y partió silenciosamente.

Como se había extraviado mi equipaje, no tenía nada que desempacar. Me puse mis pantalones negros y camiseta blanca (la única ropa que tenía además del alzacuello y la chaqueta) y me dirigí al comedor. Había una mesa puesta para cuatro. Al ver la jarra de agua helada sentí mucha sed y bebí dos vasos. Juan Manuel llegó vestido con pantalones informales y una camisa de manga corta llamada "guayabera".

"Estas camisas son típicas de Yucatán" me dijo. "Son muy frescas".

Sentí alivio al enterarme de que no tendría que usar el guardapolvo blanco, que se había extraviado junto con mi equipaje.

Llegaron John Walsh y Nuestro Padre y nos sentamos a comer.

"Por cierto" dijo Juan Manuel "no beban el agua. Tienen que habituarse primero. Si la beben ahora, les dará lo que llamamos la 'venganza de Moctezuma': diarrea".

"Dios mío" exclamé "acabo de beber media jarra".

En el rostro de John Walsh vi más desaprobación por mi ignorancia que compasión por mi posible apremio. Podía oír lo que pensaba: "Has roto la regla y no has pedido permiso para beber el agua".

"No te preocupes, estarás bien" dijo Nuestro Padre. "La Sra. Galas me cuida muy bien. No creo que el agua te haga mal". Tenía razón. La comida fue la mejor que había comido en mucho tiempo, y dormí como un bebé esa noche.

Me desperté con el canto de las aves y el sol entrando por la ventana. Como no tenía reloj, no tenía idea de la hora. Sabía que era tarde porque oía que en la cocina estaban preparando la comida. Me vestí y salí al jardín, donde encontré a John Walsh caminando con los brazos cruzados sobre el pecho. Me dio a entender que casi había terminado con su hora de meditación privada, y esto me hizo sobresaltarme al darme cuenta de que la noche anterior me había acostado sin decir las plegarias nocturnas, sin rezar el Rosario y sin la media hora de lecturas espirituales. Pero rápidamente lo olvidé, gracias a la belleza del jardín que veía por primera vez.

El césped se sentía como una alfombra bajo los pies. Las hojas del pasto eran gruesas, ásperas y muy densas; nunca había visto un césped así. Pensé que sería fantástico para una cancha de fútbol. Las paredes estaban tapizadas con una enredadera de flores púrpuras llamada Buganvilia. El nombre proviene del Almirante Louis Antoine de Bougainville, el primer francés que navegó alrededor del mundo. Él descubrió esta planta en su largo viaje hacia el Océano Pacífico, y fue el aspecto botánico más interesante de la travesía. Había muchas otras plantas y arbustos, por lo que el jardín daba una sensación tropical. El agua de la piscina ovalada reflejaba el sol de la mañana, danzando sobre las paredes blancas de la casa. El aire era cálido y húmedo.

Juan Manuel nos llamó a desayunar con Nuestro Padre, por lo que no tuve tiempo para la meditación ni las oraciones de la mañana. Por primera vez me di cuenta de que el Padre Maciel parecía no observar la rutina de plegarias que seguíamos todos los Legionarios. Tampoco celebró la misa. En ese momento no me pareció muy importante; supuse que tenía asuntos más urgentes. Después de todo, él era el Fundador.

Durante el largo fin de semana en Cuernavaca, me enteré de que Juan Manuel sería el primer Director de la escuela en la que habíamos venido a trabajar. Sería nuestro superior religioso, puesto que ocupaba por primera vez.

La escuela se llamaría "Instituto Irlandés". Yo sería el Decano de Disciplina de la escuela primaria, y en algunas semanas llegaría David Hennessey para ocupar el cargo de Decano de Estudios. Desde el noviciado, cuando David y yo nos habíamos despedido del lápiz labial de su novia y de mi foto de Patricia, disfrutaba de su compañía. No era excesivamente piadoso y tenía una personalidad muy particular. John Walsh se desempeñaría como Director de Primaria. La escuela comenzaría a funcionar a principios de febrero. Las escuelas mexicanas tenían vacaciones en diciembre, durante el verano austral, una vez terminada la temporada de lluvias. Hasta entonces, pasaríamos la Navidad en Cotija, con nuestro Fundador, su familia y todos los Legionarios que trabajaban en México.

⁂

Ésta fue una grata sorpresa. Cotija es un pueblo pequeño en el estado de Michoacán. De camino, en un pueblo llamado Irapuato, nos detuvimos a disfrutar de las famosas fresas con crema en un puesto junto a la carretera. Cuando llegamos a Cotija, muchas horas y mucho polvo después, mi primera impresión mientras conducíamos por la calle principal fue la de los pueblos que había visto de niño en las películas de cowboys. Casas a ambos lados de una calle polvorienta, con muros de estuco y aceras con surcos. Unas pocas casas de dos pisos tenían pequeños balcones con rejas de hierro, pero la mayoría eran casas de una sola planta.

En la plaza de la Iglesia había mucha actividad, con los vendedores pregonando su mercadería. La Iglesia era grande en relación con el tamaño del pueblo, pensé. Era de estilo muy mexicano y colonial, con impresionante cúpula y campanario. Todos los hombres usaban sombreros de estilo vaquero, y la mayoría tenía bigotes. Las mujeres eran bajas, con cabello negro como la tinta peinado en trenzas. Se veían pobres y por sus rostros se podía adivinar su origen de indios americanos.

Pero antes de comenzar el largo trayecto a Cotija, nos detuvimos en la Ciudad de México. El Padre Maciel nos llevó a ver las instalaciones del nuevo Instituto Irlandés, que abriría en menos de 60 días. El sitio era un hervidero de actividad. Aparte del esqueleto de acero del edificio principal, que estaba casi terminado, todavía no se habían construido los demás edificios, incluidas las aulas. Los obreros cavaban zanjas y colocaban los cimientos. El Padre Maciel estaba furioso por las demoras en la construcción. Parecía imposible que la escuela fuera a estar lista para fines de enero. John Walsh y yo cambiamos una mirada de decepción e inquietud.

El Padre Maciel llamó al Padre Faustino Pardo, Rector de la Universidad Anahuac recientemente fundada, y al Padre Gregorio López, del Instituto Cumbres. También citó al arquitecto, el Sr. Acevedo. Cuando llegaron, tuvieron una improvisada reunión en la caseta de construcción. Allí pude ver un aspecto de la personalidad del Padre Maciel que no había visto antes, pero que volvería a ver muchas veces en el futuro.

No levantó la voz ni insultó a nadie. Simplemente aclaró, en un tono gélido, que más les valía a todos empezar a hacer las cosas bien. Sólo en su rostro podía verse la magnitud de su impaciencia y frustración. Su lenguaje corporal, la elección de palabras y el manejo de los sentimientos de los demás dejaban perfectamente claro que él era quien mandaba, y que el trabajo se terminaría a tiempo y según sus indicaciones. No estaba alentando a las tropas, que probablemente se sentían desanimadas por la falta de progreso, simplemente les estaba diciendo que terminaran el trabajo. Todos queríamos complacerlo, ésa era nuestra motivación. Sentí lástima del Padre Pardo y del Padre Gregorio, quienes tuvieron que soportar lo peor de su enojo. Aunque yo no los conocía, me pareció que merecían más respeto.

La reunión continuó fuera de la caseta y alrededor de la propiedad que sería el Instituto Irlandés. Yo estaba muy sorprendido ante la complacencia del Padre Pardo, un español corpulento que ya tenía una enorme cantidad de trabajo con la construcción de la universidad Anahuac. Se sentía mal por haber decepcionado al Padre Maciel. Seguramente habrá pensado que algunas de las demandas del Padre

Maciel eran poco razonables (y tenía razón). Sin embargo, su confianza en la visión del Padre Maciel ganó la partida, y el Padre Pardo terminó prometiendo milagros. Gregorio se comprometió a usar sus contactos para conseguir más equipos pesados. El arquitecto, un hombrecito bajo y regordete, de cara redonda, con corbata de pajarita, camisa blanca y puños franceses, más apropiados para una oficina del centro que para una obra en construcción llena de lodo, sería despedido a menos que lograra que la construcción se pusiera en marcha. Su tarea consistiría en reprender a los trabajadores, con palabras entremezcladas con insultos, como es, todavía hoy, la costumbre en las obras en construcción en México.

Al terminar la reunión, fuimos al cercano Instituto Cumbres, la primera escuela Legionaria, a encontrarnos con los Legionarios que allí trabajaban y que nos acompañarían a Cotija. Mientras conducíamos, en la privacidad del auto, vi que el Padre Maciel estaba muy disgustado por el retraso de la construcción. En el futuro tendría oportunidad de ver muchas veces este rasgo de su carácter: en público se mostraba reservado y discreto y tenía todo bajo control; en privado, daba rienda suelta a sus verdaderos sentimientos. En estas ocasiones, era siempre mejor quedarse callado. Cuando llegamos al Cumbres, había recuperado la compostura.

El Instituto Cumbres es una escuela para niños, y el primer apostolado de la Legión; fue inaugurado el 8 de febrero de 1954. Once años más tarde se había convertido en la escuela privada más prestigiosa de Ciudad de México, compitiendo con el Instituto Patria, dirigido por los Jesuitas. Antes de partir a Cotija, le pregunté al superior, el Padre Navarro, si podía enviar una tarjeta de Navidad a mis padres. El Padre Navarro era el único Legionario que se había unido a la Congregación siendo ya sacerdote. Se había ordenado en 1952, en la diócesis de Santander, en España, y trabajaba en una pequeña parroquia junto a Ontaneda, donde conoció a los Legionarios. Se unió en 1956, hizo un año de noviciado en Roma y, después de tomar los votos, fue enviado a desempañarse como Director del Instituto Cumbres.

El Padre Navarro parecía bondadoso y amigable.

"Mis padres planean viajar a Roma para visitarme en primavera" le dije.

"Tengo que decirles que estoy en México".

Inmediatamente me procuró una tarjeta de Navidad. En ella no había mucho espacio para escribir, pero traté de explicarles a mis padres que había venido a México para realizar prácticas apostólicas que no estaban previstas. Como siempre, les aseguré que estaba muy contento y les pedí que no se preocuparan. Cuando terminé, le di la tarjeta con el sobre abierto al Padre Navarro. Toda la correspondencia de los Legionarios, tanto la que se envía como la que se recibe, debía ser revisada por el Superior. Ésta era una práctica muy común en las Congregaciones religiosas, especialmente antes del Concilio Vaticano. El Padre Navarro me aseguró que la tarjeta se enviaría lo antes posible. Luego me dio algo de ropa y me prestó su afeitadora eléctrica, porque yo necesitaba una afeitada.

Mientras los Legionarios se preparaban para el viaje a Cotija, me sorprendió cuán pocos éramos. Cuando me uní a la Legión en 1962, había apenas doce sacerdotes ordenados. En México éramos unos veinte, incluidos seis o siete sacerdotes. Por primera vez en mi vida de Legionario me di cuenta plenamente de lo pequeña que era la Legión, en contraste con la idea que yo tenía de ella antes de unirme. La Legión todavía estaba en período de "fundación", y ahí estaba yo, parte del equipo en México, junto al Fundador. Yo también era uno de los pioneros que lo ayudaría a hacer realidad sus sueños.

<hr />

En Cotija, nos alojamos con diversos miembros de la familia del Padre Maciel. Walsh y yo nos hospedaríamos con Maurita, la madre de Nuestro Padre. El Padre Maciel nos hizo entrar por la puerta principal. Visto de afuera, el edificio no llamaba la atención, ya que carecía de particularidades arquitectónicas. Una vez dentro, vi que la casa estaba construida alrededor de un bonito patio interno, donde había una hermosa fuente y grandes árboles de cítricos.

Reconocí de inmediato a la madre del Padre Maciel en la diminuta mujer que nos estaba esperando. Se veía igual a las fotografías. Al recibirme, abrió los brazos y me abrazó cálidamente. John Walsh venía detrás, y pudo ver cómo Mamá Maurita abrazaba al primer Legionario irlandés que había conocido. ¡Un récord más para la posteridad!

A esta altura yo estaba conociendo cada vez mejor al padre Maciel, y sentía que lo comprendía cada vez más. En esta ocasión, estaba visiblemente emocionado y orgulloso al presentar a los primeros Legionarios irlandeses a su madre. Durante los días siguientes, también pude conocer mejor a Mamá Maurita y a mis compañeros Legionarios. Conocí a todos los hermanos y hermanas del Padre Maciel, quienes se acercaron a la casa de su madre. Envidié al Padre Maciel por pasar tanto tiempo con su familia, cuando yo había visto a la mía tan poco en los últimos años. Pero nunca lo juzgué, en parte porque nadie más parecía juzgarlo. Todos, consciente o inconscientemente, veíamos su comportamiento como aceptable. Los amigos y vecinos acudieron a conocer a los "irlandeses", y yo empecé a sentirme como una pequeña celebridad.

Mi equipaje todavía estaba perdido (eventualmente llegó, unas tres semanas después de nuestra llegada). Las pocas ropas que poseía me las dieron al visitar el Cumbres, y yo ya estaba sintiendo la falta de un atuendo decente.

"Nuestro Padre, ¿cuándo cree que llegará mi equipaje?" pregunté.

"Probablemente se demore un poco. Es posible que no lo recibas hasta que volvamos a la ciudad" replicó él.

"¿Y cuándo volvemos?" le pregunté.

"Después de Navidad" me dijo.

"La Navidad en México dura hasta la fiesta de los Reyes Magos, el 6 de enero". Se quedó pensando un momento. "Será mejor que te consigamos algo de ropa nueva. No necesitarás nada formal en Cotija.

Hagamos esto: mi hermano Javier tiene una tienda de ropa en el pueblo. Ve y él se encargará de todo". El Padre Maciel siempre tenía la solución a todos los problemas.

Al encontrar la tienda de Javier, le expliqué mi situación.

"No hay problema" dijo.

"Llévate lo que necesites. Hay un probador detrás de la cortina, pruébate lo que quieras".

Elegí un par de camisas y pantalones y los llevé al probador. Había varios clientes mirando ropa, y me di cuenta de que todos eran mucho más bajos que yo. Las camisas no me quedaron muy bien, pero eran pasables para algunos días en el pequeño pueblo. Pero los pantalones, aunque me quedaban justos en la cintura de 38", tenían unas cuatro pulgadas menos en el tiro de la entrepierna. Salí con el pantalón puesto a preguntarle a Javier si tenía uno más largo. De pronto, todos los clientes del negocio se arrodillaron. Yo no tenía idea de lo que ocurría, pero estaba seguro de que tenía algo que ver con mis pantalones ridículamente cortos. Sonaron las campanas de la iglesia.

"¿Por qué se arrodillan?" le pregunté a Javier.

"¿Están asustados por mis pantalones cortos?"

Javier se rió a carcajadas. "Cuando suenan las campanas, la gente del pueblo se arrodilla a rezar el Ángelus" me explicó. "Son las 12 del mediodía; se han arrodillado a rezar el Ángelus. ¡No tiene nada que ver con tus pantalones!"

Y así aprendí mi primera lección sobre la piedad sencilla del pueblo mexicano.

"Lo siento, pero no tengo pantalones más largos" me dijo Javier. "Eres muy alto".

"¿Qué te parece, me los pongo igual?" le pregunté.

"No tienes otra opción" respondió. "Ésta es la tienda más grande del pueblo. Tendrás que conformarte con estos. Los demás comprenderán".

───────※───────

El grupo de Legionarios asignados para fundar el Instituto Irlandés de Ciudad de México se reunió en enero de 1966, cuando regresamos de Cotija. Nuestro Superior el Padre Juan Manuel Fernández Amenábar, John Walsh, José Luis Díaz, un Legionario mexicano del Instituto Cumbres, y yo alquilamos una casa de dos pisos y tres habitaciones en Tecamachalco, un nuevo y próspero distrito residencial a sólo cinco minutos en auto del Instituto. Una habitación se convirtió en la capilla, el Padre Juan Manuel tenía una habitación para él solo, y John Walsh, José Luis y yo compartíamos la tercera habitación, más grande. Doña Concha, como la llamábamos, era nuestra cocinera; se alojaba en la habitación de servicio, muy común en las casas de clase media en México.

Mi primera tarea era mandar a hacer dos trajes cruzados a medida, seis camisas de vestir blancas y dos corbatas negras. La ley mexicana prohibía el atuendo eclesiástico debido a la persecución de la Iglesia. El Padre Amenábar consiguió rollos de excelente tela para hacer los trajes; más tarde me enteré de que el Padre Maciel y algunos otros Legionarios compraban rollos de cachemira y otras telas de calidad con descuento durante sus viajes. Juan Manuel nos asignó un color a cada uno. Afortunadamente, tenía un gusto impecable.

En aquel entonces, la ley mexicana también prohibía que los sacerdotes fueran propietarios de escuelas o tierras de la Iglesia; las Iglesias en México eran propiedad del Estado. Ahora esas leyes han cambiado. Pero para tener ciertas garantías legales, en aquel momento se creó una "asociación civil" que sería la propietaria legal del Instituto Irlandés y de todas nuestras propiedades.

Entretanto, el progreso de la obra era sorprendente, aunque quedaba una enorme cantidad de trabajo para que la escuela abriera en la fecha programada. El Padre Maciel y el Padre Pardo iban casi todos los días. Yo los veía en acción mientras daban forma a la idea que el Padre Maciel tenía del Instituto Irlandés.

La propiedad, llena de magníficos pinos, era idílica: parecía un trozo de Suiza en México. Había un arroyo que serpenteaba por el terreno. El concepto de la escuela, claramente articulado por el Padre Maciel, era innovador e interesante. Las clases se darían en los bungalows de la planta baja, situados en medio del césped y los árboles exuberantes. Los canteros de rosas añadirían belleza al jardín. El tamaño de las clases estaría limitado a 15 niños. La instrucción sería bilingüe, en inglés y en español. Las instalaciones serían muy modernas, con televisión de circuito cerrado, laboratorios de idiomas (que acababa de diseñar Philips Corporation), departamentos de medicina y psicología, una pequeña cancha de fútbol, canchas de baloncesto, una piscina de 25 metros de largo y un espectacular picadero de equitación.

El edificio principal de la administración, de dos pisos, estaba hecho de aluminio con grandes ventanas de vidrios oscuros. La planta baja tenía una alfombra azul, y el segundo tenía piso de madera. El Padre Maciel tuvo que luchar con el arquitecto para salvar un pino que quedaba en el camino del edificio "comunitario". Dibujó la solución para salvar el árbol en una servilleta mientras almorzábamos.

"Construyamos alrededor del árbol" dijo. "Un árbol es demasiado valioso, no puede sacrificarse por un edificio".

El edificio comunitario tenía una pequeña sala audiovisual estilo teatro, una tienda de golosinas, una cafetería y una cocina, las oficinas administrativas, una enfermería, la sala de maestros y una pequeña biblioteca. Las aulas estaban diseñadas en estilo anfiteatro, para que todos los alumnos pudieran ver bien el pizarrón verde. A través de todas las instalaciones sonaba una música ambiental tranquilizadora. Las aulas se monitoreaban mediante cámaras de TV y sistemas de comunicación de emisión y recepción.

La primera parte de la escuela se terminó para la inauguración, algo retrasada, a principios de febrero de 1966. La fase de construcción se completó en el increíble plazo de 57 días. Empecé a ver que todo es posible si se tiene una visión clara, pasión y fuerza de voluntad. Al ver al Padre Maciel en acción, confirmé mi descubrimiento clave acerca del liderazgo: los grandes líderes son fieles a sí mismos. En algún momento de su vida, la llama se había encendido dentro del Padre Maciel.

Yo había leído que, después de rescatar a su grupo de las aguas llenas de tiburones, le preguntaron al Presidente de los EE.UU., John Kennedy: "¿Cómo hizo para convertirse en un héroe?" Él alzó los hombros: "Fue involuntario, me habían hundido el bote". El Padre Maciel tenía el mismo sentido simple e irresistible del liderazgo. Sentía que Dios lo había llamado para dirigir una nueva Congregación que divulgara el Evangelio, y su trabajo era ser fiel a esta llamada. Yo no tenía ninguna razón para pensar que sus motivaciones eran otras.

Desde entonces, he llegado a la conclusión de que, si bien los líderes muchas veces tienen aptitudes de gestión y la cualidad de influir en los demás, el verdadero liderazgo viene de adentro. Los verdaderos líderes ven algo que nadie más percibe. He notado que a veces los empresarios exitosos y muchos exploradores muestran cualidades similares a las de los fundadores de las órdenes religiosas. Se inventan a sí mismos de acuerdo con las circunstancias. Yo me sentía afortunado por poder aprender estas lecciones tan temprano en mi carrera, a los 21 años. El fervor incansable del Padre Maciel con su misión era convincente y contagioso, y yo quería compartirlo.

La inauguración de la escuela casi en la fecha pactada, fue todo un logro. Desde su juventud temprana, el Padre Maciel creía que la invitación del Señor a "predicar el Evangelio a todas las naciones" estaba personalmente dirigida a él. Al inaugurar el Instituto Irlandés, nos decía constantemente que su principio rector en materia de educación era la formación integral y la promoción de la persona humana. Éste no era un principio abstracto para él. Creía que el futuro de todos los hombres dependía del desarrollo de sus aptitudes, talentos y potencial. "Integer Homo" (el hombre integral) era el lema que eligió para el Instituto Irlandés. Aceptó rápidamente mi sugerencia de adornar el lema con un trébol verde; así se diseñaría el logo original.

El Padre Maciel quería incluir más detalles para que el mensaje fuera claro.

"Vamos a agregar tres elementos para alcanzar nuestro objetivo" dijo.

"¿Cuáles son?" le pregunté.

"Enseñar, educar y formar" respondió. "Asegúrate de incluir estas tres estrategias en cada hoja del trébol. Ahora ya sabes cuál es tu misión en el Instituto Irlandés".

El logo nunca obtuvo premios por el diseño, pero me recordaría para siempre cuál era mi meta.

❧

Algunas semanas antes, al conducir a Cotija para la Navidad, habíamos pasado por una pequeña ciudad de provincia llamada Morelia. Allí había muchos niños jugando en una calle lateral, donde nos detuvimos a tomar un helado. Noté que algunos de ellos eran pelirrojos.

"¡Mire a esos niños!" le señalé al Padre Maciel. "Podrían ser irlandeses, con el cabello rojo y todas esas pecas".

"Nunca se sabe" dijo el Padre Maciel. "Hace muchos años, vino un batallón de soldados mercenarios irlandeses a luchar con nosotros en la guerra entre México y Texas".

"¿Dice que éstos podrían ser sus descendientes?" le pregunté.

"Nunca se sabe" dijo el Padre Maciel. "Es posible".

Más adelante, cuando diseñamos el logo y el emblema del Instituto, el Padre Maciel dijo que pensaba que el nombre "Instituto Irlandés" sería un tributo adecuado para los soldados irlandeses. Además, nombró "Batallón de San Patricio" a la calle que lo conectaba con un complejo habitacional llamado "La Herradura".

El Batallón de San Patricio fue una unidad muy particular del Ejército Mexicano durante la guerra entre México y Estados Unidos de 1846-1848. La unidad estaba formada por varios centenares de soldados irlandeses que habían desertado del Ejército de EE.UU. porque creían tener más cosas en común con los mexicanos. Yo jamás había oído hablar de ellos durante mis años escolares en Irlanda. Después de desertar, lucharon junto a los mexicanos en cinco batallas importantes. Extraoficialmente, el grupo se llamaba los Voluntarios Irlandeses, o los "Colorados", por la gran cantidad de hombres pelirrojos y de rostros rubicundos que en él había. En México los consideran héroes, por su actuación ejemplar en el campo de batalla. Eventualmente fueron derrotados, sufriendo varias pérdidas en la Batalla de Churubusco, la Waterloo del ejército mexicano. El General y Presidente Antonio López de Santa Anna, al mando de las fuerzas mexicanas, declararía más tarde: "Si hubiera tenido algunos centenares más de hombres como los San Patricios, México habría ganado la batalla".

La gran mayoría de los San Patricios eran inmigrantes recientes que habían llegado a los puertos del noreste de EE.UU., huyendo de las condiciones de pobreza extrema de Irlanda, incluyendo la gran Hambruna Irlandesa de la Patata. Con frecuencia, los inmigrantes eran reclutados para el servicio militar directamente al desembarcar en los Estados Unidos. Otros eran conscriptos de camino al sur por el General Zachary Taylor, un líder militar norteamericano que luego sería el doceavo Presidente de los Estados Unidos.

Los soldados irlandeses sabían que los mexicanos eran católicos y, según los rumores, los irlandeses eran maltratados por los soldados y oficiales tejanos; no se les permitía asistir a la misa del domingo ni practicar libremente su fe católica. Fueron testigos del comportamiento de las tropas norteamericanas al vencer las batallas, y vieron cómo los conquistadores se repartían las tierras. Se sintieron identificados con la situación mexicana y la de Irlanda, bajo el dominio de Inglaterra.

John Riley, un artillero nacido en Irlanda, proveniente de Clifden en el condado de Galway, comandaba el Batallón. En sus cartas puede verse que los principales motivos de su deserción fueron la religión en común y la simpatía por la causa mexicana. La mayoría de los San Patricios capturados por los Tejanos, fueron ahorcados; treinta fueron juzgados en el pueblo mexicano de Tacubaya, veinte en San Ángel, Ciudad de México. A pesar de la ley vigente en aquel momento, que castigaba la deserción con el fusilamiento, los ahorcaron, diciendo que habían ingresado al servicio militar mexicano después de declarada la guerra. Dos veces al año se realizan ceremonias en conmemoración de su valentía: el 12 de septiembre, día del aniversario de las ejecuciones, y el Día de San Patricio.

———— ∞∞ ————

El padre Maciel era experto en estrategias y tácticas. Al elegir el nombre de la escuela, decidió capitalizar el querido Batallón de Irlandeses, que había venido a pelear junto a México. Muchas veces me tocó colaborar con sus tácticas, sin darme cuenta de la perspectiva más amplia que él tenia. Por ejemplo, el Padre Maciel sabía que, para que la Congregación fuera exitosa en todo el mundo, necesitaba una base importante en los Estados Unidos. No creo que muchos de los primeros Legionarios fueran conscientes de que éste era uno de sus objetivos. Era una meta difícil, porque las posibilidades de que un desconocido sacerdote mexicano triunfara con un pequeño grupo de mexicanos y españoles eran bastante remotas.

Por empezar, estaba el problema del idioma: ninguno de los primeros Legionarios, incluido el Padre Maciel, hablaba inglés. También estaba el problema de la imagen: ¿cómo lograrían que los Obispos y los fieles de Estados Unidos aceptaran a una congregación religiosa mexicana, cuyo objetivo implícito era reclutar líderes de negocios anglosajones para su causa? Además, el Padre Maciel necesitaba que sus primeros recursos humanos trabajaran en México y en España, donde tenía mayores posibilidades de capitalizar su buena suerte inicial.

Cuando se enteró de que en Irlanda abundaban las vocaciones religiosas y sacerdotales, especialmente en las escuelas dirigidas por los Hermanos Cristianos irlandeses, vio la oportunidad. Los irlandeses eran aceptados en los Estados Unidos, donde hay una enorme comunidad católica irlandesa-norteamericana. Los reclutadores irlandeses le permitirían alcanzar su siguiente objetivo. No dudó un instante.

En 1961, el Padre Maciel envió a Santiago Coindreau, un Legionario sin ordenar, a reclutar en Irlanda. Santiago fue tremendamente exitoso. Trabajaba con una indiferencia casi total a la jerarquía irlandesa, y tres o cuatro años más tarde, los reclutas irlandeses con más talento para las "relaciones públicas" fueron enviados a realizar las primeras Prácticas Apostólicas. Se los expuso a las escuelas Legionarias y aprendieron los métodos para recaudar fondos y reclutar. Poco después, se les envió a reclutar en los Estados Unidos. Para abrir el camino, envío a varios Legionarios entre ellos el Hermano Juan José Vaca, Félix Alarcón y Ramiro Fernández, a Orange, Connecticut. Obtuvieron una casa pequeña, parecida al noviciado de Dublín, y se ocuparon de los primeros reclutas. La mayor parte del reclutamiento se dejó en manos de dos irlandeses que realizaban sus prácticas apostólicas, Kevin Farrell y David Owen, ambos de Dublín, quienes reclutarían a los primeros candidatos norteamericanos.

Entretanto, el Hermano Félix continuaba como Maestro de Novicios y el Hermano Vaca se encargaba de la administración. Más tarde, Declan Murphy, un sacerdote Legionario de Dublín, estableció una casa en Washington. Cuando poco tiempo después el Padre Anthony Bannon llegó al noviciado de Orange, continuó el trabajo de sus compañeros rápida y exitosamente. Reclutó a muchísimos Legionarios nuevos, y la Legión empezó a cobrar peso en los Estados Unidos. La estrategia de Irlanda produjo los resultados esperados. A partir de esa experiencia aprendí la importancia de planificar a largo plazo y de insistir obstinadamente en la implementación de tácticas a corto plazo, para alcanzar los objetivos estratégicos.

La pequeña comunidad del Instituto Irlandés recibió a mi compañero de escuela, David Hennessy, que vino a desempeñarse como Director de Estudios. Aún no teníamos un cuerpo docente completo, y él puso manos a la obra para reclutar profesores y organizar los programas. David daba la impresión de saber exactamente lo que hacía, lo que era muy tranquilizador, ¡ya que los demás no teníamos ni idea! Tocábamos de oído, confiando a ciegas en el Padre Maciel y en la confianza que él había depositado en nosotros.

Juan Manuel estaba muy consciente de ser el Director de una escuela bilingüe, sin hablar inglés. Además, nunca había trabajado en una escuela, no tenía antecedentes relevantes, y definitivamente la administración no era su punto fuerte. ¡Ni siquiera conocía a nadie que hablara inglés, a excepción de nosotros! También debía servir como superior de una pequeña comunidad Legionaria por primera vez en su vida, un rol incómodo para su estilo gregario y encantador. Sumado a todo esto, no era un fanático de la disciplina.

Juan Manuel no sabía muy bien cómo lidiar con nosotros, los tres irlandeses. John Walsh era bastante dócil, siempre deseoso de complacer a sus superiores. Este rasgo de su personalidad le resultó muy útil, ya que encarnaba la esencia de la obediencia Legionaria. David Hennessy y yo éramos mucho más obstinados y disfrutábamos de una buena discusión. José Luis Díaz, del Instituto Cumbres, tenía más experiencia en escuelas, pero todavía tenía que descubrir cómo llevarse bien con sus compañeros novicios irlandeses. Era sereno y paciente, y me brindó muchísima información sobre el funcionamiento de una escuela Legionaria en México. A pesar de venir de una escuela apostólica, era maduro y muy divertido. En lo esencial, todos nos llevábamos bien y trabajamos en equipo para poner en funcionamiento una de las escuelas más prestigiosas de la Ciudad de México.

La primera maestra que conocí fue María Victoria Fernández. Estaba invitada a ver la escuela unos días antes de la apertura. Su familia era conocida y respetada entre los Legionarios del Cumbres. Yo descubriría que ésta era una cualidad fundamental para enseñar en una escuela Legionaria. En México, la gente es contratada porque la conocen y confían en ella; los contactos personales son muy importantes. El Padre Maciel quería estar seguro del calibre moral de las mujeres que trabajarían como maestras; creo que, en general, no confiaba en las mujeres. Sin embargo, las usaba sin ningún reparo para recaudar fondos o para "dirigir" a los ricos maridos. El Padre Maciel siempre me recomendaba tener cuidado con las mujeres, en especial con las mexicanas, y no cesaba de advertirme que estuviera atento, ya que el demonio puede usarlas para destruir la vocación.

El terreno que rodeaba la entrada del edificio principal, que más tarde estaría cubierto de exuberante césped, podría describirse como un verdadero lodazal. Los obreros habían colocado una angosta plancha que servía como puente a través del barro. María Victoria la cruzó y me siguió al edificio. Yo quedé asombrado de la gracia con que lo había hecho, a pesar de sus tacones altos. Su esbelta figura no me pasó desapercibida, y tuve que concentrarme para no caer en el lodo. Una vez dentro del edificio iluminado, pude verla de frente, y tenía un aspecto igualmente irresistible. Su vestido era elegante, su cabello muy negro. Era mucho más joven, bonita y alegre que las maestras que yo había conocido. Sus padres eran de Santander, España, viejos conocidos de Juan Manuel. Ellos hablaron con entusiasmo, con la gutural y rápida pronunciación española, con muchas zetas y eses sonoras.

"¿Las aulas realmente estarán listas a tiempo?" Sonaba preocupada.

"Por supuesto, sin duda" respondió Juan Manuel. Era capaz de venderle hielo a un esquimal. Ella fingió quedar convencida y aceptó el puesto para enseñar en segundo grado. Nos hicimos grandes amigos. Gracias a ella, aprendí mucho sobre México, y su familia fue muy bondadosa conmigo durante mis años en el Instituto.

Entretanto, el Padre Alfonso Samaniego, el Padre Carlos Mora y el Padre Gregorio López tenían excelentes relaciones con los padres de los alumnos de su escuela, el Instituto Cumbres. Su tarea consistía en convencer, persuadir y halagar a las familias más ricas y poderosas para que transfirieran a sus niños al Instituto Irlandés, la alternativa de "élite". Los puntos fuertes para la venta incluían: educación bilingüe, las instalaciones más modernas, quince alumnos por salón y los departamentos de medicina y psicología. Y lo más importante era que sus niños tendrían la oportunidad de relacionarse con compañeros cuyas familias compartían los mismos valores. Se esperaba que para sexto grado los niños fueran totalmente bilingües. No tendrían que abandonar a sus familias para ir a estudiar inglés un año a Estados Unidos, según la costumbre. Más adelante, cuando ya supieran inglés y hubieran desarrollado fuertes lazos familiares, podrían ir a los EE.UU. a seguir sus estudios.

Uno de los mayores atractivos era la atención personalizada. El Padre Maciel insistía en que la escuela debía compartir y apoyar los valores de los padres de los alumnos, complementándolos. En el Instituto Irlandés, ambos padres (incluso si estaban divorciados) deberían asistir a seis entrevistas anuales con el Director Legionario. En estas reuniones el director contaba con los datos proporcionados por los maestros, psicólogas y el médico de la escuela. Básicamente, los padres deberían involucrarse activamente en la educación de sus hijos, colaborando con la escuela. Si faltaban a dos reuniones consecutivas sin una justificación apropiada, su hijo sería suspendido

A fin de alentar aún más la participación de los padres, el Instituto Irlandés no tendría servicio de autobús escolar. Los padres serían los responsables de traer y recoger a los niños de la escuela. El horario de la escuela era de 8:00 a 14:00. Los niños que no hubieran sido recogidos a las 14:30 serían enviados a casa en un taxi especial, contratado de una agencia local, que deberían pagar los padres. Si bien la idea era promover la participación de la familia, lo que funcionó, tenía además la ventaja de filtrar a los padres que no tenían (es decir, que no podían pagar) un chofer.

La matrícula era cara para la norma mexicana. Y debía serlo, para poder pagar todos los servicios adicionales. Los críticos ya empezaban a referirse a nosotros como los"Millonarios de Cristo".

El Padre Maciel era muy claro cuando hablaba del problema de la educación: "La economía mexicana todavía es frágil. No es exagerado imaginar que un día todo podría desmoronarse, debido a la devaluación de la moneda, la inflación y los políticos corruptos. En este país, el mejor regalo que un padre puede hacer a un hijo, el bien más valioso, es una educación de primera clase". Esto me parecía muy acertado, y lo incorporé a mi filosofía de vida.

Juan Manuel lo entendía muy bien, y yo lo oí varias veces explicando este concepto a los padres de los candidatos con extraordinaria elocuencia.

"Padre Keogh" solía decirme "los mexicanos ricos gastan fortunas en sus casas, en viajes al exterior, en yates y en casas de veraneo en Acapulco. Tienen que entender que la educación de sus hijos debe ser la primera prioridad. El dinero no es un problema para ellos".

"¿Y nosotros obtendremos una ganancia de la escuela?" le pregunté.

"Espero que sí" me respondió Juan Manuel sonriendo. "Pero al paso que vamos, ¡eso llevará bastante tiempo!"

"¿Y en qué invertiremos las ganancias?"

"Vamos a desarrollar un sistema de escuelas y servicios para niños pobres llamado 'Mano Amiga', y desde ya, tenemos que educar a los futuros Legionarios que trabajarán en estos apostolados". Y prosiguió: "En el Instituto Irlandés esperamos poder becar al 30% de nuestros alumnos. Cuando esté construida la Universidad Anahuac, Nuestro Padre tiene planeado un descuento aún mayor para la Universidad, para que los pobres que tienen talento puedan disfrutar de las mismas oportunidades".

Juan Manuel tenía una relación fácil y despreocupada con el Padre Maciel, y Nuestro Padre claramente disfrutaba de su compañía. Gracias a esto, Juan Manuel estaba siempre al tanto de los planes futuros y compartía esta información de buen grado con su pequeña comunidad. Como resultado, yo me sentía más involucrado en la Fundación; no era un observador meramente pasivo.

A pesar de nuestra inquietud, y gracias al enorme esfuerzo y trabajo de muchos Legionarios y a la presencia casi diaria del Padre Maciel, el Instituto Irlandés tuvo un excelente comienzo. Teníamos seis grados de escuela primaria, con un total de menos de 80 alumnos; seis maestros (dos mujeres y cuatro hombres), un entrenador de fútbol y un profesor de gimnasia.

El Padre Maciel había oído decir que el Opus Dei, la organización católica "rival", pensaba abrir una nueva escuela cerca de la nuestra. ¡Por eso quería que el Instituto Irlandés abriera a tiempo! Nosotros estábamos funcionando un año antes de que ellos empezaran a construir su escuela. También sabía que el Opus Dei no tenía el personal necesario para una escuela donde se hablara inglés en México. Fiel a su estilo, el Padre Maciel no había perdido un instante en reclutar a los futuros líderes de México.

El Padre Maciel muchas veces nos visitaba para almorzar, o nos invitaba a cenar con él en el Instituto Cumbres, donde la residencia de los sacerdotes era mucho más grande. La Sra. Galas, esposa de Don Santiago Galas, enviaba suntuosas comidas para el Padre Maciel, sin importar dónde comiera, que eran entregadas por su chofer. Éste era un maravilloso regalo para el Padre Maciel, que siempre se alegraba con una buena comida preparada a su gusto y pensada para su estómago delicado. Se quejaba siempre de problemas digestivos y de dolor de estómago. No pasaba un día sin tomar Metamucil, un suplemento de fibra. Una vez, cuando lo llevé al Cumbres, tuvo un fuerte calambre y se dobló de dolor en el asiento trasero. Yo me sorprendí de lo rápido que se recuperaba, cuando minutos después lo vi disfrutar de la comida que le habían preparado especialmente. Me pregunté si sería un hipocondríaco, o si sus padecimientos no serían simplemente una excusa para separarse de la vida cotidiana de la comunidad. Los que teníamos la suerte de comer con él siempre disfrutábamos de una comida mucho mejor que la de nuestras comunidades.

La construcción de la nueva Universidad Anahuac, a pocos kilómetros del Instituto Irlandés, estaba en su apogeo. Era un proyecto enorme, y el Padre Maciel pasaba allí la mayor parte de su tiempo. De ida y vuelta a la Anahuac, pasaba por el Instituto Irlandés y siempre aprovechaba para ver cómo iba todo. Lo que más le preocupaba eran las instalaciones. Si encontraba algo fuera de su lugar, o si los alumnos habían arrojado basura en el césped, daba a entender su desaprobación en términos muy claros. Insistía en que los alumnos aprendieran a respetar y a estar orgullosos de su escuela.

Una vez tuvimos problemas con el suministro de agua. Él dio instrucciones para que se entregaran enormes botellas de "Electopura", agua potable purificada, para asegurarse de que los baños estuvieran impecables hasta que volviera el agua. Seguramente se daba cuenta de que este escrutinio constante nos ponía bajo mucha presión. Un viernes, casi un mes después de la inauguración, cuando estaba por irse de la escuela, se volvió a John Walsh.

"Me voy a Acapulco el fin de semana. ¿Por qué no le preguntas al Padre Amenábar si tú y Keogh pueden venir?" Esa noche, Walsh, Amenábar y yo estábamos en Acapulco con el Padre Maciel y Armando Arias, un ex Legionario que ahora trabaja de administrador. Desde la década de 1920, Acapulco es un popular destino turístico para los europeos. En la década de 1960 se convirtió en uno de los lugares de vacaciones más importantes para los ricos y famosos de Hollywood y de todo el mundo. Yo regresaría muchas veces en escapadas de fin de semana con el Padre Amenábar, el Padre Walsh y el Padre Maciel. Junto con la comunidad del Cumbres, pasábamos allí nuestras dos semanas de vacaciones anuales.

———— ∞∞∞ ————

Las palmeras rodeaban la piscina en la casa que nos había prestado una familia benefactora. John Walsh, el Padre Maciel y yo teníamos la piscina y el jardín para nosotros. Amenábar y Armando Arias, que se llevaban de maravilla, estaban preparando algo en la cocina. En el muelle de madera se mecían suavemente una lancha y un par de veleros, como invitándonos a usarlos. La playa privada de media milla de largo, protegida por una bahía semicircular, estaba desierta, y el poderoso Océano Pacífico golpeaba suavemente la arena hirviendo. Un par de trabajadores se ocupaban del jardín, sin molestar para nada; parecían fundirse con el paisaje, trabajando sin ruido. Las aves y los grillos hacían coro al murmullo del mar. El agua de la piscina era cálida y relajante, y el sol, filtrándose a través de las palmeras, proyectaba sombras moteadas sobre los azulejos celestes.

El Padre Maciel, Walsh y yo estábamos reunidos en el extremo sombreado de la piscina, disfrutando de la magnífica belleza de la bahía.

"Armando" llamó Nuestro Padre "¿podrías traer algo de beber para los Padres? Han hecho un buen trabajo en el Instituto Irlandés". Armando, de pantalones cortos y no tan bien afeitado como probablemente estaba como legionario, caminó lentamente hasta la piscina.

"¿Qué desean beber, caballeros?"

Walsh y yo nos miramos. Conociéndolo, temía que pidiera un vaso de agua bendita "on the Rocks". Armando se dio cuenta de nuestra vacilación.

"¿Qué les parece un "highball" y unos bocadillos para picar?" A mí me sonó estupendo. "Por si no lo saben, un "highball" es una mezcla de whisky de centeno y ginger ale. ¡A ustedes que son irlandeses les va a encantar!"

Diez minutos después, Armando y Amenábar se sentaron con nosotros junto a la piscina, con los pies en el agua y los tragos en la mano. John Walsh y yo, que todavía estábamos dentro de la piscina, dimos un sorbo a nuestros tragos. El Padre Maciel, que llevaba un sombrero de ala ancha y lentes de sol, bebía solamente agua. Nos observó con una sonrisa divertida. Yo propuse un brindis.

"Caballeros, si esto es Pobreza y Obediencia, ¡estoy ansioso por empezar una vida de Castidad!" Todos se rieron de buena gana. El Padre Walsh me lanzó una mirada de reojo. Sabía que estaba pensando: "Qué comentario tan poco delicado para un Legionario". La bebida estaba fría, el agua perfecta y el entorno era paradisíaco. No me importaba nada, yo estaba disfrutando del momento.

La entrada a la calle privada que llevaba a la mansión frente a la playa estaba custodiada por un pequeño grupo de soldados mexicanos. La casa se encontraba en una zona inmejorable, situada en la prístina bahía conocida como "Puerto Marqués", al oeste de Acapulco. La propiedad la habían reservado los poderosos inversionistas del desarrollo de Acapulco para usarla como complejo privado. Éste se completaba con otras tres casas, propiedad de personas prominentes con fuertes conexiones políticas; por eso la custodia. A mí no me parecía que hubiera necesidad de contar con soldados armados. Pero dado que el complejo lindaba con el resort para turistas, probablemente era prudente tener seguridad, por las dudas. Los soldados no tenían mucho que hacer. Muchas veces los vimos jugar un partido de fútbol, con las armas apoyadas contra la pared de la caseta, sudando al sol de Acapulco.

⸺

Durante la mayor parte del tiempo que pasé en México, consideré a Nuestro Padre como mi amigo y mi héroe. Él era siempre accesible. El único desafío era llegar a él a través de los múltiples encargados de su agenda. Viajaba con frecuencia por todo el mundo, y cada vez tenía menos tiempo para reunirse con nosotros. Cuando estaba en México, generalmente usaba a mi superior, el Padre Fernández Amenábar, como su chofer. Esto daba a nuestra comunidad del Instituto Irlandés acceso frecuente a Nuestro Padre. Las dos obras de apostolado importantes que estaba desarrollando en México eran el Instituto Irlandés y la Universidad Anahuac.

Me di cuenta de que el Padre Maciel "desaparecía" con mucha frecuencia. Muchas veces partía solo en largos viajes, y yo pensé que era extraño que nadie pareciera saber adónde iba, ni cuál era el objetivo de su viaje. A veces yo lo llevaba al aeropuerto, pero casi nunca me decía adónde iba ni por qué se vestía como laico. Según la regla, los Legionarios debíamos vestirnos de sacerdotes al viajar.

La Universidad Anahuac se fundó en una casa grande, no muy lejos del Instituto Irlandés, en un distrito residencial llamado Lomas Virreyes. En 1964, con el apoyo de un grupo de poderosos hombres de negocios mexicanos, el Padre Maciel creó una empresa de responsabilidad limitada, llamada Investigaciones y Estudios Superiores A.C. Las clases empezaron en 1964, con 48 estudiantes y dos facultades: la de Administración de Empresas y la de Economía. El Padre Faustino Pardo fue el primer Rector.

Mientras tanto se construía el nuevo campus, bajo la atenta supervisión de Nuestro Padre, en lo que ahora se llama Lomas Anahuac. Una vez más demostró su extraordinaria visión para los negocios. Estaba construyendo su primera universidad en terrenos vírgenes de bajo costo, al norte de la ciudad, calculando que la ciudad eventualmente se expandiría en esa dirección, aumentando su valor. Algunos años después, las tierras valían una fortuna.

Santiago Galas, cuya esposa, Doña Edme, enviaba comida todos los días a Nuestro Padre, donó gran parte de la tierra para el proyecto. Antes, Don Santiago había donado terrenos para el Instituto Irlandés.

En 1965 se crearon dos facultades más, Psicología y Humanidades. En 1966, el año en que inauguramos el Instituto Irlandés, se agregaron las facultades de Derecho y Arquitectura. El nuevo campus se inauguró oficialmente el 4 de julio de 1968, el mismo año en que se graduó la primera promoción. El Padre Maciel programó la inauguración para que coincidiera con la convención del International Rotary Club en la Ciudad de México. Al evento acudieron autobuses cargados de Rotarios, y el Presidente del Club fue invitado a encender la llama perpetua en la plaza principal, dedicada a la libertad. La Universidad Anahuac rápidamente se convirtió en una de las universidades privadas más reconocidas de México. Cuando se enteró de lo que costaba el gas para mantener la llama encendida, el Padre Maciel la apagó y de ahí en adelante sólo la encendería en ocasiones especiales.

Las clases en el Instituto Irlandés terminaban a las 14:00. Durante la etapa de construcción de la Anahuac, nuestra casa en Tecamachalco se convirtió en un destino frecuente para el chofer de la Sra. Galas, que siguió entregando la comida especial para el Padre Maciel durante todo el tiempo que estuve en México. Algunas tardes yo lo llevaba a la Anahuac, y esto me dio la oportunidad de conocerlo mejor y de verlo en acción con el Padre Pardo, con los arquitectos y con los capataces de la construcción.

Un sábado por la tarde, Nuestro Padre y yo éramos los únicos que quedábamos en la obra, a excepción de los veladores, todos ellos traídos de Cotija y que lo trataban con gran respeto. Nuestro Padre tenía un ojo de águila para los detalles.

"¿Sabes qué hay que hacer para que una compañía de construcción trabaje bien?" me preguntó Nuestro Padre.

"No" respondí "¿qué hay que hacer?"

Nuestro Padre me explicó: "El truco consiste en encontrar algún error que hayan cometido al principio. No es necesario que sea algo importante; por ejemplo, una pared descentrada".

"¿Y qué hace cuando encuentra el error?" le pregunté.

"Exiges que la compañía la demuela inmediatamente y la vuelva a construir exactamente según tus especificaciones. Así te toman en serio; de lo contrario, siempre se aprovecharán de ti".

Pasamos un par de horas recorriendo la Anahuac, buscando qué había que arreglar, y el Padre Maciel anotaba todo para hablar más tarde con la empresa de construcción. Después me pidió que lo llevara a su casa, por la nueva carretera en construcción aún sin pavimentar, que llevaba a la   autopista de Toluca. Íbamos en el Dodge Coronet, y el Padre Maciel opinó que yo conducía muy lento.

"Te mostraré cómo conducimos en las carreteras sin pavimentar en México" me dijo. Tomando el volante, condujo mucho más rápido que yo. En algunos lugares el auto chocaba contra el suelo. A poco menos de un kilómetro, nos detuvimos: teníamos dos neumáticos pinchados.

Nuestro Padre se enojó y se impacientó. Creo que pensó que yo era de alguna manera responsable por la demora. No había a quién pedir ayuda, y recuerden que esto era antes de la era de los teléfonos celulares.

"Puedo cargar uno de los neumáticos hasta la carretera principal. Estoy seguro de que allí encontraré algún taller para repararlo" propuse. Desde ya, yo iba de traje y camisa blanca almidonada. Me puse el neumático al hombro, lo cargué casi un kilómetro hasta la carretera principal y lo hice reparar. Horas más tarde, agotado y sudoroso, me pregunté si Nuestro Padre apreciaba mi esfuerzo. Seguía enojado por la demora; exigía que sus necesidades se atendieras instantáneamente. Como tenía poca paciencia, no podía sufrir a los tontos; pero no tenía problemas con hacerlos sufrir a ellos.

Cualquier Legionario lo suficientemente fuerte como para cargar el gran neumático hubiera hecho lo mismo que yo. Los primeros Legionarios eran devotos del Padre Maciel y se sentía bien, al menos desde el punto de vista del ego, pertenecer a este círculo exclusivo. Yo pude conocer un aspecto del Fundador que los futuros Legionarios jamás verían. Mirando atrás, me parece casi increíble cuán devoto a él me había vuelto: dominaba mi vida por completo. Hasta el día de hoy me cuesta explicar cómo yo y mis pares cerramos los ojos al lado más maquiavélico de su personalidad. Yo estaba tan entusiasmado por colaborar con la fundación de la Legión, que jamás se me ocurrió juzgar la conducta del Fundador. Era reverenciado por Obispos, Cardenales, políticos y hombres de negocios de primer nivel. Se presentaba como un hombre de fe sencilla, combinada con una autodisciplina militar. Declaraba no necesitar ni desear nada para sí. Le bastaba con cumplir la voluntad de Dios.

Cuando llegué a Gabón, el Padre Maciel se había convertido en el mayor dilema de mi vida. Por definición, un dilema es un problema que ofrece al menos dos soluciones o posibilidades, ninguna de ellas aceptable en última instancia. Yo creo que uno no puede "resolver" un dilema, sino que debe reconciliarse con él. Esto fue lo que traté de hacer en Gabón. La manera en que había aprendido a ver a Dios tuvo un enorme efecto en el modo en que yo había conducido mi vida. Y para bien o para mal, el Padre Maciel era quien había dado forma al modo en que los Legionarios veíamos a Dios, especialmente en el caso de las generaciones fundadoras. Durante la mayor parte de mi vida, he creído y predicado que Dios es amor. Sólo cuando finalmente tuve la valentía de rechazar la falsa imagen de Dios que me había creado, basada en parte en mi deseo de imitar al Padre Maciel, pude entonces volver a sentir el abrazo de un Dios de amor. Muchas veces, lo que parece una tragedia nos hace descubrir la mayor bendición. Me llevó mucho tiempo llegar a darme cuenta de esto, pero valió la pena esperar. Entretanto, mientras viví en México, el Padre Maciel representaba la voluntad de Dios para mí.

El Padre Maciel vivía en el Escuela Apostólica en Tlalpan, en una casa separada, con un pequeño grupo de Apostólicos del seminario menor y con uno o dos Legionarios que se ocupaban de su agenda, de sus comidas y de las tareas administrativas que él les asignaba. Con frecuencia yo lo llevaba a su casa bastante tarde, y de camino a Tlalpan era común ver a familias pobres preparando refugios improvisados para pasar la noche. Muchas veces él me pedía que me detuviera.

Las calles estaban mal iluminadas, pero a la luz de los faros podíamos ver niños pequeños durmiendo sobre trozos de cartón, mientras los padres se reunían alrededor de unos anafes de carbón para preparar tacos con tortillas de maíz y frijoles. Tal vez porque llegábamos en un auto elegante, él nunca decía que era sacerdote.

Simplemente conversaba con los padres, les preguntaba cuántos hijos tenían, si iban a la escuela, si necesitaban medicamentos. La mayoría provenía de las afueras de México, y hacían lo que podían. El Padre Maciel era bondadoso pero directo. No creo que obtuviera una gratificación personal de estos encuentros, ya que no se mostraba demasiado compasivo. Era lo que Cristo hubiera esperado que hiciera, y por eso lo hacía.

La comunicación era difícil, porque los indigentes en México son predominantemente de raza india, con algo de mezcla de otras razas; muchos de ellos no hablan bien español. Son tímidos y no se sienten cómodos al hablar con extraños. Una vez que el Padre Maciel se enteraba de sus necesidades básicas, íbamos a su casa en la escuela apostolica a buscar mantas, bebidas, alimentos y medicamentos básicos, como jarabe para la tos y paracetamol. Luego regresábamos y los distribuíamos entre los agradecidos padres. Muchas veces terminábamos después de la 1:00 de la madrugada. Siempre me pedía que no dijera nada de estas actividades a los demás Legionarios, y nunca lo hice.

El Padre Maciel llegó a tener gran confianza en mi habilidad para conducir, de manera que solía llevarlo a Cuernavaca o Acapulco donde teníamos la casa prestada con todo el personal a nuestra disposición. La casa era lo suficientemente grande como para hospedar a 20 personas cómodamente. El Padre Maciel disfrutaba mucho de Acapulco, y yo también. En ese fin de semana inolvidable, recuerdo que lo oí decir: "Tendríamos que traer a todos los Legionarios de la Ciudad de México a pasar unas vacaciones de verano aquí. Podríamos decir la Misa desde el balcón todos los días, y después ir a la playa".

Dicho y hecho: cuando llegó el momento de nuestras dos semanas de vacaciones en el verano, los Legionarios del Cumbres y del Instituto Irlandés nos dirigimos a Acapulco con Nuestro Padre. Nuestros días comenzaban con las primeras oraciones, seguidas de la misa. El primer año llevamos las sotanas negras para usar durante el horario de las plegarias. Afortunadamente, el Padre Maciel reconoció que las sotanas negras no van bien con los climas tropicales. Cambió las reglas para permitirnos usar pantalones y camisetas, que eventualmente fueron reemplazadas por guayaberas. Desde ese momento, el atuendo informal oficial de los Legionarios en el Apostolado fueron pantalones claros y guayabera blanca. Yo opinaba que parecíamos dentistas.

Normalmente, después de la Misa, desayunábamos en relativo silencio. Pero en Acapulco fue distinto. Como Nuestro Padre estaba con nosotros, podía modificar las reglas, y así lo hizo. Yo me daba cuenta de que la Congregación era tan nueva que las reglas y la personalidad de la Legión evolucionaban y se modificaban día a día. Retrospectivamente, yo era demasiado optimista en cuanto a la sucesiva relajación de las reglas. Seis años más tarde, al regresar a Roma, parecía que me había unido a una Congregación completamente distinta. Las innumerables pequeñas reglas que tenía que obedecer en las casas de formación no se aplicaban cuando yo estaba con el Fundador en México. Él era lo suficientemente inteligente como para no romperlas cuando estaba con la comunidad, y cuando no las cumplía, a nadie le importaba y nadie lo cuestionaba. Después de todo, él las creaba.

Cuando terminamos el desayuno, nos subimos a las camionetas, que como todo lo demás, eran prestadas por las familias amigas, y nos dirigimos a la playa privada en el extremo noroeste de Puerto Marqués, algo alejada de la casa donde nos hospedábamos. La apartada bahía tenía aproximadamente un kilómetro de longitud y estaba reservada para el uso exclusivo de los ocupantes de las tres magníficas casas a orillas del mar. Usamos la primera casa e instalaciones, propiedad de una familia de benefactores, como base durante el día. Según los rumores, allí se habían hospedado Liz Taylor y Mike Todd cuando se casaron en 1957. La ubicación es espectacular y la casa de dos pisos, construida sobre una elevación, tiene una vista asombrosa de la bahía. Se encuentra entre el mar y la exuberante vegetación de las montañas, que se elevan bruscamente dividiendo Puerto Marqués de la bahía de Acapulco. Entre la casa y la playa había jardines parquizados con dos piscinas, cancha de tenis y una caseta de playa. Había también una casa para huéspedes más pequeña, con otra piscina y su propio jardín independiente, a la izquierda de la casa principal.

El agua en Acapulco es tan cálida que uno puede quedarse sumergido durante horas; eso fue precisamente lo que hicimos. Nuestro Padre se aseguró de que tuviéramos cinco o seis veleros pequeños a nuestra disposición, incluyendo una lancha para practicar esquí acuático. De vez en cuando disfrutábamos de un "coco-loco": uno de los jardineros trepaba a un cocotero y cortaba unos cocos. Con un rápido golpe de machete cortaba la parte superior del coco, dentro del que se vertía un ron oscuro, mezclándolo con la leche. Luego se dejaba el coco en el congelador por un par de horas, justo el tiempo para disfrutarlo a la hora del almuerzo.

El Padre Maciel pasaba horas en el agua con nosotros. No era un gran nadador, de modo que tomaba una cámara de neumático inflada, y nos pedía a mí y a otro par de buenos nadadores que lo acompañáramos a nadar hasta la playa pública, atravesando la bahía.

En la década de 1960, Acapulco todavía era relativamente tranquilo y gozaba de fama en todo el mundo como uno de los destinos preferidos por el jet-set. La principal característica del lugar es la hermosa bahía en forma de luna en cuarto creciente y las majestuosas montañas de fondo, que caen a pique hacia el mar. Muy poca gente se aventuraba desde la ciudad hasta Puerto Marqués porque casi no había servicios. Además, la playa que usábamos nosotros estaba totalmente aislada, y la carretera de entrada tenía un portón (muy diferente al lugar hoy en día). Una tarde, casi al atardecer, caminaba a la sombra de las palmeras entre el césped de la casa de huéspedes y la playa. Los demás estaban en el área común de la casa principal, y yo estaba solo.

En media hora debíamos volver a la casa en la que nos alojábamos al otro lado de las montañas. Ésta se encontraba sobre una colina, lejos de la playa pública, que no era especialmente agradable. Desde ya, no podíamos ir a la playa pública (podríamos haber visto muchachas, incluso muchachas en bikini…) De manera que dormíamos y comíamos en una casa, y pasábamos el día en la playa en otra.

Estaba volviendo a reunirme con el grupo cuando me di cuenta de que alguien estaba detrás de mí. Me di vuelta y vi a una mujer caminando sola, que venía desde la casa de huéspedes.

"Hola" dijo ella. "Qué hermoso lugar, ¿verdad?"

Me pareció detectar una cadencia peculiar en su voz que suena como irlandés "de escena", pero que en realidad es la superposición del acento norteamericano sobre el irlandés.

Me detuve. "Precioso, realmente magnífico" confirmé. Al mirarla, vi que era notablemente hermosa, con una espesa melena de cabello rojo. Llevaba una camisa blanca y una blusa. Calculé que debía tener más de cuarenta y cinco años, pero parecía más joven.

"¿Oigo un acento irlandés?" le pregunté.

"Oh sí" respondió. "Soy de Ranelagh."

"¡Qué casualidad!" exclamé "Yo nací cerca de Stephen's Green. ¿Se acuerda del club de tenis St. Mary's?" Asintió. "Solíamos llamarlo Percy's," dije. "Solía ir a los bailes allí en mi bicicleta; queda cerca de la Avenida Belmont".

Sonrió, probablemente divertida por mi entusiasmo, y se presentó como Maureen. Me contó que su apellido de soltera era Fitzsimons.

"¡No puede ser!" dije yo, sin darme cuenta de lo ingenuo que debo haber sonado. "¡El apellido de soltera de mi madre es Fitzpatrick!"

Caminamos juntos por la playa. Me gustó inmediatamente esta hermosa mujer, muy femenina pero que al mismo proyectaba una personalidad fuerte y directa.

"Una típica pelirroja irlandesa" me dije.

"¿Y qué hay de ti?" preguntó. "¿Qué te trae a Acapulco?"

Le conté todo sobre la Legión y el Padre Maciel.

"Bien, bien" dijo ella. "¿Así que son sacerdotes? Tal vez puedas invitar al Padre Maciel a tomar algo con nosotros. Me gustaría conocerlo. Les presentaría a mi hija y a Sammy, mi representante".

Le sugerí que fuéramos la tarde siguiente.

"Perfecto" aceptó. "Estaremos aquí los próximos días. Jamás pensé que me iba a encontrar con sacerdotes irlandeses en Acapulco" se rió. "Mi padre es un católico muy devoto. Va a misa todas las mañanas cuando viene de visita, aunque sus padres lo bautizaron en honor de Charles Stewart Parnell".

Charles Stewart Parnell fue uno de los líderes políticos más importantes del siglo diecinueve, miembro de la Iglesia de Irlanda (Protestante), cuyos miembros eran en su mayoría unionistas.

"¿Dónde vive usted?" le pregunté.

"Tengo una casa en Ciudad de México" respondió "pero paso la mayor parte del tiempo en los Estados Unidos".

"¿Le gusta México?" dije.

"Adoro este país. Tengo hermosos recuerdos de este lugar. Solía venir con John Wayne. Acapulco es muy especial para mí". Hizo una pausa, reflexionando. "¿Has oído hablar del Batallón de San Patricio?"

"Ciertamente" respondí, explicándole de dónde venía el nombre del Instituto Irlandés.

"Creo que se podría hacer una magnífica película con esa historia. Me encantaría hacerla".

Yo me había quedado pensando desde que ella había dicho que conocía a John Wayne, y entonces me di cuenta de quién era: ¡Maureen O'Hara! La había visto en 'Long Grey Line' y en el clásico 'The Quiet Man', la película favorita del Día de San Patricio. Durante los días siguientes llegué a conocerla bastante bien. Su representante, Sammy, era un tipo comiquísimo, a quien le encantaba hacer payasadas en la piscina. Le encantaba mostrar a los "padres" las dos medallas que llevaba al cuello, una con la imagen de San Cristóbal, patrono de los viajeros, y otra con la Estrella de David.

Quince años después, volvería a encontrarme con Maureen O'Hara, en circunstancias muy diferentes.

⸎

El Padre Fernández Amenábar era un compañero frecuente en estos viajes, y cuando él estaba presente, la diversión estaba asegurada. Con su sabiduría mundana, irradiaba una exuberante alegría de vivir. Me gustaba su espiritualidad sencilla. Era relajado en su actitud ante las devociones y las reglas. De toda la gente que he conocido, Juan Manuel era el que mejor sabía disfrutar de la vida. Vivía en el presente, tal vez porque tenía una enfermedad coronaria congénita y sabía que vivía tiempo de descuento. Amenábar se convirtió en mi mentor y tuvo una enorme influencia en mi vida.

Era un profesional consumado en el arte de recaudar fondos. Creo que ése era el principal motivo de que lo eligieran para dirigir el Instituto Irlandés. Como Director de la escuela, tenía mucho contacto con los acaudalados padres de los alumnos y asistía con frecuencia a comidas en sus casas. Aunque el Instituto Irlandés era una escuela pequeña, rápidamente atrajo a los hijos de algunas de las familias más poderosas de México. Generalmente Juan Manuel iba solo a estos eventos. Al igual que el Padre Maciel, parecía manejarse con otras reglas.

Steve, el único hijo de la familia Allen, asistía al Instituto Irlandés. Tenía unos 11 años; era un buen nadador y soñaba con competir. Estaba feliz cuando le enseñé la "zambullida de carrera", que según él creía, lo ayudó a ganar algunas carreras. Douglas, el padre de Steve, era un importante hombre de negocios en México. Nancy, su madre, era muy atractiva y se mantenía en forma. Era fácil ver que había sido una conocida modelo en su época, en los Estados Unidos. Steve les contó a sus padres todo sobre su nueva habilidad para zambullirse. Nancy agradeció mucho mi influencia sobre su hijo, y nos hicimos amigos. Un viernes por la tarde llamó para invitarme a un brunch el domingo. Le sugerí al Padre Amenábar que me acompañara. Yo sabía que no podía ir solo, ya que los Legionarios deben ir siempre acompañados por otro Legionario cuando visitan a los laicos. Me pareció que al asistir al brunch podríamos sentar las bases para recaudar fondos en la comunidad norteamericana que residía en la Ciudad de México.

Al principio, el Padre Amenábar lo dudó. No hablaba inglés y la perspectiva de pasar una velada con un grupo de norteamericanos no era demasiado atractiva. Yo realmente quería ir. El brunch con una familia norteamericana era para mí una mejor opción que la otra alternativa (jugar frontenis en el Centro Cultural Inter-Americano en Tlalpan). Finalmente, el Padre Amenábar aceptó acompañarme. Estaba siempre dispuesto para una fiesta y sabía que la gente lo encontraba encantador, incluso si no entendían una palabra de lo que decía. Nos pusimos nuestros mejores trajes, con la característica camisa blanca y corbata negra; la gente tenía una misteriosa habilidad para reconocer a un sacerdote o a un religioso a pesar de que el atuendo clerical estuviera prohibido.

Como los Allen eran norteamericanos, llegamos al Brunch a las 12:30. Yo había aprendido que en México los eventos sociales no empiezan hasta una hora después de la hora indicada, por lo que llegar temprano incomodaría al anfitrión, que tal vez no estuviera listo. Nancy, la ex modelo, abrió la puerta ella misma, algo inusual. Normalmente era una persona del servicio la que atendía la puerta, no la dueña de casa.

Nancy llevaba un traje de baño y tenía un trago en la mano izquierda.

"Pasen, pasen" nos dijo. "¡Bienvenidos a nuestro hogar!" Cerró la sólida puerta de madera a nuestras espaldas. Nancy era alta, incluso para una norteamericana. Nos dio un vistazo. "¡No hacía falta que se pusieran trajes!" exclamó. "Se podrían haber puesto algo más informal. Estamos bebiendo unos tragos junto a la piscina. Vengan a conocer a nuestros amigos".

Douglas Allen era alto y atlético. Tenía la seguridad de quien sabe que ha alcanzado la cumbre. Noté el logo de marca en su traje de baño rojo. Nos presentó a los demás invitados y nos sirvió unos tragos.

Todos llevaban bañador. La risa relajada y el volumen de las conversaciones daban a entender que los demás ya iban, al menos por su segunda ronda de tragos. Los niños estaban organizando un juego de voleibol en la piscina.

Juan Manuel y yo nos sentamos y empezamos a participar en la conversación. Yo estaba incómodo y me sentía fuera de lugar. Juan tampoco estaba tan relajado como de costumbre. Tomaba su trago respondiendo "yes, yes" cuando alguien le dirigía la palabra. Pero pronunciaba "yess, yess," con un marcado sonido gutural.

"Hey, Padres" dijo Doug "¿por qué no se quitan las chaquetas?" El resto del grupo aprobó el pedido.

"¡John, quiero verlo nadar!" me dijo Nancy. "Steve no para de hablar de su estilo".

Miré a Juan Manuel.

"Yess, yess, Hermano John, nade" me dijo.

"Yo no nadar. Yo quedar trago" dijo en su inglés chapurreado.

Nancy me dijo que subiera a su recámara.

"Fíjese en los cajones de abajo del armario de Doug" me indicó. "Usted y Doug son más o menos de la misma talla. Seguramente encontrará algo que le quede bien".

Subí por la escalera de mármol curva hasta el dormitorio principal y abrí el armario que Nancy me había indicado. ¡Doug tenía tres cajones llenos de trajes de baño! Me quedé estupefacto. En ese momento yo ya me había habituado a mi voto de pobreza, según el cual sólo usábamos lo indispensable para nuestro apostolado. Tres cajones de trajes de baño me parecían una opulencia inaudita. Elegí uno azul marino, me lo puse y dejé mi ropa en la cama King. Al salir al rellano de la magnífica escalera, miré hacia abajo al hall de entrada. ¿Cómo bajaría llevando solamente un traje de baño? ¡Me sentía completamente desnudo! Mis seis años en la comunidad siguiendo las estrictas reglas de modestia me habían cambiado. ¡No pude bajar las escaleras! Volví a la habitación y encontré una toalla grande, que me enrollé alrededor de la cintura. Sintiéndome algo más cómodo, regresé a la piscina. Juan Manuel me saludó alegremente, agradecido de que no lo hicieran venir a nadar conmigo.

Me uní al grupo de adolescentes en la piscina para jugar al voleibol acuático. Muy pronto me relajé y me divertí mucho. Entretanto iban llegando más invitados. Uno de ellos se acercaba a la piscina.

"Mire, Padre Keogh" me gritó Steve "¡aquí viene Ana Luiza! ¡Es Miss Brasil!"

Ana Luiza se deslizó al agua y se acercó a saludarnos, con su cuerpo bronceado brillando por el bronceador. Su bikini estaba hecho de pequeñas cadenas plateadas y nada más. Reanudamos el juego, con Ana Luiza en el equipo opuesto al mío. Cada vez que saltaba para golpear la pelota, las cadenas de su bikini se movían y me distraían por completo. No jugué bien, pero pasé un rato estupendo.

Más tarde, cuando volvimos a casa, hice mi examen de conciencia nocturno. No podía sacarme a Ana Luiza de la cabeza. Antes de dormirme, seguía pensando en lo que me había dicho Nancy al despedirnos:

"Oh John" dijo riendo "tenemos que encontrarte una linda chica. ¡Es un desperdicio que seas sacerdote! Tengo a la candidata perfecta para ti".

Nancy Allen era muy insistente. Durante una de mis numerosas visitas a su casa, me presentó a la "chica perfecta" para mí. ¡Yo no podía creer que estuviera tratando de encontrarme pareja! Después me dijo: "Es realmente una lástima que seas sacerdote. Tienes que vivir tu vida. Te voy a presentar a un amigo, es Decano en UCLA" me dijo. "Él puede conseguirte un trabajo. Serías un excelente profesor".

Recuerdo a Nancy y a su familia con mucho cariño. Mi problema era que yo tenía demasiada fuerza de voluntad. Así me había forzado a creer que debía tener vocación religiosa, porque cada vez que mencionaba mis dudas en la dirección espiritual a la que asistíamos dos veces por mes, mis superiores siempre me decían que sólo era cuestión de ser más generoso.

"Dios te llama, Hermano" era el mantra de mis superiores.

"¿Cómo puedes negarte?"

Además de Acapulco, algunas veces nuestra pequeña comunidad del Instituto Irlandés aceptaba invitaciones de familias hospitalarias para visitar sus ranchos. Muchas de estas estancias eran antiguas haciendas coloniales. Eran hermosas y elegantes, y una de ellas, una plantación de café en Jalapa, Veracruz, era absolutamente exquisita.

Durante el tiempo que viví en México, aprendí a montar a caballo y estaba bastante cómodo, siempre que contara con una montura al estilo tejano. Los estribos del típico charro mexicano siempre eran demasiado cortos para mis piernas largas. Los mexicanos y los irlandeses compartimos el amor a los caballos, pero creo que los mexicanos piensan que la cómoda montura tejana es para mariquitas. Este lugar tenía un hermoso semental irlandés; cuando lo montaba, tenía una sensación de camaradería con él.

En una ocasión, cuando volvíamos a la hacienda a medio galope, el caballo se cayó y yo salí volando por el aire. Recuerdo perfectamente haber pasado por entre las orejas del animal y manotear lo que pudiera para evitar que cayera encima de mí. Del rancho llegaron a todo galope... ¡para socorrer al caballo! Gracias a Dios, estaba bien. Le rociaron un antiséptico púrpura en un corte que se había hecho en la cara. Yo tenía el brazo lastimado y sangraba por encima del codo. Cuando los caballerangos terminaron con el caballo me rociaron un poco del producto púrpura, como una idea de último momento.

Al volver a mi habitación, encontré mis calcetines, que había dejado dentro de los zapatos, lavados, planchados (!) y doblados sobre la cama King. El personal de la casa principal me atendió la herida del brazo con mucho cuidado. Después nuestra pequeña comunidad se reunió en el porche para disfrutar de unos vodka tonics mirando al valle. En momentos como éste, todas las dudas sobre mi vocación y sobre todo lo demás desaparecían.

—⚬⚬⚬—

Don Antonio fue Director de PEMEX, la compañía de petróleo estatal de México, desde 1947 hasta 1958. PEMEX fue creada por el Presidente Lázaro Cárdenas en 1938, quien se puso del lado de los trabajadores petroleros durante la huelga que organizaron contra las empresas norteamericanas y anglo-holandesas, expropiando todos los recursos e instalaciones petroleros. Nacionalizó las operaciones extranjeras. Algunos gobiernos extranjeros cerraron sus mercados al petróleo mexicano como represalia, pero a pesar del boicot, PEMEX llegaría a ser una de las empresas petroleras más grandes del mundo. PEMEX ayudó a México a convertirse en uno de los tres principales proveedores de petróleo a Estados Unidos, junto con Canadá y Arabia Saudita.

Como Director, Don Antonio era responsable de buscar constantemente nuevos pozos de petróleo. Insistía en que el Gobierno no debía confundir las reservas de petróleo con las reservas financieras. Dirigía una organización muy importante en nombre del Gobierno Mexicano, y cuando se jubiló de PEMEX, redescubrió la importancia de Dios. Los políticos en México debían ser cuidadosos en materia de religión. Para tener éxito, un político tenía que ser prácticamente anti-Católico y jamás podía profesar su fe abiertamente. Yo estaba presente cuando el Padre Maciel le dio a Don Antonio un crucifijo que había traído de Roma.

"El Santo Padre en persona bendijo este crucifijo y me pidió que se lo diera a usted de su parte, Don Antonio" le dijo.

El hombre alto, digno y de cabello blanco se emocionó. Sus ojos se llenaron de lágrimas y su esposa lo tomó del brazo, secándose las lágrimas con un pañuelo. Sin duda ella había rezado por muchos años, pidiéndoles a Nuestro Señor y a la Virgen María un momento así para su marido.

El Padre Maciel presentó a Don Antonio con Don Santiago Galas. Don Santiago ya había donado algunos terrenos necesarios para el Instituto Irlandés. Don Antonio donó lo que faltaba. Es por esto que la asociación que tiene la propiedad legal del Instituto Irlandés se llama Asociación civil Bermúdez Mascareñas, en honor de Don Antonio y su esposa.

El Padre Amenábar se hizo amigo de Don Antonio y un día vino muy entusiasmado.

"¡Don Antonio nos invitó a su rancho en Veracruz!"

Yo sabía que Don Antonio era un amante de los caballos y que, a pesar de su edad avanzada, montaba siempre que su agenda se lo permitía.

"¿Se imaginan lo que debe ser ese lugar?" nos preguntaba el Padre Amenábar.

Acudieron a mi mente imágenes de una hacienda colonial, con un personal amable y caballerizas de última generación. El primer fin de semana largo del calendario escolar, cuatro de nosotros partimos hacia Veracruz. Cinco horas más tarde estábamos perdidos en un camino sin pavimentar, en las tierras bajas tropicales. Yo conducía y Amenábar me dictaba indicaciones (todas equivocadas) de un papel en el que había anotado las instrucciones de Don Antonio.

Hacía calor, había mucha humedad y empezamos a preocuparnos. Había pasado al menos una hora desde que habíamos visto señales de vida humana. Finalmente llegamos a un portón de hierro. En la oscuridad pudimos ver la casa al otro lado, con una solitaria luz encendida.

"¡Tiene que ser ésta!" dijo Amenábar con gran alivio. "Seguramente aquí viven los empleados de la estancia. Ellos nos llevarán a la hacienda".

Abrimos el portón y entramos con el auto. Estacioné debajo de un árbol y apagué el motor. En ese momento, dos monos treparon al capó y empezaron a golpear el parabrisas. ¡Me asusté tanto que casi mojo mis pantalones! Estaba completamente oscuro, a excepción de la tenue luz de la lámpara de la casa. Nos quedamos en el auto hasta que nuestros ojos se ajustaron a la oscuridad, mirando a los monos bailando en el capó. Rompimos a reír, aliviados de que fueran monos en lugar de algo más peligroso, y también porque vimos las cadenas que los ataban a un árbol.

Salimos del auto y golpeamos a la puerta, con los monos parloteando de fondo. Se encendieron las luces de la casa. Por lo poco que pudimos ver, el lugar estaba muy lejos de ser una hermosa hacienda.

"Si ésta es la casa de servicio, ¡la casa principal será espectacular!" dijo Amenábar.

El hombre que nos abrió la puerta se presentó como Manuel.

"Bienvenidos a la casa de Don Antonio" dijo. Buscamos las maletas y lo seguimos por la escalera que llevaba a la parte posterior de la casa.

"Probablemente aquí duerme el personal" dijo Amenábar. "Seguramente las escaleras llevarán al patio y a la casa principal".

Entretanto, Manuel había encendido unas luces y abierto algunas puertas.

"Aquí están sus habitaciones, Padres" dijo mostrando dos pequeñas habitaciones, cada una con dos catres. "Por favor, prepárense para acostarse pronto porque tengo que ir hasta el río a apagar el generador. En diez minutos todo estará a oscuras. Buenas noches".

Cuando bajamos a desayunar la mañana siguiente, nos dimos cuenta de que estábamos en la "hacienda". No había una "casa grande". Era un rancho de trabajo, con los servicios básicos. Tomamos el desayuno al aire libre en el patio de atrás. La comida la sirvió la hija de Manuel, una bonita muchacha de piel clara y perfecta y, supuse, unos veintidós años. Era muy tímida. El desayuno fue abundante y delicioso. México es el mejor país del mundo para desayunar. Manuel nos acompañó a la cabecera de la mesa. Era el administrador del rancho y una persona muy ejecutiva.

"Don Antonio me dijo que les gustaría montar" dijo.

"Los peones están ensillando a los caballos y los traerán después del desayuno. Buen provecho, que disfruten del desayuno".

Me pareció que no estaba muy entusiasmado por tener que recibir a cuatro Padres durante el fin de semana.

Después del desayuno, cuatro peones bajos y con sombrero trajeron cuatro hermosos caballos al patio. Dos de ellos traían antiguas monturas inglesas, y dos charros. Tomamos nuestros sombreros y nos preparamos para montar. Uno a uno, los peones nos ayudaron a subir juntando las manos. Me pareció demasiado servil que nos ayudaran a montar.

"Por el amor de Dios, somos Padres" pensé yo.

"Podemos subir solos a los caballos". Una vez que hubimos montado, los peones no nos dieron las riendas, como yo esperaba, sino que nos llevaron a dar una larga vuelta por el patio. Manuel supervisaba la operación desde los escalones del porche. Parecíamos niñitos montando un pony en la feria. Amenábar fue el primero que se dio cuenta de lo que pasaba, y rompió a reír.

"Señores" dijo "les han dicho que los Padrecitos (un término cariñoso en México para referirse a los sacerdotes) querían montar; supusieron que no teníamos la menor idea de cómo hacerlo, así que nos sacan a dar unas vueltas por el patio".

Por respeto a los rancheros, nos quedamos en los caballos y dimos unas vueltas antes de desmontar. Cuando se llevaban a los caballos, me senté con Manuel a tomar una limonada, servida por su hija. Supongo que pensaron que estaríamos agotados después de la cabalgata. Le dije a Manuel que algunos de nosotros sabíamos montar y que en realidad nos gustaría dar una larga cabalgata.

"¿Quiere decir, salir del corral ustedes solos?" preguntó Manuel.

"Eso sería fantástico" respondí. "Nos encantan los caballos. Como trabajamos en la Ciudad de México, no siempre tenemos la oportunidad de relajarnos en un hermoso campo, como éste".

Noté que su hija, Gabriela, se alegraba de escuchar que éramos más aventureros de lo que su padre suponía. ¡Yo prefería que ella me viera como un jinete viril, y no como un desvalido seminarista! No hablaba mucho, pero me pareció detectar más calidez en su sonrisa.

A medida que hablábamos, Manuel también se volvió más amable, al darse cuenta de que él y sus hombres no tendrían que pasar todo el fin de semana cuidando de los Padrecitos. Habían traído las monturas inglesas pensando que las preferiríamos a las duras monturas mexicanas. En un rancho de ganado, una montura inglesa no resulta demasiado útil.

"Cuando viene Don Antonio, monta todos los días" me contó Manuel.

"No estamos habituados a recibir visitas, pero haremos todo lo posible para que disfruten del rancho".

El aislado rancho de Don Antonio en Veracruz se convirtió en uno de mis lugares favoritos en México. Volví allí dos o tres veces con otro Legionario dublinés llamado Brian Stenson. A ambos nos encantaba montar, y logramos que nuestras vacaciones en el rancho fueran provechosas: salíamos a cabalgar por la mañana temprano, y estudiábamos toda la tarde. Los peones eran verdaderos vaqueros; parecían pegados a sus monturas y usaban sus lazos con sorprendente precisión. Ensillábamos y cepillábamos a los caballos junto con ellos y creo que eventualmente nos hicimos amigos. Yo salía con ellos al amanecer y aprendí a arrear el ganado hacia otros ranchos, donde se le pesaba y vendía. Algunos días montábamos durante ocho horas seguidas. El truco consistía en arrear el ganado lentamente antes de pesarlo, para que no tuvieran el estómago vacío y pesaran más. Los hombres del comprador, que nos acompañaban, querían que el ganado se moviera más rápido para que hicieran sus asuntos y pesaran menos.

"Mañana por la mañana vamos a castrar a unos toros, Padres" nos dijo Manuel un día. "¿Quieren venir?"

Partimos temprano y cabalgamos hasta un corral lejano.

"Tengan cuidado" nos advirtió Manuel. "A los toros no les gusta que les corten los "huevos". Si no se mantienen apartados, ¡los atacarán!"

Los peones enlazaban a los toros uno por uno, los ataban a un poste en el corral y hábilmente los volteaban al suelo. Luego, rápidamente y con una navaja afilada, consumaban el hecho. Vi que ponían los testículos en una bolsa de plástico, atada al pomo de la montura de Manuel. Cuando los vaqueros liberaban a los novillos, éstos galopaban enloquecidamente por el corral, para descargar la furia que les producía haber perdido su masculinidad. Yo me mantuve apartado, en mi caballo.

Al atardecer cenamos al aire libre en el patio, como de costumbre. Gabriela trajo el primer plato. Luego sirvió el plato principal, un delicioso guisado que disfruté mucho. Los vegetales me resultaban familiares, pero las albóndigas de carne eran totalmente distintas y tenían una textura diferente a las albóndigas comunes. Eran firmes pero tiernas al mismo tiempo.

"¡Qué deliciosa comida!" le dije a Gabriela.

"Gracias" respondió.

"¿De qué estaban hechas las albóndigas?" le pregunté. Ella me sonrió, se sonrojó y se volvió.

"Padre" dijo Manuel riéndose "¡acaba de comerse los huevos de los toros!"

Me pregunté si esto afectaría mi voto de Castidad.

Un sacerdote toma el voto de castidad y celibato para entregar su corazón, mente y voluntad a Cristo. En realidad, celibato y castidad son cosas distintas, aunque para mucha gente se han vuelto sinónimos. El celibato significa abstenerse del matrimonio. El voto de castidad prohíbe todo placer sexual voluntario, ya sea interno o externo.

Durante mi trabajo en el Instituto Irlandés y en los siguientes apostolados, conocí a muchas mujeres atractivas. Indudablemente, la gran mayoría de ellas comprendía y respetaba mis votos. Sin embargo, esta "comprensión" involuntariamente me generaba una dificultad especial. Las mujeres confiaban en mí y me respetaban porque yo era un "padre". No les importaba que yo estuviera ordenado o no. Las mujeres mexicanas profesan un gran respeto a los sacerdotes; mi posición las hacía confiar en mí. Escuché muchas historias sobre las idas y vueltas de sus relaciones románticas, sobre la búsqueda del amor verdadero, sobre esposos infieles y problemas familiares. Yo era un buen escucha, pero por mi edad y mi limitada experiencia, estaba completamente fuera de mi elemento.

Cuando llegué a México, acababa de salir de la adolescencia y, a todos los efectos, estaba "casado" con Cristo. Podríamos decir que yo sentía que mi vocación ya no estaba a prueba. Mis superiores Legionarios, incluyendo a Nuestro Padre, ya no dudaban de mi vocación. Si alguna vez tenía una "crisis", mi Director Espiritual simplemente apelaba a mi generosidad y a mi fuerza de voluntad.

Yo entiendo cómo pensaban mis superiores. La inauguración a tiempo del Instituto Irlandés en febrero de 1966 era una jugada táctica de especial importancia para asegurar la capacidad de la Legión de atraer a las familias poderosas y vencer a nuestra competencia, el Opus Dei.

El Opus Dei fue fundado por Josemaría Escrivá en España en 1928. Por lo que yo veía, las misiones del Opus Dei y de la Legión no eran muy diferentes. Pero el Opus Dei ya estaba muy avanzado en reclutar laicos que se comprometieran a vivir el Evangelio. El Instituto Irlandés estaba pensado como una opción para las influyentes familias católicas de la Ciudad de México, mejor que lo que el Opus Dei tenía para ofrecer. Claramente el Padre Maciel no deseaba ser superado por su rival español en México. Estaba compitiendo con Monseñor Escrivá, el fundador del Opus.

Yo no sabía que Su Santidad el Papa Juan Pablo II canonizaría al Fundador del Opus Dei el 6 de Octubre de 2002. Tampoco sabía que la vida de mi Fundador tomaría un giro muy distinto.

Para fundar el Instituto Irlandés se necesitaban dos o tres Legionarios irlandeses. ¿Quiénes estaban disponibles para ser elegidos por Nuestro padre? Los Legionarios irlandeses fundadores se habían unido apenas dos años antes que yo e iban camino a la ordenación. No estaban disponibles. Las otras posibilidades eran las promociones irlandesas de 1961 y 1962, unos veinte candidatos en total.

El Padre Maciel escogió dos Legionarios para la tarea: John Walsh y yo. John parecía tener una vocación firme como una roca y estaba dedicado por completo a la Legión. Por mi parte, yo tenía excelentes cualidades para relacionarme con las personas, mucha confianza en mí mismo y la capacidad de aprender rápido. No era ni remotamente tan piadoso ni espiritual como John Walsh, pero era hábil para las relaciones públicas. El Padre Maciel supuso que combinando nuestras personalidades bajo la dirección de Juan Manuel se aseguraría un comienzo exitoso para la nueva escuela.

A diferencia de John, yo llegué al Instituto Irlandés directamente desde el juniorado de Salamanca. Aunque había terminado mis estudios en humanidades clásicas, había pasado la mayor parte del tiempo conduciendo por España y reclutando. Sin importar cuánto me esforzara, yo sabía que mi relación personal con Cristo no era lo suficientemente fuerte. Lo sabía en aquel momento, pero no lo aceptaría plenamente hasta que me enviaron a Gabón. Muchos de mis colegas Legionarios tenían una relación de amor intenso con Jesús que los sostenía en cualquier circunstancia. Eran capaces de prescindir de cualquier relación íntima con otro ser humano. Por supuesto, se sentían atraídos por las mujeres, al igual que yo, pero su compromiso con Cristo era más fuerte que cualquier atracción humana. Hoy son seres humanos felices y plenos que dan testimonio del amor de Dios, porque el celibato es algo hermoso, si se vive como algo positivo.

Mi mayor desafío era mi sensación de interminable soledad, a pesar de estar siempre rodeado de gente y de estar siempre ocupado. Mi soledad tenía que ver con la dificultad de reconciliar las amistades que hacía, con el mandato de entregar mi corazón exclusivamente a Jesucristo.

Santa Teresa de Lisieux comprendió instintivamente cómo la soledad y la añoranza que sentimos pueden eventualmente conducirnos a un lugar en nuestro interior que ella llamaba "el exilio del corazón". Así llamaba ella a su vida como monja. Sabía que la castidad y la soledad nos obligan a enfrentarnos con nosotros mismos, y a reconciliarnos no sólo con la persona que creemos ser, sino a conocer y amar a la persona que somos en realidad. Aunque me llevaría mucho tiempo actuar en base a mi intuición, yo sabía que mi vida espiritual no era lo suficientemente fuerte como para sostener mi compromiso con una vida de celibato en la Legión.

Mucho más tarde, aprendí que el matrimonio ofrece no sólo compañía, sino también el don de los recuerdos compartidos. Las parejas comparten metas de vida a medida que construyen su relación a lo largo del tiempo. Sé que las personas casadas pueden sentirse solas, pero no es exactamente la misma soledad que la del célibe. Tal vez existan dos vocaciones distintas: una la del sacerdocio, otra la del celibato. No son sinónimos. Pero hasta ahora en la Iglesia Católica, la única opción es el paquete de ambas.

⁂

En 1968, todos los Legionarios que trabajaban en México fueron convocados a una reunión en Cotija. Recuerdo que no sabíamos bien si íbamos a un retiro espiritual o a una especie de conferencia especial con Nuestro Padre. Nadie parecía saber cuál era el objetivo del encuentro. Sin embargo, la convocación a Cotija y los rumores que corrían parecían sugerir que estábamos por ser testigos de algo que tendría un significado histórico para la Legión. Resultó que íbamos a conocer al Regnum Christi, una importante adición diseñada como parte integral de la fundación del Padre Maciel. El Padre José Antonio Alonso y el Padre Ferrán, que habían venido de Roma, dieron un seminario de introducción al "Manual" de Regnum Christi.

Los presentadores eran muy serios. Por alguna razón extraña, me pareció que irradiaban un aire de superioridad; sabían algo que nosotros ignorábamos. Cuando me senté en el gran salón de la casa que usábamos para la reunión, vi un montón de libros rojos y blancos sobre las mesa de los presentadores. Era la primera edición del Manual de Regnum Christi.

Había una gran Biblia colocada en un pedestal frente a nosotros. Antes de comenzar la conferencia, nos indicaron que pasáramos al frente, uno por uno, y que juráramos sobre la Biblia que no revelaríamos el contenido del Manual a nadie fuera de la Legión o del nuevo "Movimiento" (Regnum Christi). Yo quedé perplejo por el secreto, y pensé que un juramento público era demasiado para un grupo de religiosos. Nos pidieron que nos retiráramos si no estábamos preparados para jurar. Yo me preguntaba qué estábamos por escuchar.

Pasamos los días siguientes escuchando conferencias repetitivas y estudiando el Manual en insoportable detalle. Éste delineaba un acercamiento a la espiritualidad laica y una metodología para el desarrollo de la nueva organización. Sin duda había sido escrito en Roma por sacerdotes o hermanos con poca experiencia de lo que era realmente el apostolado. Parecía que estaban tratando de remozar los principios básicos de la espiritualidad en el estilo de una encíclica papal, basando cada afirmación en una cita del Nuevo Testamento o en los escritos de los Padres de la Iglesia. El estilo era forzado, rebuscado y poco atractivo. Parecía que los presentadores querían recalcar la enorme importancia del evento en la historia de la Legión. Yo ya había escuchado todo esto antes, de boca del Padre Maciel.

Para mi sorpresa, no nos permitieron quedarnos con copias individuales del Manual; aparentemente, nos enviarían copias controladas al regresar a nuestros lugares de residencia.

La reunión de Cotija a mi me pareció un asunto de mucho ruido y pocas nueces y me hizo sentir incómodo. Tal vez esto se debió al requisito de secreto, o a que se hacía más hincapié en la metodología de reclutamiento y organización que en el desarrollo de nuestra espiritualidad. Había ocurrido algo importante, y a mí no me gustaba.

Estoy seguro de que el Padre Maciel había tenido la idea de Regnum Christi en su cabeza por muchos años. Siempre hablaba de salvar a la Iglesia a través de la participación de los católicos laicos comprometidos. A mí solía entusiasmarme esta idea; después de todo, era evidente que la Iglesia era incapaz de reclutar suficientes sacerdotes, al menos en los países desarrollados. Era igualmente evidente que los sacerdotes abandonaban los hábitos para casarse en los años que siguieron al Concilio Vaticano. El Padre Maciel insistía en que, debido a su formación insuficiente, muchos sacerdotes no estaban a la altura de la exigente tarea de evangelizar líderes sofisticados e influyentes. El énfasis en la participación estratégica de los laicos parecía ser el rasgo que diferenciaba la visión del Padre Maciel de la de otros Fundadores.

Sin embargo, el Opus Dei tenía el mismo objetivo. Me pregunto si la idea se le ocurrió primero al Padre Maciel o a Monseñor Escrivá. Ambos grupos eran relativamente recientes, y desde mi punto de vista sus objetivos tenían mucho en común. Yo estaba en el equipo de la Legión y quería ayudar a vencer al Opus Dei en la carrera por ganar los corazones y mentes de los mejores y más inteligentes para Cristo.

El Padre Alfredo Torres, uno de los primeros Legionarios mexicanos, que era rector en Roma cuando yo estuve allí en 1964, fue enviado a Madrid en 1965 para establecer la Legión en el distrito universitario. A pesar de que no tenía fondos ni contactos importantes, tuvo éxito en su trabajo y abrió una residencia universitaria llamada

"Colegio Hispano-Mexicano". Yo había oído decir que algunos de los estudiantes universitarios habían hecho una especie de "compromiso" con la Legión.

El Padre Alfredo siempre nos hablaba con mucho entusiasmo de su trabajo y de Maciel. Recuerdo que me intrigaba qué era lo que esperaba lograr con sus estudiantes "comprometidos". Poco después de la reunión de Cotija, conocimos a los primeros "miembros consagrados" de Regnum Christi. Yo conocía a varios de ellos porque asistían a nuestras escuelas. Recuerdo que me sentí irritado porque nos presentaron a estos nuevos reclutas como extraordinarios ejemplos de virtud y generosidad, y se nos invitaba a que los imitáramos. El Padre Maciel estaba obsesionado con ellos. Parecía casi como si fuera mejor ser un laico consagrado que un estudiante de camino a convertirse en sacerdote Legionario.

El Padre Maciel empezó a trabajar en el primer borrador de los estatutos de Regnum Christi en 1959. Probablemente eso significa que encargó la escritura a algunos intelectuales de confianza que estudiaban en Roma. Aunque el Padre Maciel era un prolífico "escritor" de cartas, yo sabía que la mayoría de ellas no las escribía él. Yo escribí algunas, en nombre suyo. A fines de la década de 1960 su colección de cartas tenía varios tomos. Gran parte del alimento espiritual de los Legionarios consistía en leer y meditar a partir de ellas. Todas las charlas dominicales en las casas de formación y apostolado las usaban profusamente. Yo nunca pensé que fueran especialmente inspiradoras. Algunas eran directamente aburridas y repetían los mismos temas básicos una y otra vez. El mensaje básico era una espiritualidad cristiana ortodoxa, haciendo énfasis en la relación personal con Cristo y ensalzando siempre la fidelidad, la metodología y la disciplina. Por qué eligió el estilo epistolar, no tengo idea. ¿Creería que era lo que habían hecho los otros Fundadores de congregaciones religiosas? ¿O le resultaba más fácil delegar la escritura de cartas cortas que la escritura de un libro?

Recibir una carta personal con la firma del Padre Maciel era motivo de júbilo. Éstas eran las únicas cartas que nuestros Superiores no censuraban. Algunas iban dirigidas a grupos, otras se escribían en ocasiones festivas. Las más interesantes eran las que trataban sobre las transgresiones a la disciplina. Los nombres de los destinatarios se mantenían anónimos, pero siempre era divertido especular sobre quién se habría metido en problemas.

Para mí, las cartas eran similares a sus frecuentes sesiones orales de "preguntas y respuestas". A pesar de su carisma, el Padre Maciel no era un gran orador. Su tono de voz era monótono, se repetía mucho y muchas veces resultaba aburrido. Yo prefería las charlas en las que nos ponía al día de los nuevos logros de la Legión o en las que nos contaba la historia de la Legión. A pesar de esto, era siempre irresistible, y mis compañeros y yo esperábamos ansiosos estas charlas y nos sentábamos en embelesado silencio. Hablaba constantemente del apoyo de Cardenales, Obispos y el Santo Padre a nuestra nueva Congregación. Pero, como yo creía que el fundador representaba la Voluntad de Dios, a mi no me importaba en absoluto que fuera aburrido.

❧

En la reunión de Cotija quedó muy claro que el nuevo Movimiento era más importante que la Legión. Ensalzaban continuamente las virtudes de los estudiantes universitarios "comprometidos". Aprendimos que, al igual que nosotros, habían tomado los votos de Pobreza, Castidad y Obediencia, prometiendo vivir una vida laica consagrada a Cristo. Aún hoy recuerdo que me sentí como un ciudadano de segunda cuando el Padre Maciel los comparó con nosotros. Ellos eran las nuevas estrellas. Los Legionarios, que íbamos a ordenarnos sacerdotes, que habíamos cumplido durante años con los votos, de pronto parecíamos menos importantes. Esa reunión en Cotija fue un momento decisivo de desilusión para mí. Tomé conciencia de que la nueva metodología y organización habían reemplazado a la espiritualidad, y pensé que sonaba a manipulación y bordeaba en fanatismo.

Regnum Christi ofrecía tres niveles de compromiso. Como Legionario profeso, yo era miembro del tercer nivel. Este nivel estaba abierto para los hombres y mujeres consagrados, es decir, laicos que hubieran hecho los mismos votos que yo. El Segundo Nivel consistía en miembros no consagrados que servían al Movimiento a tiempo completo, trabajando con los Legionarios o con los miembros de

Regnum. Por último, el primer Nivel era para miembros laicos no consagrados.

Básicamente, el manual de Regnum Christi repetía la espiritualidad Legionaria, aplicándola a una organización paralela de laicos. Me di cuenta de que los estudiantes universitarios comprometidos de la residencia del Padre Alfredo en Madrid eran los primeros miembros formales del nuevo movimiento. El rasgo distintivo de la Legión sería su estructura organizativa. Con el pasar del tiempo, esto se hizo más y más evidente. Las consecuencias no siempre fueron buenas.

Desde ese momento, el incansable reclutamiento de nuevos miembros se convirtió en el principal objetivo de nuestra vida. Comenzamos a funcionar casi como una Iglesia dentro de la Iglesia; éramos fieles al Papa, pero no nos preocupábamos por encajar en las estructuras existentes. Nuestro trabajo consistiría en infiltrarnos en cada organización, diócesis o universidad, con o sin invitación de la jerarquía, para reclutar nuevos adherentes a Regnum Christi.

Creamos una nueva organización para jóvenes. Inicialmente se llamó ECYD (Educación, Cultura y Deporte). Nuestro objetivo era formar muchachos y muchachas para que tuvieran autodisciplina y fueran jóvenes católicos seguros de sí y comprometidos con la mejora de las comunidades en las que vivían. Esto no me resultaba nada nuevo; era lo que tratábamos de hacer en el Instituto Irlandés. Lo que *sí* era nuevo era la metodología bien definida y omni-abarcativa que nos revelaron en Cotija. Nos proponíamos brindar una atmósfera integral, donde los jóvenes pudieran desarrollar una relación personal con Jesucristo, su hermano y amigo, a través de programas deportivos, educativos y creativos. Al ser miembros del ECYD se sentirían inclinados a servir a la Iglesia, a su casa, a su comunidad y a su escuela. Y luego estarían listos para Regnum Christi.

Después de Cotija, sentí que mi vocación Legionaria se había redefinido. Todo lo que tendría que hacer (mi "rendimiento") de ahí en adelante sería evaluado en base al reclutamiento para ECYD y Regnum Christi.

Entretanto, el Instituto Irlandés era tan exitoso que decidimos abrir otro en Monterrey, la capital industrial de México. Me enviaron allí un par de meses para ayudar a poner la nueva escuela en funcionamiento. Está en el barrio residencial San Pedro Garza García, el más rico de Monterrey.

Mi compañero David Hennessy me acompañó. No había espacio para los dos en la pequeña residencia alquilada de Monterrey, de manera que nos pidieron que nos hospedáramos en la casa de la señora Flora Barragán de Garza. Doña Flora, como la llamábamos, era la viuda del hombre más rico de México en su tiempo y había sido una importante benefactora del Padre Maciel. Había donado el terreno para el Instituto Cumbres, la primera escuela de la Legión en México, y fue un verdadero honor hospedarnos en su casa. También era agradable salir de la rutina de la vida comunitaria que yo llevaba en la Ciudad de México. Flora nos trataba como a sus hijos. Me sentí muy afortunado por conocer a la mujer que había jugado un papel tan importante en ayudar al Padre Maciel a crear su primera escuela.

En 1951, tres años después de la muerte de su esposo, Doña Flora realizó un viaje de peregrinación a Roma. En el Vaticano conoció a Monseñor Giovanni Battista Montini, quien más tarde sería el Papa Pablo VI. Le contó al buen Monseñor que deseaba construir una escuela en memoria de su marido y él la puso en contacto con los Legionarios, que acababan de abrir su primer seminario en Roma. Parece ser que la envió a hablar con el Padre Maciel.

Gracias en parte al fuerte apoyo y ayuda financiera de la comunidad comercial de Monterrey, el nuevo Instituto Irlandés en Monterrey fue un éxito inmediato. David y yo pasábamos el día trabajando en la nueva escuela y por la noche regresábamos a la casa a cenar con Flora.

La cena era bastante formal, servida por un atento personal. Bajo la mesa, en cada asiento, había un botón de llamada conectado con la cocina. Yo jamás había visto semejante opulencia.

Una tarde, a eso de las cinco, sonó el teléfono. ¡Era mi hermano Brendan que llamaba desde el aeropuerto de Monterrey! Yo no sabía que él iba a venir a México. Me contó que acababa de terminar un trabajo de verano en Connecticut en sus vacaciones de la Facultad de Medicina en la Universidad Nacional de Irlanda.

"Jack, no sé si te das cuenta lo preocupados que están papá y mamá por ti" dijo. "Desapareciste en México. Nadie en la Legión nos dice qué estás haciendo ni cuándo serás ordenado. Cuando los amigos de mamá preguntan por ti, ¡no sabe qué decirles!""Prácticas Apostólicas", dices tú. ¿Quién diablos sabe lo que son las Prácticas Apostólicas?" Estaba muy disgustado. "¿Puedes venir a buscarme al aeropuerto? ¿Ahora mismo?" preguntó.

"Seguro" respondí yo "voy para allá".

Juan Manuel había venido desde la Ciudad de México a visitarnos. Había ido a una reunión escolar y se había llevado nuestro único auto. Lo llamé para explicarle la situación.

"¿Me das permiso para tomar un taxi al aeropuerto?" le pregunté.

"No" dijo "espérame quince minutos que ya vuelvo, así te llevas el auto".

"Gracias" respondí "por favor no te demores". Llegó una hora después.

Cuando finalmente llegué al aeropuerto, el pequeño edificio de la terminal ya estaba cerrado. Encontré a mi hermano afuera, hablando con el velador. ¡Estaba furioso! Mientras lo llevaba al hotel, no paró de hablar de lo disgustados que estaban mis padres y él con la Legión. Querían saber por qué nunca había ido a visitarlos a Irlanda. Dijo que los padres de los Legionarios irlandeses se estaban organizando para protestar por la forma en que la Legión trataba a sus hijos. Habían hablado con mis padres para que se unieran a la protesta.

Cuando llegamos al hotel, estábamos los dos bastante caldeados. Yo sentía que él estaba atacando a la Legión y él me acusaba de defender todo el tiempo al Padre Maciel y de ignorar lo dolidos que estaban mis ancianos padres. Ni bien cerramos la puerta de su habitación, empezamos a golpearnos. Por fortuna no rompimos ningún mueble y ninguno de los dos salió lastimado. La pelea sirvió para disipar la hostilidad acumulada. Luego volví a la casa de Flora para rezar mis oraciones nocturnas.

¡Brendan había tomado un autobús Greyhound desde Nueva York hasta la Ciudad de México! Tenía poco dinero e inocentemente creyó en un agente de viajes norteamericano, que le dijo que las 2.000 millas en autobús eran una forma divertida y barata de llegar a México. Tres días más tarde, llegó a buscar a su hermano Legionario. En el camino me había llamado a mi número en México para avisarme que venía. Por supuesto, no me encontró porque yo estaba asignado a Monterrey. Le dijeron simplemente que yo no estaba disponible; nadie sabía dónde estaba. Eventualmente, un Legionario (nunca supe quién) lo invitó a alojarse en la Escuela Apostólica de Tlalpan hasta que pudieran localizarme. Brendan pasó dos noches allí y detestó cada minuto. El austero entorno del seminario menor y la rígida disciplina lo abrumaron. No podía creer que muchachos tan jóvenes, algunos de 12 años, estudiaran para convertirse en sacerdotes tan lejos de sus familias y amigos.

No sé cómo se puso en contacto con María Victoria, la primera maestra contratada para el Instituto Irlandés. Ella y su familia fueron extremadamente bondadosos con él y se mostraron comprensivos con su difícil situación. Sabían dónde estaba yo e inmediatamente lo pusieron en un vuelo a Monterrey. No logré convencerlo de que toda la situación seguramente era el resultado de un lamentable malentendido, y no puedo culparlo por haber pensado que yo formaba parte de una extraña conspiración. Nos amigamos y disfrutamos de nuestro breve tiempo juntos en Monterrey.

Dos días después, tomó un vuelo a Nueva York de camino a casa en Dublín. Ingenuamente, yo también estaba perplejo: ¿por qué los Legionarios, que sabían donde estaba yo, no se lo habían dicho a mi hermano? Jamás me dieron explicaciones por la forma en que lo trataron.

___

Unos años después, Brendan se comprometió. Él y su prometida fijaron fecha para casarse el verano de 1971. Ese verano, el Padre Maciel me ordenó regresar a Roma para comenzar mis estudios de filosofía. Aproveché la oportunidad para pedirle permiso de hacer una parada en Dublín de camino a Roma, para asistir a la boda. No había vuelto a Irlanda ni visto a mi familia desde agosto de 1964.

"No, no puedo permitirte que vayas" respondió.

Yo estaba muy sorprendido. Protesté, señalando que hacía nueve años que no iba a mi casa.

"Debes tomar esta oportunidad para profundizar tu amor a Cristo".

Yo estaba amargamente decepcionado, especialmente porque la fecha de mi partida de México coincidía exactamente con el día de la boda de mi hermano.

Los Legionarios no tenían permitido asistir a las bodas familiares, pero yo sabía que él había hecho excepciones para otros y creía que mi largo servicio en México me favorecería. Muchos años después le pregunté por qué no me había permitido ir. Se acordaba perfectamente de la situación. Me contó confidencialmente que otro dublinés había sido enviado a Connecticut desde México para un trabajo de verano; en el camino, abandonó la Legión y regresó a su casa. El Padre Maciel me dijo que había temido que este individuo me convenciera de abandonar la Legión.

Enseguida me di cuenta de qué estaba hablando.

"¿Está hablando de Eddie Farrelly?" le pregunté. "Yo sabía que él había abandonado la Legión".

El hecho de que yo lo supiera sorprendió al Padre Maciel. También se sorprendió de que la partida de Eddie no me hubiera afectado. La deserción de un Legionario era un secreto celosamente guardado. Cuando se llegaba a saber que alguien nos había abandonado, la mayoría de las veces el Padre Maciel insinuaba que el individuo en cuestión había estado involucrado en algún escándalo o había cometido una infracción grave. Jamás pudo aceptar que alguien nos abandonara de buena fe. Los que se iban debían hacerlo por la puerta trasera, en la oscuridad, para que la comunidad no se diera cuenta de nada. Eddie, mi amigo desde que nos habíamos unido juntos al noviciado en 1962, llegó a Nueva York, no se comunicó con Connecticut y partió directamente a Dublín.

La explicación de por qué el Padre Maciel no me había permitido asistir a la boda de mi hermano me pareció muy mezquina. Mi único hermano jamás terminó de aceptar que no me dejaran ir a su boda. Recordaba cómo lo habían tratado los Legionarios en México y no estaba de acuerdo con cómo la Legión trataba a nuestros padres.

Finalmente el Padre Maciel me permitió visitar mi casa dos días de camino a Roma (un mes después de la boda). Desde el punto de vista de mi hermano, esto era un ulterior insulto. Fue la causa de un distanciamiento entre nosotros que el tiempo no ha curado del todo.

En 1971, la Legión había abierto un nuevo noviciado, recién construido, en un barrio de Dublín llamado Leopardstown. Mi madre estaba muy emocionada cuando se enteró de que, por fin, yo iba a visitarlos. Redecoró mi habitación por completo. Sin duda pasó semanas preparando la casa, limpiando, haciendo compras, cocinando. Mi madre era una mujer bajita, de menos de cinco pies, pero era un remolino de energía. Era muy devota, comulgaba todos los días y estaba dedicada por completo a su familia. Sé muy bien cuánto debe haber esperado mi visita. Jamás se imaginó que yo no podría dormir en casa. Según nuestras reglas, yo debía estar de regreso en una casa de la Legión antes del anochecer. En la práctica, esto quería decir que no llegaba a la casa de mis padres antes de las once de la mañana, y tenía que irme a eso de las seis de la tarde. Dos días de permiso en esas condiciones eran muy duros. Mis padres estaban desilusionados, aunque mi madre dijo que comprendía y que no me preocupara por ella.

—∞∞∞—

Para el año 1971, el Instituto Irlandés era la escuela para varones más importante de México y la primera fase del campus de la Universidad Anahuac estaba terminada. Los nuevos Legionarios que llegaban a México para realizar sus Prácticas Apostólicas reclutaban nuevos miembros para ECYD y Regnum Christi. A mí me molestaba la excesiva atención que se prestaba al reclutamiento y sentía que la Legión a la que me había unido en 1962 había cambiado.

El regreso a Roma entrañó sentimientos encontrados. Las Prácticas Apostólicas solían durar tres años como máximo, y se hacían al terminar los estudios de Filosofía. Yo había estado en México seis años seguidos. Era un período inusualmente largo. No estaba seguro de cómo me adaptaría a vivir nuevamente en una comunidad grande y a relacionarme con mi grupo, donde todos tendrían al menos seis años menos que yo. ¿Me sentiría fuera de lugar al empezar otra vez mis estudios de filosofía desde el principio?

Mi familia estaba perpleja y preocupada por mi carrera dentro de la Legión; me preguntaban por qué seguía sin ordenarme. Había estado todo ese tiempo en México y ni siquiera había empezado los estudios requeridos para el sacerdocio. Ya tenía 26 años. De haber ingresado a un seminario diocesano en Irlanda, me habría ordenado a los 24.

La vida caótica que había llevado en México llegaba a su fin. Una vez más me dirigía a un nuevo ambiente para discernir mi verdadera vocación. En México no había pensado demasiado en eso. De pronto vi claramente la realidad de mi situación. Tenía razones para sentirme exhausto e inquieto por mi futuro. Tal vez la idea de volver a Roma hubiera debido llenarme de alegría, pero no fue así.

ROMA: CHOFER ECLESIÁSTICO

Durante mi estadía en México, el Padre Maciel había decidido que la Universidad Gregoriana, donde había hecho mi primer trimestre de Filosofía, se había desplazado demasiado hacia la izquierda. Después del Concilio Vaticano II fuertes vientos de cambio soplaban en la Iglesia. El Papa Pablo VI todavía se tambaleaba por la reacción negativa general a su carta encíclica

"Humane Vitae" (sobre la Regulación de la Natalidad) publicada en 1968. En ésta reafirmaba la tradicional condena de la Iglesia Católica de los métodos anticonceptivos artificiales. Sería su última encíclica.

Al mismo tiempo, los teólogos católicos exploraban un enfoque teológico basado en Jesucristo no sólo como el Redentor, sino como el Libertador de los oprimidos. Este enfoque, que fue llamado Teología de la Liberación, tenía cada vez más influencia en América Latina y entre los Jesuitas. Algunos elementos de la Teología de la Liberación eran considerados muy polémicos, especialmente las posturas más radicales que ponían el énfasis en la misión cristiana de luchar por la justicia para los pobres y oprimidos a través del activismo político.

Nuestro Padre decidió que la mejor universidad alternativa para sus Legionarios era la Angelicum, dirigida por los Dominicos. De un plumazo todos los Legionarios fueron transferidos de la universidad Gregoriana, la eminente Universidad Pontificia de Roma, a la Angelicum. Esto dio enorme impulso a la pequeña Angelicum y al mismo tiempo fue una bofetada para los Jesuitas, que no gustaban al Padre Maciel.

Mientras hacía mi Práctica Apostólica, sabía que el proceso de mi ordenación se retrasaba. Generalmente la práctica consistía en una asignación entre los estudios de Filosofía y Teología. Aunque sabía que mi experiencia en México había sido valiosa, empecé a envidiar a mis pares que ya se estaban preparando para la ordenación, mientras yo tenía que volver a empezar Filosofía.

Una vez terminado el programa de noviciado de dos años, los Legionarios estudian Humanidades Clásicas por uno o dos años, seguidos por al menos dos años para obtener el Bachillerato en Filosofía. Según el tipo de carrera que siguieran, algunos proseguían los estudios por dos años para obtener la Licenciatura. Después de Filosofía venían los estudios de Teología. El primer ciclo de tres años terminaba con el título de Bachiller. La Licenciatura en Teología requería tres años; la Licenciatura Superior (para el título de Licenciado en Teología) llevaba un año más. Para el Doctorado se necesitaban dos años más. La mayoría de los Legionarios obtenían como mínimo una Licenciatura Superior. Algunos de ellos pasaban rápidamente por el sistema para enviarlos lo antes posible al apostolado. A medida que la Congregación se expandía y había más gente disponible, muchos Legionarios terminaron la Licenciatura Superior y obtuvieron doctorados en Filosofía y Teología. Cuando me enviaron de regreso a Roma, mis antiguos compañeros de clase estaban terminando Teología. ¡Yo estaría en una comunidad diferente y ni siquiera me permitirían hablar con ellos!

Tal como preveía, me incorporé a una clase de jóvenes recién llegados de Salamanca y sin ninguna experiencia en el mundo exterior. Eran piadosos y observaban escrupulosamente las reglas; no teníamos mucho en común. Eran muchachos excelentes, ansiosos por dedicar sus vidas a Cristo, pero yo pensaba que eran inmaduros. Pero era yo el que había cambiado, y me sentí tan incómodo como había temido. Afloraron todas las dudas no exploradas y reprimidas acerca de mi vocación y mi capacidad para perseverar a largo plazo.

Poco después de mi regreso a Roma, solicité mi primera Dirección Espiritual con el Padre Dueñas, mi nuevo Superior.

"Padre Dueñas" le dije "voy a ser breve para ahorrarnos tiempo y problemas a los dos".

"¿Qué quiere decir, Hermano?" preguntó él.

Yo respondí: "Tengo el reloj que usaba en México. Ya sé que se supone que tengo que entregárselo a usted. También me quedan unos $80 de mis gastos de viaje".

"¿Cuál es el problema?" me preguntó. "Te ves preocupado".

El Padre Dueñas me tranquilizó. Parecía inescrutable, pero yo sentía que era un hombre bondadoso. No podía creer lo relajado que me sentía al hablar con él.

"He trabajado muy duro en mi vocación durante casi nueve años. He reflexionado y rezado acerca de lo que estoy por decir. Quiero ser sacerdote, pero no puedo. Quiero irme a casa".

Su rostro reflejó auténtica preocupación.

"Estoy tan seguro de esto, que no le voy a dar el reloj ni el dinero, porque sé que cuando me vaya es posible que usted no tenga nada para darme".

¡Me sentí muy aliviado! Salieron a la luz nueve años de dudas contenidas y ansiedad. El Padre Dueñas me dijo que entendía y que respetaría mi decisión.

"Nuestro Padre viene a Roma en tres semanas" me dijo.""¿Por qué no lo esperas y hablas con él sobre tu decisión?"

"Estoy completamente seguro de esto, Padre" repliqué. "No siento la necesidad de consultar a nadie más. Nada de lo que Nuestro Padre haga o diga puede hacerme cambiar de opinión".

El Padre Dueñas me acompañó al vestíbulo.

"Prométeme que esperarás un par de semanas" insistió. "Date un poco de tiempo para estar seguro".

Me sentía tremendamente aliviado. Sabía que mi decisión era la correcta. Miré al Padre Dueñas y pensé que dos semanas más no eran gran cosa.

"De acuerdo" le dije "esperaré un par de semanas".

Caminé con paso ligero por el corredor. Subí a mi habitación en el cuarto piso de dos en dos escalones, rompiendo una regla, y sosteniendo mi sotana en una mano para no tropezar, rompiendo una segunda regla. ¡Liberarme de estas reglas menores jamás se había sentido tan bien!

Los siguientes días lo pasé completamente distraído. ¿Cómo reaccionarían mis padres? ¿Qué iba a hacer el resto de mi vida? Tenía 26 años, carecía de una educación completa y no tenía dinero. Los estudios de filosofía, que dos semanas antes me parecían tan interesantes, ya no parecían relevantes para encontrar trabajo en el mundo laico; me pregunté qué profesión elegiría. Mi cuerpo aún estaba en la Legión, pero mi mente ya había partido, completamente absorta en los planes para mi nueva vida. Cada vez que miraba el reloj en mi muñeca, recordaba mi resolución.

Algunas semanas más tarde, al entrar en mi habitación, vi una carta aérea con el borde azul y rojo, con la leyenda "PAR AVION". La carta estaba en una esquina de mi mesa, junto a mi crucifijo y a las imágenes de Cristo, Nuestra Señora y Nuestro Padre. Abrí la delgada carta y la leí atentamente. Estaba escrita a mano y tenía sólo dos párrafos. La última frase, en español, decía:

"Dices que quieres ser sacerdote pero no puedes. Yo sé que puedes, la pregunta es: ¿quieres ser sacerdote?"

Estaba firmado: "Tu afectuoso padre en Cristo, Marcial Maciel, LC".

¿Tendría razón, y era sólo una cuestión de voluntad? Tal vez debía intentarlo una vez más. Decidí posponer mi decisión. Todavía hoy no sé por qué lo hice, pero volví a entrar en la vida rutinaria de Roma.

El Collegio Massimo en Roma alojaba dos comunidades. Según la etapa de formación en la que uno estuviera, era asignado a la comunidad de los estudiantes de filosofía o a la de los estudiantes de teología. Sólo se nos permitía hablar con miembros de nuestra comunidad. Esto me resultaba especialmente difícil porque la mayoría de mis antiguos compañeros, que no habían hecho prácticas apostólicas, ya estaba estudiando teología. Mis compañeros nuevos eran mucho más jóvenes que yo y no conocía a casi nadie. En 1964, al comenzar mis estudios de filosofía, yo había asistido a la Universidad Gregoriana.

Algunos años después, cuando el Padre Maciel había transferido a todos los Legionarios a la Universidad Angelicum dirigida por los Dominicos, más pequeña, permitió que algunos estudiantes regresaran a la Universidad Gregoriana, pero para la mayoría de nosotros, la Angelicum era la opción obligada.

El trayecto a las Universidades, que se encontraban junto al Foro Romano en el centro de la ciudad, duraba unos 20 minutos. Para acelerar el viaje, la Legión había comprado un autobús Mercedes. Se suponía que el Padre Maciel en persona había elegido el color, una elegante combinación de marrón claro y verde oliva. Era un Mercedes último modelo, con 64 asientos, ventanas panorámicas, suspensión neumática y motor diesel posterior. El elegante autobús atraía todas las miradas en Roma, repleto de jóvenes Legionarios en atuendo clerical.

A mí ya me habían designado como chofer en Roma y había aprendido a moverme en la ciudad; ¡me moría por conducir el autobús! Le recordé a Nuestra Señora que podía tranquilizarme con respecto a mi vocación haciendo que me nombraran chofer. Mi ruego fue escuchado.

Un Legionario mexicano llamado Juan Rivero me enseñó a conducir el Mercedes, alguien de México me consiguió una falsa licencia para conducir autobuses comerciales y me asignaron como chofer del nuevo vehículo.

En el mundo rutinario de los seminaristas, en el que no hay gran variedad cotidiana, conducir el autobús confería una especie de prestigio instantáneo. Disfrutaba tanto de lidiar con el tráfico caótico y las estrechas callejuelas romanas, que no me detuve a pensar en el patrón que parecía repetirse en mi vida como Legionario. Parecía que cada vez que decidía que la Legión no era para mí, me distraía por completo con la alegría infantil de conducir un elegante vehículo o realizar una tarea nueva y emocionante.

El autobús se había comprado en Alemania; no tenía los papeles en regla en Italia. Llevaba placas del Estado de Mexico. Para evitar problemas con las autoridades italianas, dos veces al año teníamos que salir de Italia con él. De manera que, mientras mis compañeros se quemaban las pestañas con la intrincada filosofía escolástica, yo me iba de viaje tres días, con otro chofer Legionario, a cruzar la frontera suiza, conducir por Suiza y volver a Italia por otro camino.

Una ventaja todavía mayor era el viaje anual a Salamanca para recoger a los Hermanos que habían terminado el juniorado, y llevarlos de vuelta a Roma a comenzar sus estudios de filosofía. El viaje de 2.000 millas nos permitía pasar por hermosas partes de Italia, Francia y España. Pasábamos la noche en seminarios y colegios de otras órdenes religiosas. La Unión Europea aún no se había vuelto realidad, por lo que el precio de los bienes variaba mucho de un país a otro. Especialmente los artículos electrónicos, que eran mucho más baratos en Italia que en España, y los vinos, whiskeys y licores, que eran más baratos en España que en Italia.

El área de equipaje del autobús era un enorme compartimento a lo largo del vehículo, debajo del piso. Mucho más espacio del necesario para las escasas pertenencias que llevaban los Legionarios.

Además de su trabajo en el Vaticano, al Padre Fernando Verges le encantaba arreglar cosas y resolver problemas mecánicos. Con la ayuda de un par de Hermanos, le llevó unas 12 horas instalar un compartimento artificial de un extremo al otro del autobús, en mitad del área de equipaje. Lo pintó con aerosol, de manera que coincidiera perfectamente con los colores originales del autobús. Si uno no había visto cómo era el compartimento original, jamás se daría cuenta de que había un espacio secreto.

Antes de partir de Roma, llenábamos este compartimento secreto con todo tipo de artículos electrónicos (grabadores, tocadiscos, amplificadores) para nuestras casas de España. En el viaje de vuelta, aprovisionábamos el área secreta con los mejores vinos y whiskeys españoles. Estos vinos no eran para el uso de los Legionarios. Los usábamos en las canastas de regalos de Navidad para Cardenales y funcionarios del Vaticano, en agradecimiento por su apoyo. Los Hermanos que llevábamos a Roma no tenían idea de que llevábamos mercancía de contrabando.

En uno de esos viajes me acompañó otro dublinés llamado Kevin, que estaba a cargo de nuestros gastos. En el largo trayecto de Italia a Francia fue muy cuidadoso con el dinero, comprando emparedados en lugar de detenernos a comer en restaurantes. El segundo día, yo insistí en parar a comer. Conducir un autobús de larga distancia es muy cansado y necesitábamos un descanso. Ya estábamos en Francia y Kevin descartaba todos los restaurantes por demasiado caros, demasiado grandes, demasiado pequeños. Seguíamos conduciendo y yo estaba muerto de hambre.

"Hagamos un trato: dejemos que los dioses elijan el restaurante" le dije.

"¿Qué quieres decir?"

"Quiero decir: el trato es que nos detendremos en el próximo restaurante, sin peros y sin excusas. Dejemos que decida el Destino".

Accedió. Condujimos unas veinte millas más en subida por una suave colina. Al llegar a la cima, vimos el cartel de un restaurante francés de cinco estrellas, ubicado en una bella mansión en lo alto de la colina. Antes de que Kevin pudiera protestar, conduje por el hermoso camino de entrada y estacioné el autobús junto a los autos de lujo.

"Un trato es un trato" le dije.

Disfrutamos de una comida magnífica, con vino y postre. Después de eso, nos detuvimos en restaurantes más modestos a lo largo del camino, ya que había convencido a Kevin de que necesitábamos descansar de vez en cuando. No alcanzaba con emparedados fríos. Para cuando llegamos a Salamanca, no teníamos más dinero. Ni se nos ocurrió solicitar una penitencia; simplemente le pedimos algo de dinero al Padre Arumí para el viaje de vuelta, y nos lo dio sin problemas.

⸻

Arumí tenía reputación de severo; sin embargo, yo llegué a conocerlo bien y sé que era uno de los superiores más compasivos y comprensivos que yo haya conocido. Años más tarde se quedó conmigo unos días cuando vino de visita a Nueva York. En ese momento ya éramos más bien pares y pudimos hablar de igual a igual. Me contó que tenía las mismas dudas y dificultades que todos nosotros, y me sorprendió cuando me dijo que pensaba que el Manual de Regnum Christi estaba demasiado focalizado en metodología y tácticas. Enterarme de qué pensaba él en realidad cuando no estaba en el rol de 'Instructor de Novicios' me ayudó a apreciarlo como persona. Ésta era una experiencia poco habitual en los primeros tiempos en la Legión. La mayoría de nosotros colocábamos a los superiores en un pedestal, para bien o para mal, sin tener la oportunidad de conocerlos como pares. Cuando escucho a antiguos ex Legionarios hablando de sus primeros tiempos en la Legión, pienso que sus recuerdos podrían ser completamente distintos si hubiesen tenido la oportunidad de interactuar como adultos con sus antiguos superiores. Mi percepción del Padre Arumí cambió cuando lo traté como colega y amigo. Los niños muchas veces tienen la misma experiencia con sus padres, y viven sus vidas adultas sin conocer jamás a sus padres de igual a igual.

Como el autobús llevaba mercadería de contrabando, el cruce de la frontera con España era siempre atemorizante. La primera vez que Kevin lo hizo estaba muy nervioso. Ambos llevábamos alzacuellos.

"¿Te parece que tendríamos que sacarnos los alzacuellos?" me preguntó. "No queremos llamar la atención".

"¿Más atención de la que recibiremos por nuestras placas mexicanas?" respondí.

"¡Oh, Jesús!" exclamó, cuando dos guardias civiles españoles golpearon a la puerta y subieron al autobús.

"Buen día" saludaron en su breve acento español. "¿Qué tenemos aquí?"

"Nada especial" contesté. "Sólo un par de seminaristas irlandeses de camino a Salamanca. Vamos a recoger a nuestros Hermanos para llevarlos a Roma".

"¿Irlandeses?"

"Sí, de Dublín, pero estudiamos en Roma".

Uno de los guardias miró a su compañero y sonrió.

"¿Así que, serán buenos sacerdotes?"

"Los mejores" respondí. Caminaron por el pasillo entre los asientos vacíos y regresaron.

"Muy bien, conduzcan con cuidado". Se bajaron del autobús y nos saludaron cuando nos íbamos. Kevin estaba blanco como el papel.

"¡Jesús, eso sí que dio miedo!" exclamó. Generalmente no usaba el nombre del Señor en vano, pero estaba aterrorizado.

"Escuchemos un poco de música" dije encendiendo la radio. Aunque estaba prohibido, giré el dial hasta dar con la estación de música pop.

Una hora más tarde, descendíamos por un largo tramo de carretera angosta que bajaba de las montañas. Como era muy temprano no había mucho tráfico. Al doblar en una curva suave, vi un pequeño auto azul que venía hacia nosotros a gran velocidad. Medio segundo después, miré el espejo retrovisor.

"Oh Dios" exclamé pisando el freno. "Este idiota que viene atrás nos va a rebasar. ¡Sostente!"

Los dos autos chocaron a unas 100 yardas delante nuestro; entre los dos, alcanzarían unas 120 millas por hora. Derrapamos hasta frenar, sin chocar con ninguno de los restos del accidente.

Un momento después apreté con fuerza el volante.

"¿Por qué no bajas y ves si puedes hacer algo?" dije en un susurro. "Yo retrocederé el autobús para sacarlo de la carretera".

Mis manos temblaban al soltar el volante. Si no volvía a subir a la montaña para advertir a los vehículos que venían detrás, era muy posible que se precipitaran y chocaran contra los autos accidentados. Corrí por la banquina hacia atrás, justo a tiempo para detener a un camión de dieciocho ruedas que venía a toda velocidad, sin saber nada del peligro que lo esperaba más adelante. El enorme vehículo rojo frenó con un chirrido, mientras sus neumáticos bloqueados despedían un acre humo blanco. El conductor saltó de la cabina y empezó a gritarme. Yo logré explicarle lo que había ocurrido y lo que le esperaba pasando la curva. Su comportamiento cambió inmediatamente. Estuvimos de acuerdo en que su camión, con las luces de dirección encendidas, era lo suficientemente visible como para alertar a los autos que vinieran detrás, y corrimos al lugar del accidente.

En el auto azul había dos hombres. El conductor aparentemente estaba muerto. En el otro auto había tres hombres, muy malheridos. El rostro de Kevin estaba pálido. Una vez había acompañado a un importante Cardenal de regreso a su hogar en el norte de Italia; los había embestido un trailer de 34 ruedas por detrás. El Cardenal murió en el acto. Milagrosamente a Kevin, que iba en el asiento trasero al lado del Cardenal, no le sucedió nada. El chofer del Vaticano sufrió heridas menores. Yo sabía que Kevin había viajado con el Cardenal muerto en la ambulancia al hospital. Había sido una experiencia traumática para él, por lo que supuse que este accidente le traía malos recuerdos.

"No hay nada que podamos hacer aquí" dijo.

"Larguémonos antes de que llegue la policía y empiece a hacer preguntas".

Tenía miedo de que la policía descubriera el contrabando en el autobús.

"No creo que tengamos que preocuparnos por eso" le dije.

"Lo último que pensarán es en el compartimento de equipaje de un autobús".

"¡Un autobús con conductores irlandeses y placas mexicanas!" respondió.

Nos quedamos hasta que llegó la primera ambulancia y ayudamos a los paramédicos a cargar a los dos heridos más graves. A una de las camillas de la ambulancia le faltaban las correas para asegurar al paciente.

"¿Pueden venir con nosotros al hospital?" nos preguntó el camillero. "¿Para ayudarnos a sostener al paciente en la camilla?"

Nos negamos cortésmente.

"Lo siento, no podemos dejar el autobús al costado de la carretera" le dije. "Pídale a algunas de las personas que se han reunido a mirar".

Volvimos al autobús. La policía aún no había llegado.

"¿Por qué no conduces un rato?" le pedí a Kevin.

"Me tiemblan las manos".

⸎

Brian Stenson, uno de mis compañeros de clase de Dublín, estaba de paso en el juniorado en Salamanca. Siempre nos divertíamos mucho juntos y teníamos un sentido del humor muy parecido; él había sido asignado al Instituto Cumbres en México cuando yo estaba en el Instituto Irlandés..

Una vez que nos pusimos al día con todas las novedades, me dijo: "Tengo algo para que escuches, te encantará".

"¿Qué es?" le pregunté.

"¡Tengo una cinta de Brendan Grace!"

Brendan Grace era un humorista irlandés que nos gustaba a ambos. El problema era encontrar dónde escuchar esta posesión clandestina dentro del juniorado.

"Tiene que haber un grabador en alguna parte" dije yo.

"No, no hay" contestó Brian.

Fui a ver al Padre Arumí, el rector.

"Padre, tengo que mover un poco el autobús para que no se muera la batería. Hace varios días que está estacionado".

"Por supuesto, ve" concedió.

"¿Puedo pedirle al Hermano Stenson que me acompañe?"

"Claro".

Así, Brian y yo salimos a dar un paseo de 90 minutos por las carreteras de Salamanca, el tiempo suficiente para escuchar ambos lados de la cinta y reírnos como locos. Me hizo mucho bien.

Hacia fines de febrero de 1973, una tarde estaba en mi habitación en Roma repasando Teología cuando golpearon a mi puerta.

"Nuestro Padre quiere verlo" dijo el Hermano.

Tres minutos después estaba con el Padre Maciel. Me mostró la fotografía de un hombre alto y de pelo blanco.

"Éste es el Arzobispo Luigi Raimondi" dijo Nuestro Padre. "Hasta ahora fue el Nuncio Apostólico en los Estados Unidos. Mañana por la mañana llega a Roma en el vuelo de Nueva York".

Nuestro Padre me dio la foto y me dijo que recogiera al Arzobispo en el aeropuerto.

"Dile que vas de mi parte" me dijo. "Y que me sentiré honrado si acepta utilizar mi auto y tus servicios para ayudarlo en su traslado al Vaticano".

"¿Por qué viene a Roma?" pregunté.

"El Santo Padre lo nombró Cardenal. Es posible que sea un caso de""promoveatur ut removeatur" (promover a alguien para removerlo discretamente de su puesto). Es muy importante que lo convenzas de aceptar mi oferta" dijo Nuestro Padre. "Ha colaborado con la Legión y puede ayudarnos en el Vaticano". Y siguió: "Es posible que alguien más vaya a recogerlo. Asegúrate de ser el primero en recibirlo".

A la mañana siguiente, en el mostrador del aeropuerto, pregunté por la encargada de relaciones públicas de Alitalia y le dije que era el asistente personal del Arzobispo Raimondi. Ella organizó todo para que yo lo recibiera en la puerta del avión y lo condujera por un paso VIP, evitando la espera del control de pasaportes y la aduana.

Cuando el Arzobispo bajó del avión, me acerqué a él y le transmití el mensaje de Nuestro Padre. Parecía nervioso, como si no estuviera habituado a viajar.

"El Padre Maciel es muy amable al ofrecerme tus servicios" dijo. "Por favor agradécele de mi parte, pero espero a alguien del Colegio Norteamericano que viene a recogerme".

Le presenté a la señorita de uniforme de Alitalia que se encargaba de los dignatarios de visita y le dije que ella lo acompañaría por un paso reservado.

"Eminencia" le dije mientras caminábamos hacia migraciones "ya me encargué de todo y puedo llevarlo a su casa en un momento". Traté de que mi voz sonara tranquilizadora. "Puede evitar la multitud de la terminal y los periodistas".

Me miró. Me di cuenta de que mi comentario sobre la prensa había dado en el blanco. "¿Le avisarán a la persona que venga del Colegio Norteamericano que viene a recogerme que me he ido contigo?" preguntó.

"Por supuesto, Eminencia, está todo arreglado".

Mientras conducíamos por vía Aurelia de regreso a la ciudad, el Arzobispo alabó la comodidad del Citroën DS negro del Padre Maciel. Conversamos un poco, y yo le enumeré las características futuristas del auto francés.

"Tiene sistema de suspensión hidroneumático auto-regulable" le expliqué.

"Además, la parte delantera es más ancha que la trasera, para mejorar el agarre de la tracción delantera".

"Supongo que tendré que conseguir un auto ahora que estoy en Roma" dijo. Al hablar con él, me di cuenta de que no estaba contento con su traslado a Roma.

"¿Por qué no acepta la oferta del Padre Maciel?" dije. "Permítame ser su secretario y ayudarlo a instalarse. Éste es un gran cambio en su vida, merece un poco de ayuda".

Nos miramos por el espejo retrovisor. "Déjame pensarlo" dijo. "Llamaré al Padre Maciel esta noche para agradecerle".

El Papa Pablo VI nombró al Arzobispo Raimondi, Cardenal Diácono de Ss. Biagio e Carlo ai Catinari en el Consistorio del 5 de marzo de 1973 y Prefecto de la Sagrada Congregación para las Causas de los Santos el 21 de marzo del mismo año. Como su asistente personal, yo lo acompañaba a todas las ceremonias. El Santo Padre concede una audiencia privada en el Vaticano a los nuevos Cardenales y a sus familias. El Cardenal Raimondi tenía una pequeña parte de su familia en Roma. Me los presentó y me invitó a ir con ellos a la audiencia con el Santo Padre.

Después de arrodillarme a besar el anillo del Papa Pablo, le dije: "Santo Padre, soy un Legionario de Cristo, la orden mexicana fundada por el Padre Maciel".

"Ah, conozco bien al Padre Maciel" dijo el Santo Padre. "Envíale Nuestros saludos".

El Cardenal Raimondi, espléndido en su sotana roja, estaba de pie junto a la diminuta figura del Papa Pablo. Sonreía feliz. La calidez del Santo Padre, dentro de las restricciones del protocolo estrictamente coreografiado, me conmovió. Tal vez yo estaba hecho para ser un Legionario, después de todo.

Al Cardenal Raimondi le resultó difícil adaptarse a su nuevo rol. Creo que las ineficiencias y los aspectos políticos de la burocracia del Vaticano lo desilusionaron. Decidió aceptar la hospitalidad de las Hermanas Felicianas en su Generalato de Roma hasta que estuviera listo su apartamento provisto por el Vaticano.

Durante sus primeros meses en Roma lo acompañé a casi todos los eventos a los que asistió. Una tarde habíamos ido a un recital de canto gregoriano en su honor. Cuando conducíamos de regreso al convento, lo noté más ansioso de lo habitual. Como él iba en el asiento de atrás, nuestras miradas se cruzaban por el espejo retrovisor. Le pregunté qué lo preocupaba.

"Es tarde" dijo inquieto. "Las Hermanas ya deben haberse acostado".

"Eso no es un problema, Eminencia" le aseguré.

"¿Cómo que no es un problema? No tengo llave. Tendré que despertarlas" en su voz oí una nota de hartazgo.

"Yo conozco una entrada, por el muro de atrás" le dije. "Puedo ayudarlo a trepar y nadie sabrá que llegó tarde a casa". Me mantuve serio mientras él escrutaba mi rostro en el espejo. Podía ver que lo aterrorizaba la idea de ser descubierto, ¡un cardenal trepando un muro, con la sotana roja! Finalmente, se dio cuenta de que yo bromeaba. Rompió a reír nerviosamente.

El Cardenal Raimondi era un hombre agradable con su estilo frío y diplomático. No era común que compartiera detalles de su vida. Poco a poco, en respuesta a mis preguntas, me contó algo de su carrera y me mostró un lado más cálido de su personalidad. Había nacido en la región del Piamonte, al noroeste de Italia, aunque hacía mucho que había perdido su acento natal.

De 1967 a 1973 había servido como Delegado Apostólico en los Estados Unidos. El delegado o "Nuncio Papal" es el representante diplomático permanente de la Santa Sede. El nuncio sirve de nexo entre la Santa Sede y el episcopado diocesano católico romano de la nación o región a la que ha sido asignado. El Arzobispo Raimondi había estudiado en la Academia Eclesiástica Pontificia de Roma, donde los sacerdotes católicos de todas partes del mundo son enviados por sus obispos a estudiar diplomacia eclesiástica e internacional. Los alumnos muchas veces son seleccionados para cubrir los puestos diplomáticos de la Santa Sede.

Antes de su misión como Nuncio Apostólico en los Estados Unidos, el Arzobispo Raimondi había servido en Guatemala, India y Haití. En 1956 el Santo Padre lo envió como Delegado Apostólico a México. En aquellos días el clima político en México era netamente anticlerical, por lo que debía desempeñar sus funciones con sumo tacto.

Los Nuncios (embajadores) representan al Vaticano en los países con los que éste mantiene relaciones diplomáticas. En países como México y los Estados Unidos, con los que no tenía relaciones diplomáticas, el Vaticano creó el puesto de "delegado apostólico" para enviar representantes. Técnicamente, un delegado apostólico es simplemente un enviado fraternal a los católicos de un un país. En la práctica, cumple funciones diplomáticas y, cuando es necesario, actúa como sicario del Papa.

El 10 de enero de 1984, el Presidente Reagan anunció la creación de relaciones diplomáticas formales entre los Estados Unidos y la Santa Sede. Más tarde, en 1992, la Santa Sede y México reanudaron su relación diplomática plena, luego de una pausa de 123 años generada por el surgimiento del régimen anticlerical del Presidente Benito Juárez. México es el país católico más grande del mundo después de Brasil, con una población de 103 millones de habitantes. El 87,9% de los mexicanos son católicos, según el censo del año 2000.

Los burócratas del Vaticano a cargo del alojamiento asignaron un apartamento al Cardenal Raimondi en el mismo edificio que usaba el coro Sixtino para sus ensayos. No le gustó la ubicación, creo que esperaba una ubicación más tranquila dentro de la Ciudad del Vaticano. Su edificio se hallaba a pocos minutos de su oficina en Via della Conciliazione, que va desde el Castel Sant'Angelo sobre la margen izquierda del río Tíber hasta la Basílica de San Pedro. Todavía no tenía auto ni chofer, por lo que yo pasaba mucho tiempo llevándolo a distintos eventos. Como resultado, faltaba a muchas clases en la Universidad.

Un pequeño grupo de compañeros Legionarios había decidido reunirse a estudiar por la tarde. Descubrimos que cada uno tenía una perspectiva diferente de las clases de la mañana. Al compartir nuestras notas e ideas, vimos que podíamos lograr una visión mucho más profunda en nuestros estudios teológicos. Este sistema me permitió mantenerme al día con las notas de las clases, aunque tenía que estudiar el doble para no quedarme atrás.

Además de conducir para el Cardenal, solía llevar a muchos de mis Superiores Legionarios de vía Aurelia y no tenía nada de tiempo para mí. Las dudas sobre mi vocación siguieron desarrollándose a fuego lento bajo la superficie y empecé a desesperarme por la necesidad de mantenerme al día con los estudios. Sabía que tendría que enfrentar mis dudas. El problema era que estaba demasiado ocupado como para pensar en mí mismo. Éste era un patrón recurrente.

⚬⚬⚬⚬

El Cardenal Raimondi recibió una invitación para la inauguración de un nuevo Museo en el Vaticano. El Papa Pablo fundó la "Colección de Arte Religioso Moderno y Contemporáneo" en las 55 salas del Apartamento Borgia en el Vaticano. La colección incluye cientos de pinturas, esculturas, grabados y dibujos donados a la Santa Sede por privados y, en algunos casos, por los propios artistas.

Cuando recogí al Cardenal en su apartamento, estaba disgustado. "¿Qué ocurre?" le pregunté.

"Me han pedido que represente a México en la inauguración" respondió. Me contó que los planificadores del evento habían asignado un Cardenal a cada una de las diferentes "galerías nacionales" del Museo para recibir a los dignatarios visitantes y para estar disponibles para el Papa Pablo cuando visitara cada sala.

"Hace años que estuve en México" dijo. "Esto es muy desagradable. Debería presentar la galería de los Estados Unidos, donde conozco a todo el mundo. ¿A quién conoceré en la sala mexicana? ¡Probablemente estaremos tú y yo solos!"

Estacioné el auto y nos dirigimos a la galería mexicana. Las habitaciones y corredores estaban repletos de Embajadores, Cardenales, Obispos, Monjas e invitados. Había camareros sirviendo vino y hors d'ouevres. Había un ambiente de alegre anticipación mientras esperábamos la llegada del Papa Pablo.

La galería mexicana estaba desierta, a excepción de un camarero y un guardia de seguridad. El Cardenal Raimondi hizo una rápida inspección de las obras expuestas mientras miraba constantemente su reloj. Llevaba su solideo púrpura, el pequeño sombrero redondo eclesiástico, y su sotana roja. Mientras caminaba ansiosamente por la sala, parecía él mismo parte de la muestra artística. Las pequeñas luces enfatizaban el contraste entre la piel clara del rostro del cardenal, el rojo intenso de su sotana y la oscuridad del fondo.

Pasaron diez minutos. Miró su reloj una vez más y me dijo:

"Tú quédate aquí. Voy hasta la galería de Estados Unidos a saludar a algunos conocidos. Regresaré antes de que llegue el Santo Padre". Y se marchó.

Empezaron a desfilar invitados por la galería. Aproveché la oportunidad para saludarlos y para volver a mirar las pinturas. Casi todos ellos eran conocidos artistas mexicanos. Había suficiente como para darse una idea integral del arte mexicano, pero no tanto como para que resultara abrumador. Estaba comentando esto con una pareja de italianos vestidos con elegancia, cuando noté que los fotógrafos del Papa habían ingresado a la sala. Un minuto después entró el Papa Pablo, con su sotana blanca. Yo era la única persona con atuendo eclesiástico en la sala, así que vino directo hacía mí.

Yo me arrodillé y le besé el anillo. Cuando me puse en pie, me tomó del brazo y dijo:Ä"Veamos el arte de México".

Me llevó hasta una pintura que le había llamado la atención. "Mira, ¿ves cómo esta pintura capta el tormento del pueblo mexicano?" me preguntó. "¿Has estado en México?"

"Sí, Su Santidad" respondí. Volví a aprovechar la oportunidad para decirle que era Legionario de Cristo. "Vine con el Cardenal Luigi Raimondi" dije. "Acaba de ir hasta el pabellón de Estados Unidos, debe estar por volver".

Hablamos solos por un par de minutos antes de que su séquito arrastrara al Santo Padre a la sala siguiente.

Cuando el Cardenal Raimondi regresó, hacía mucho que el Papa se había ido. Al llevarlo a su casa, seguía disgustado. Justo se había retirado del pabellón de Estados Unidos antes de que llegara el Papa.

"No se preocupe, Eminencia" le dije mientras nos mirábamos por el espejo retrovisor.

"Estuve hablando con el Santo Padre sobre las pinturas mexicanas, y le dije que lo habían llamado a usted al Pabellón de Estados Unidos".

⊗∞⊗

En 1966 mis padres habían cancelado su viaje a Roma por mi inesperada partida a México. En 1973, el Domingo de Pascua caía el 22 de abril. La primavera estaría en su apogeo, ya que la Pascua es siempre una temporada muy hermosa en Roma, y decidieron visitarme para esa fecha. Yo conocía bien el Vaticano. Una visita al Santo Padre sería uno de los momentos más importantes de la vida de mis padres y yo quería aprovechar todos mis contactos para tratar de organizar algo especial.

Mi padre tenía casi 73 años, y hacía tres que se había jubilado. Me sentía mal por haber tenido tan poco contacto con ellos y supongo que también quería impresionarlos con mis contactos en el Vaticano. Esperaba poder disipar sus dudas con respecto a la Legión.

Calculé que durante los once años que había estado en la Legión, había visto a mis padres treinta horas en total. Tres breves días en Irlanda al regresar a Roma y las tres visitas de una hora cuando era novicio. Los tres días en Irlanda me había hospedado en el nuevo noviciado, y entre el traslado, la misa y las oraciones vespertinas, los tres días me habían parecido insufriblemente cortos.

El Cardenal Raimondi me concedió algo de flexibilidad para hacer arreglos creativos durante la visita de mis padres. Para empezar, obtuve el permiso de mi Superior, el Padre Dueñas, para que mis padres me visitaran. Él estuvo de acuerdo, siempre que la visita no obstaculizara mis deberes con el Cardenal. El Padre Dueñas tenía veintidós hermanos (su padre se había casado dos veces). Dudo que recibiera muchas visitas de su familia, que vivía en el lejano México.

A continuación, quería asegurarme de obtener buenos precios para mis padres, que vivían de una jubilación fija. Organicé todo para que se hospedaran con unas monjas que tenían un convento en via Aurelia, cerca del seminario de la Legión. Esto ayudaría a mis padres a ahorrar bastante dinero y yo sabía que las monjas los atenderían bien. Arreglé con un mecánico de la zona para que me alquilara un auto a tarifa reducida. Compré gasolina con descuento en el Vaticano, donde el empleado sabía que yo era el chofer del Cardenal Raimondi.

Toda su vida mi padre había tenido fobia al avión, por lo que decidió viajar en tren. Quedamos en que yo los recogería en la estación Termini. Justo antes de partir, el Padre Dueñas me dijo que necesitaba que recogiera nuestro autobús Mercedes, que estaba en el taller por una reparación de emergencia. El único Legionario que sabía conducir el autobús además de mí usaría nuestro segundo autobús para recoger a la comunidad en la Universidad y traerlos a casa. Yo estaba por sugerir que podía recoger el autobús del taller más tarde, cuando recordé que éste estaba cerca de la estación.

"¿Puedo usar el autobús para recoger a mis padres?" le pregunté.

"Tendría un poco más de tiempo para ayudarlos a instalarse. ¡Hace tanto que no los veo!"

Él aceptó.

Estacioné el Mercedes verde y marrón a la sombra del Coliseo y caminé hasta la estación Termini. A pesar de mis dudas, el tren de larga distancia llegó a horario. Mis padres estaban cansados y juraron que su siguiente viaje a Roma sería en avión. Después de abrazarnos cariñosamente, tomé su equipaje y salimos de la estación al sol de la mañana. Estábamos felices de volvernos a ver.

De camino al autobús mi padre quedó muy impresionado por el Coliseo. Yo dejé las maletas en el piso y nos detuvimos a disfrutar del momento.

"Jack, ¿ves las tres hileras de arcadas?" me preguntó señalándolas. "El primer piso es dórico, el segundo es jónico y el tercero es corintio. El Emperador Vespasiano comenzó su construcción, pero lo inauguró Tito alrededor del año 80 D.C. Creo que lo terminó Domiciano".

Mi madre estaba más preocupada por mis sentimientos que por el Coliseo. Estaba muy contenta de que hubiera subido un poco de peso desde la última vez que nos viéramos, pero le preocupaba que estuviera trabajando demasiado. Dijo que me veía muy bien en mi traje negro y alzacuello romano y me preguntó si faltaba mucho para mi ordenación.

Abrí la puerta del autobús Mercedes y mis padres subieron. Los hice sentar en los asientos de adelante para que pudieran disfrutar de la vista. Mi padre preguntó: "¿Quién conduce?"

"Yo" contesté.

"¿Y dónde están los demás pasajeros?"

"Estos es para ustedes solos" respondí.

Ambos creyeron que estaba bromeando cuando arranqué. Cuando nos sumergimos en el tráfico romano y rodeamos el Coliseo, pude ver que se miraban y se preguntaban sin hablar: "¿Alguna vez comprenderemos a estos Legionarios de Cristo?"

⚬⚬⚬

Tres años antes, en 1970, mi madre me había enviado un recorte de un periódico irlandés. El encabezado decía: "Gran día para Paddy, de 70 años". La foto mostraba a mis padres en las escaleras de la Universidad de Dublín. Mi padre llevaba la toga de graduado y sostenía su diploma con mi madre de pie a su lado, sonriendo orgullosa.

El cuerpo del artículo leía:

"El Sr. Paddy Keogh ha estado en U.C.D. por más de 50 años y ayer, al caminar hacia el rostrum para recibir su diploma en Artes, todo el cuerpo de profesores, graduados, estudiantes e invitados lo ovacionó de pie. Durante más de un minuto el salón retumbó con los aplausos mientras Paddy, de 70 años, permanecía de pie frente al Dr. Jeremiah

Hogan, Presidente de la Universidad. Su título no es honorífico, y sólo difiere de los demás otorgados ayer en que Paddy no asistió a los cursos. El Dr. Hogan dijo: 'El Sr. Keogh ha trabajado para esta Facultad por más de 50 años; durante gran parte de ese tiempo fue nuestro administrador principal. En una institución de esta naturaleza, éste es un puesto importante y de gran responsabilidad, que requiere de muchas cualidades: una lealtad inquebrantable, comprensión de las propias funciones, personalidad, inteligencia, tacto y sentido del humor; todas ellas las posee el Sr. Paddy Keogh en el más alto grado'. El Dr. Hogan, que conoce a Paddy hace 52 años, prosiguió: 'Estoy feliz de ser yo quien le otorga este honor bien merecido y, hasta la fecha, único en su género'. Ayer fue el segundo momento más orgulloso de la vida de Paddy.'El momento más orgulloso de mi vida fue cuando mi hijo obtuvo su título de médico' comentó después. 'Éste es un gran honor y me faltan las palabras para expresar lo que sentí hoy".

Recuerdo que al leerlo me sentí decepcionado porque no mencionaba a su otro hijo.

Mi padre había terminado el colegio secundario y obtenido su empleo en UCD en 1916, a los 16 años. Empezó como encargado del proyector en las salas de conferencias. Quería continuar su educación y supuso que podría trabajar y aprender al mismo tiempo. Luego ascendió a "Coordinador de instalaciones". En este puesto tenía que estar disponible para tareas administrativas. Muy pronto fue nombrado "Administrador General" y dirigía a un reducido personal. Como la Universidad era muy nueva, conocía a todo el mundo, incluyendo a muchos de los rebeldes "patriotas" irlandeses de 1916. Se convirtió en el confidente del Presidente de la Universidad y gozó de la confianza del establecimiento. Muchas veces le pedían que empezara las clases cuando los profesores se retrasaban. Desarrolló una excelente relación con el clero y tenía acceso inmediato a todos los Arzobispos de Dublín que yo recuerdo.

Cuando la universidad se trasladó a los suburbios en 1976, él era el "director de las instalaciones". Por ese entonces era todo un personaje, una parte de la historia de los comienzos de la institución;

parte de la tela de la antigua UCD. Luego se jubiló. Yo siempre lo admiré.

Durante nuestros días juntos en Roma, me di cuenta de lo mucho que mi padre sabía de arte, arquitectura e historia, y quedé muy sorprendido por la vastedad de sus conocimientos. Como me había ido de casa a los diecisiete años para unirme a la Legión, no había tratado con mis padres de adulto. Disfruté cada minuto de nuestros días juntos en Roma.

El Santo Padre celebra la Misa del Domingo de Pascua en la plaza de San Pedro. El Padre Dueñas nos consiguió entradas para la primera fila, junto al altar del Papa. Mis padres y yo estábamos a 50 pies del Santo Padre, con una vista sin obstrucciones. Los ojos de mi padre se llenaron de lágrimas cuando vio al Papa por primera vez, y mi madre disfrutó del momento a su modo silencioso. Después de la Misa, les presenté al Cardenal Raimondi, que había oficiado junto al Santo Padre. El Cardenal comentó que habíamos conseguido mejores boletos que los que él había podido procurar para su familia. Espero que mis padres hayan quedado impresionados por la excelente relación de la Legión con el Vaticano.

Los italianos llaman "lunedì dell'Angelo" al lunes posterior a la Pascua. Es un feriado nacional; el país entero para y la gente se reúne con la familia y los amigos a pasar el día. Era el momento perfecto para llevar a mis padres al Vaticano. El custodio de la Capilla Sixtina era un anciano hermano laico, al que había visto varias veces, y yo sabía que estaría en su apartamento el Lunes de Pascua. Antes de la llegada de mis padres a Roma, había arreglado con él que nos dejara entrar a la capilla a cambio de una donación de mi padre.

Prácticamente no había tráfico en Roma cuando condujimos hacia el Vaticano. La Ciudad del Estado Vaticano se encuentra cerca de la margen izquierda del río Tíber. La superficie del estado (el más pequeño del mundo) ocupa aproximadamente 44 hectáreas. Los límites están marcados por muros y, en la Plaza de San Pedro, por una franja circular de mármol travertino en el suelo, que une las dos partes de las columnas de Bernini. Conduje hasta el Arco de las Campanas, a la izquierda de la Basílica de San Pedro. Generalmente usaba esta entrada cuando venía al Vaticano con el Cardenal. La mayor parte de la Guardia Suiza me conocía y el característico Citroen negro del Padre Maciel era fácilmente reconocible. La entrada al Vaticano es controlada muy estrictamente y mi deseo de mostrarles el Vaticano a mis padres no era lo que se dice un asunto oficial. Yo esperaba que si conducía con suficiente seguridad y saludaba a los guardias con mi gesto acostumbrado, ellos me saludarían como siempre y me dejarían pasar. El problema era que esta vez yo conducía un pequeño Fiat 650 blanco de alquiler.

Había un Guardia de turno, vestido con el tradicional uniforme azul, rojo y amarillo de los Medici. Afortunadamente debe haberme reconocido porque me hizo la venia ceremonial, reservada a los sacerdotes, con su alabarda. La alabarda tiene una anilla de metal suelta justo debajo de la hoja, que hizo un fuerte ruido metálico cuando él se puso en atento, golpeando los talones. Yo pasé sin detenerme.

Mi madre señaló que las bandas azules y amarillas del uniforme del guardia daban impresión de ligereza cuando se movía, en contraste con el jubón y calzones rojos. Yo no me detuve a mirar. Cruzamos los jardines desiertos hasta llegar al Cortile di San Damaso, el jardín nombrado en honor del Papa San Dámaso I, que murió en el año 384. Éste es el jardín privado del Santo Padre.

La parte residencial del palacio Vaticano rodea el Cortile di San Damaso. El Papa ocupa dos pisos en el ala este, mirando a la ciudad de Roma. El Papa residía en el piso superior, el tercero, con dos secretarios privados y algunos criados; en el segundo piso trabajaba y recibía visitas. Una parte de las salas recibe el sol de la mañana, y la otra, la luz del mediodía y de la tarde.

Bajé del auto y rodeé el pequeño Fiat para abrirle la puerta a mi madre. Cuando me bajaba del auto, el ominoso sonido de las espuelas de acero sobre los adoquines centenarios rompió el silencio. Un soldado de la Guardia Suiza en uniforme completo marchaba hacia nosotros desde las barracas.

Mi madre me apretó el brazo nerviosamente.

"Jack, ¿estás seguro de que podemos estar aquí?"

"Para nada" respondí, mientras mi mente buscaba a toda velocidad una explicación plausible. Por un instante pareció una escena de la Edad Media. El guardia marchaba hacia nosotros en su traje renacentista, con mangas infladas y bombachos con franjas rojas, azules y amarillas, espada en cinto a un costado de su cuerpo. Yo pensé que al menos tendríamos un buen recuerdo del jardín tranquilo y soleado del Papa, antes de que un oficial de la Guardia Papal nos ordenara retirarnos. Jamás se me ocurrió que podían arrestarnos o multarnos.

El soldado de la Guardia Suiza caminó hasta quedar a dos yardas. Se detuvo, golpeó los talones en señal de atento y saludó. Su boina negra, ladeada hacia la derecha, contenía apenas su cabello rubio.

"Buenos días, Padre" dijo en inglés con un marcado acento alemán.

Le dije que trabajaba con el Cardenal Raimondi.

"Ya veo" dijo él.

"Estos son mis padres, que han venido de Irlanda. Quiero mostrarles la parte tranquila del Vaticano".

"Excelente idea" respondió. "¿Quiere que les muestre la capilla privada del Santo Padre?" preguntó. "Será un placer; mis padres lo disfrutaron mucho cuando vinieron a visitarme".

Yo no podía creer en mi buena suerte mientras subíamos escoltados por el joven. Tomó a mi madre del brazo y le dio la bienvenida al Vaticano.

Cuando llegamos a la Capilla Paulina, se excusó un momento mientras iba a encender las luces.

"Esta capilla es parte del palacio apostólico del Papa, que nunca está abierto al público" dijo el soldado. "Hay dos cuadros bellísimos que deben ver, los últimos frescos pintados por Miguel Ángel: la 'Conversión de Pablo' y el 'Martirio de San Pedro'".

Abrió las puertas.

"Ésta es la parroquia del Vaticano" nos dijo nuestro guía. "La Capilla Paulina fue construida entre 1537 y 1540 para uso privado del papa. El Papa Pablo III la inauguró en 1540. Por eso se llama Capilla Paulina" dijo. "Los Papas la usan cuando desean celebrar Misa en privado".

Miramos maravillados los magníficos frescos, cada uno de unos 455 pies cuadrados, a cada lado de la angosta capilla papal. A la izquierda estaba la Conversión de San Pablo, a la derecha la Crucifixión de San Pedro.

"Miguel Ángel terminó de pintar estos frescos a los 75 años" explicó el soldado.

Miramos las imágenes de un Dios musculoso que extendía un rayo de luz hacia Pablo de un lado, y a San Pedro atado a un crucifijo bajo un cielo tormentoso del otro.

"Esta capilla es especial" nos dijo el guardia. "Antes de comenzar el cónclave, el Sagrado Colegio de Cardenales se reúne aquí para escuchar un sermón, en el que se les recuerda que tienen la obligación de elegir rápidamente al mejor Papa posible. Después del sermón, los cardenales se retiran a la Capilla Sixtina, que está al otro lado del corredor. Los Cardenales vuelven aquí todos los días durante el cónclave para la Misa del Espíritu Santo".

Cuando terminamos la visita, el amable soldado de la Guardia Suiza les mostró a mis padres las puertas que llevan a los aposentos privados del Papa. Aunque era temprano por la tarde, a la débil luz del corredor pudimos ver el brillo de la luz eléctrica por debajo de las puertas.

"Éste es un raro privilegio" dijo mi padre. "Ahora debemos irnos".

Creo que tenía miedo de que el Santo Padre saliera a ver quién estaba al otro lado de su puerta.

Agradecimos al guardia al despedirnos. Era momento de que volviera a sus deberes. Golpeé a la puerta del pequeño apartamento usado por el custodio de la Capilla Sixtina.

"Buenas tardes, Hermano" dije al pequeño hombre vestido de negro que abrió la puerta.

"¿Recuerda que le pedí que mostrara la capilla a mis padres? Soy el Legionario que trabaja para el Cardenal Raimondi."

"Oh, sí, sí, lo recuerdo" replicó.

Le entregué un sobre cerrado, "Hermano, a mi padre le gustaría que recibiera esta modesta donación para ayudar al seminario de su Orden" le dije.

"Muy agradecido" respondió. "Ahora vengan, síganme".

Caminamos por el silencioso corredor detrás del anciano.

"¿Cuánto tiempo desean estar en la Capilla?" preguntó.

"Una hora estará bien".

"Tienen cuarenta y cinco minutos" dijo. "Permítanme encender las luces". Luego abrió una puertita lateral y nos empujó a la Capilla Sixtina. "Cerraré la puerta con llave y volveré a buscarlos más tarde".

No hay nada más deslumbrante en Roma que el lugar donde los Cardenales eligen al Papa. El techo abovedado pintado por Miguel Ángel tendido sobre un andamio domina la sala. Es la superficie más grande pintada por un artista. El Papa Sixto IV encargó al arquitecto Giovanni Del Dolci la construcción de la capilla entre 1475 y 1583. Es una preciosa galería de pinturas del Renacimiento italiano. Los mejores pintores del siglo XV, incluidos el Perugino, Botticelli, Ghirlandaio (el maestro de Miguel Ángel), Signorelli y Cosimo Rosselli contribuyeron con las ilustraciones de las historias del Antiguo y Nuevo Testamento sobre las paredes. La Capilla Sixtina evoca el Templo de Salomón del Antiguo Testamento. Una división de mármol separa la capilla en dos partes, una que solían usar los miembros de la Capilla del Papa, dentro del santuario cercano al altar, y la otra para los peregrinos y los ciudadanos.

Después de unos treinta minutos en la capilla, mi padre me preguntó: "Jack, ¿te parece que no hay problema con que estemos aquí?"

"Por supuesto, todo está bien" le dije. "No entramos a escondidas. Es un favor especial del custodio".

Mi padre estaba preocupado por la seguridad. "Éste es un tesoro inapreciable" dijo. "No puedo creer que nos hayan dejado aquí solos".

"Relájate y disfrútalo, papá" le dije. "Muy poca gente tiene este privilegio. Si alguien lo merece, eres tú".

Recuerdo que pasó nuestros últimos minutos en la capilla contemplando una pintura relativamente pequeña de la Última Cena.

"Cosimo Rosselli estaba considerado el peor de los pintores de la Capilla Sixtina" me dijo. "Nadie se explica por qué le concedieron semejante honor".

Una vez más mi padre me impresionaba con sus conocimientos sobre arte y por su profundo respeto por la santidad del lugar.

"¿Ves el cáliz iluminado en la mesa frente a Nuestro Señor?" preguntó, señalando la pintura de la pared norte.

"Rosselli enfatiza así la institución del sacramento de la Eucaristía, símbolo de la Nueva Alianza entre Dios y la humanidad". Tal vez mi padre sentía una secreta afinidad con Rosselli, el humilde pintor a quien honraron para decorar la capilla del Papa Sixto.

Los días siguientes llevé a mis padres a visitar las atracciones de Roma, incluidas las Catacumbas, las fuentes y plazas, el Panteón y la escalinata que va desde la Piazza di Spagna hasta la iglesia francesa Trinità dei Monti. En el siglo XVIII, los hombres y mujeres más bellos de Italia se reunían en esta escalinata, con la esperanza de que los artistas los eligieran como modelos.

Mi padre era un ávido fumador de pipa y antes de subir los 138 escalones se detuvo a fumar. Nos encontrábamos afuera de la casa del poeta inglés John Keats, sobre el costado derecho de la Piazza, en la base de la escalinata. El poeta murió allí en 1821.

Mi madre y yo tomamos un refresco y un helado. En unos quince minutos se nos acercaron tres grupos distintos de turistas irlandeses.

"Disculpe" le decían a mi padre "¿es usted Paddy Keogh de U.C.D.?"

"Así es" respondía él.

Mi madre me miró cansada: "No puede alejarse de esa Universidad" dijo. "¡Parece que estuviera casado con ella!"

Así era siempre con mi padre. Adonde quiera que fuera, nos encontrábamos con gente que lo conocía y respetaba y todos querían detenerse a conversar con él. Lo mismo pasaba cuando yo era un niño en Dublín. Años después, mi madre y él me visitaron en Nueva York. Caminando por la Quinta Avenida, tres personas diferentes lo pararon a hacerle la eterna pregunta: "¿Usted no es Paddy Keogh de UCD?"

La visita de mis padres a Roma nos permitió ponernos al día, aunque había una pregunta no dicha que sobrevolaba el encuentro. Llegó el momento de despedirnos.

"Jack" dijo por fin mi madre "¿cuándo vas a ordenarte?"

"En unos cuatro o cinco años" respondí.

Ella dijo:

"Sabes, Jack, nuestros amigos en casa se preguntan qué ocurre contigo y con la Legión. Hace casi seis años que te fuiste. Declan McHugh partió al mismo tiempo que tú y ya es sacerdote".

"La Legión es un poco diferente, mamá" dije yo. "Somos más parecidos a los Jesuitas. Estudiamos mucho más que los sacerdotes comunes. Unos pocos años más, lo prometo".

Cuando se fueron, sentí la familiar nostalgia y una vez más decidí abandonar la Legión. Pero me mantuve ocupado con otras distracciones: conocer dignatarios, acompañar a los benefactores que venían de visita a Roma, conducir el autobús a Suiza y España y tratar de estudiar; trataba de ser todo lo "generoso" que el Padre Maciel deseaba.

Dos años más tarde obtuve mi Licenciatura en Filosofía. Todos los veranos la comunidad pasaba las vacaciones en un convento alquilado en un pequeño pueblo llamado Monticchio, al sur de Sorrento, frente a las islas de Ischia y Capri. El sitio era idílico. Nuestros horarios de verano eran más relajados y teníamos dos semanas de vacaciones para hacer caminatas y nadar en el Mediterráneo.

Yo había ido al final de mi primer año de filosofía y tenía muchos deseos de volver. Nuestro Padre estaba en Roma, en una de sus frecuentes visitas.

"Hermano Keogh" me dijo cuando acudí a su llamada "necesito tu ayuda".

"¿Con qué?" le pregunté.

"El Instituto Irlandés está en problemas" dijo. "Juan Manuel está gravemente enfermo. Lo hemos enviado a atenderse con el mejor cirujano cardiovascular del mundo, el Dr. Michael DeBakey en Houston. Creo que sobrevivirá, pero el Instituto está muy mal".

"¿Qué puedo hacer para ayudar?" dije inmediatamente.

"Quiero que regreses a la Ciudad de México por dos meses" dijo. "Eres el único que entiende cómo quiero que se dirija el lugar. Necesito que regreses y soluciones el problema".

Honestamente, estaba feliz de regresar a México durante las vacaciones de la universidad. Una misión corta no retrasaría mis estudios. Cada vez que estaba por sobrevenirme una crisis acerca de mi vocación, se presentaba un desafío nuevo y emocionante.

MÉXICO: OTRA VEZ

Dos años más tarde, ¡todavía estaba en México! Trabajaba como Director de la escuela más prestigiosa de la Legión después de haber resuelto algunos de sus problemas durante los dos meses de las vacaciones de verano.

Juan Manuel se había recuperado gracias a la pericia quirúrgica del Dr. DeBakey y su equipo en Houston. Durante su convalecencia fue enviado a vivir en una pequeña comunidad con algunos "pesos pesados" dentro de los Legionarios: el P. Alfonso Samaniego, a cargo de todas las operaciones en México, el P. Pardo, Rector de la Universidad de Anahuac, y el P. Gregorio López, la estrella en recaudación de fondos. Pude pasar mucho tiempo con Juan Manuel, quien a raíz de su condición, había descubierto que tenía una extraordinaria habilidad para consolar a los enfermos graves. Había desarrollado este don especial porque él mismo estaba vivo a duras penas. Había nacido con una falla cardíaca congénita. Cuando se la diagnosticaron, el P. Maciel aceleró su ordenación de manera que, en el peor de los casos, muriera como sacerdote ordenado.

Juan Manuel tenía una empatía natural y un entusiasmo inagotable. Su pasión y alegría de vivir eran muy contagiosas. Antes de ir a Houston había estado internado en México y lo habían declarado muerto. Afortunadamente, la hermana del P. Maciel, que lo visitaba con frecuencia, llegó a su habitación justo cuando se lo estaban llevando a la morgue. Vio sus dedos moverse debajo de la sábana de hospital y gritó. Los doctores se apresuraron a atenderlo. Un par de días después Juan Manuel fue trasladado en avión a Houston.

Yo lo reemplacé como Director del Instituto Irlandés; trabajaba de día y estudiaba teología por las tardes. Una vez recuperado, Juan Manuel pasaba el tiempo en recaudar fondos y cuidar a los enfermos. Trabajó conmigo en los detalles finales de la nueva piscina semiolímpica que había construido en la azotea de uno de los edificios detrás de las oficinas administrativas.

⁘

Durante aquellos dos años como Director, logré devolver al Instituto al nivel que el Padre Maciel esperaba. Desde el punto de vista administrativo, la escuela había estado muy mal. A mi llegada, las instalaciones precisaban mantenimiento y había una huelga de maestros en pleno auge. Se había cerrado el departamento de psicología educativa, una característica importante del sistema. Muchos estudiantes estaban retrasados en el pago de las matrículas. Se empezaba a hablar de la declinación en la disciplina de la escuela y de la pérdida de su calidad académica. Los padres ya no acudían a los informes obligatorios de sus hijos. Muchos de los maestros no eran bilingües. Por alguna razón, durante mis dos años en Roma la escuela se había empezado a deslizar hacia la decadencia.

El P. Maciel atribuía este estado de cosas a los problemas de salud cada vez más graves de Juan Manuel antes de ser hospitalizado. Juan Manuel no era un buen administrador ni siquiera en sus mejores momentos; con su problema cardíaco, había sido incapaz de mantenerse a la altura de los problemas.

Los alumnos y padres de familia, que me conocían, estaban felices de ver que yo había regresado. Como contaba con el total apoyo del P. Maciel, pude tomar medidas bastante osadas según las normas Legionarias. Después de haberles ofrecido todas las facilidades de pago y advertirles con antelación, expulsé a los niños cuyas familias no se ocupaban de pagar la matrícula. Contraté nuevos psicólogos y maestros bilingües calificados, todos ellos muy capaces y entusiastas. Renové el departamento médico, concediendo rienda libre al fiel doctor Alfonso Aguilar para implementar sus ideas innovadoras.

Por ejemplo: con el consentimiento de los padres, los alumnos se hacían un chequeo médico completo todos los años. El chequeo incluía un análisis de sangre para detectar parásitos (comunes en México), radiografías de tórax para descartar la tuberculosis y electrocardiogramas para el diagnóstico temprano de anomalías cardíacas. También medíamos la audición, la visión y el daltonismo.

Cuando los padres asistían a la reunión conmigo para que los informara del progreso de sus hijos, recibían un informe completo de las capacidades y rendimiento de sus hijos, basado en los datos del cuerpo docente, del departamento médico y de nuestras psicólogas clínicas.

Como Legionario, yo creía en un enfoque integral de la paternidad.

"¿Qué es un buen padre?" me preguntaba. ¿Hay algún parámetro para que los maestros y padres midan nuestro progreso? Yo creía firmemente que la paternidad consistía en preparar a los niños para la vida. Los Padres constituyen lo que el Concilio Vaticano II llamó la "Iglesia doméstica", una escuela de virtud cristiana. Cuando daba charlas y orientación a los padres de nuestros alumnos, les decía que su misión era imitar a Dios y a la Iglesia entre ellos y para sus hijos. Según la situación de cada uno, esto se traducía en enseñar e imitar una serie de virtudes: bondad, paciencia, honestidad, justicia, coraje, amor, humildad, consideración, amabilidad, compasión y perseverancia. A veces no nos tomamos el tiempo suficiente para pensar y articular estas virtudes. Pero hay que recordar que son la base de lo que llamamos "carácter". El carácter nos permite descubrir, celebrar y defender nuestros mejores aspectos.

Yo sentía que mi tarea como Director del Instituto Irlandés consistía en desarrollar el carácter de todos los integrantes de la comunidad escolar. Una gran personalidad es maravillosa, pero la personalidad sin carácter no sirve para llegar lejos en la vida.

A mí me parecía que al Instituto le faltaba algo para asegurar su éxito a largo plazo: un jardín de infantes. La Legión no tenía ninguno y creo que jamás se había planeado tenerlo. Yo veía una tendencia en México: cada vez más y más niños iban al jardín de infantes, quienes a su vez recomendaban sus escuelas favoritas a los jóvenes padres.

El Instituto Irlandés se enfrentaba a una mayor competencia que en 1966. Yo pensaba que necesitábamos un sistema que nos asegurara un flujo constante de alumnos, y estaba seguro de que los padres de nuestros estudiantes apoyarían la idea. La Legión no tenía escuelas mixtas y por lo general los jardines de infantes lo son. Por principio, el Instituto Irlandés no tenía servicio de autobús. Los padres o el chofer de la familia traían a los niños a la escuela. Nuestra otra escuela, el Instituto Cumbres, sí tenía servicio de autobús. Los padres no querrían llevar a sus bebés al jardín de infantes, dejar a los niños con nosotros y llevar a las niñas a otra escuela. Hablé con el Padre Maciel sobre la posibilidad de abrir un jardín de infantes e inmediatamente me brindó su apoyo.

"Reúnete con el P. Pardo y hazlo" me dijo.

"¿Está de acuerdo en que debería ser mixto, para niñas y niños?" le pregunté.

Me miró con sus ojos penetrantes.

"Ninguno de tus superiores estará de acuerdo con eso" dijo. Veía que mi propuesta era lógica y, después de dudarlo un poco, estuvo de acuerdo. "Hagamos esto" dijo. "Constrúyelo, pero no digas que yo aprobé la idea. Si me preguntan, negaré haberte dado permiso".

Yo sabía que no sería fácil que mi superior regional aprobara la idea, porque ya se la había mencionado y él se había opuesto. La luz verde del P. Maciel era suficiente para empezar. Un año después, la Legión de Cristo tenía su primer jardín de infantes. Yo daba por sentada la aprobación del Fundador. Unos años más tarde, habíamos construido una exitosa cadena de pre-escolares mixtos en base a mi primer modelo.

Había tanto que hacer que yo no tenía tiempo para pensar; el trabajo en la escuela me dejaba agotado. Por las tardes y las noches en casa estudiaba diligentemente los programas de la Universidad Angelicum de Roma que me enviaba el Padre Javier García, quien ya era decano de Teología en nuestro seminario. El P. Javier me había inscrito en las clases, esperando que volviera pronto.

Estudiaba mucho, con la vana esperanza de que mi educación no sufriera más contratiempos. El Padre Maciel me aseguraba que me reconocerían mi estudio y trabajo en México. Todas las demás escuelas Legionarias eran dirigidas por sacerdotes ordenados.

A pesar de mis persistentes dudas sobre el sacerdocio, quería terminar, ordenarme y alcanzar a mis compañeros; deseaba poder celebrar la Misa y confesar. Mi trabajo como Director del Instituto Irlandés me daba grandes satisfacciones personales. Sentía que sabía lo que hacía y estaba seguro de que mis esfuerzos habían mejorado las cosas. Había creado un excelente equipo y devuelto a la escuela a su estado original, que era exactamente lo que el Padre Maciel esperaba. Era un trabajo "soñado". ¡Ojalá no hubiera tenido que preocuparme por la ordenación! Si yo hubiera sido un laico haciendo ese mismo trabajo, habría sido feliz y no habría perdido nada de eficacia. Detestaba la idea de la finalidad que cambiaría mi vida implicada en la ordenación como sacerdote.

<hr>

Una mañana oí en las noticias que el Sr. Jack Lynch, el Primer Ministro de Irlanda, visitaría Ciudad de México para asistir a una reunión internacional de jefes de estado.

En Irlanda, Jack Lynch había sido una estrella del fútbol irlandés y también del juego nacional llamado "hurling". Uno de sus rivales, Liam Cosgrave, el antiguo líder de un partido político irlandés llamado Fine Gael, describió a Lynch como el "político más popular de Irlanda desde Daniel O'Connell". En 1966 Lynch, miembro del Fianna Fail, el partido de centro más importante, fue electo para suceder a Sean F. Lemass como primer Ministro de la República de

Irlanda. Fue re-electo en 1969 y se vio envuelto en una serie de tensos conflictos con respecto a su política para con la creciente violencia entre Protestantes y Católicos en Irlanda del Norte.

Yo pensé que sería excelente para las relaciones públicas si de alguna manera lograba que él visitara el Instituto Irlandés o la Universidad de Anahuac. Esta visita produciría titulares en los periódicos mexicanos y tal vez también en los irlandeses. Yo sabía que el Primer Ministro estimaba mucho a mi padre. Creo que Lynch no estudió en UCD, pero quizá se habían conocido cuando Lynch había sido Ministro de Educación.

Averigüé en qué hotel se hospedaba Lynch, llamé a la recepción y pedí hablar con él. Me pasaron con la seguridad y respondió una voz con inconfundible acento irlandés.

"¿Quién habla?"

"El P. Keogh, del Instituto Irlandés" respondí.

"Lo siento, el Sr. Lynch no está disponible".

Llamé varias veces más, siempre con el mismo resultado. Después de la cena, pensé en intentarlo una vez, cambiando el enfoque. Esta vez respondió una mujer.

"¿Quién habla?" preguntó.

"El hijo de Paddy Keogh, del University College Dublin" dije yo.

"Hola, ¿cómo estás?" dijo ella. "Soy la Sra. Lynch, la esposa de Jack. ¿Cómo está tu padre?"

El Primer Ministro aceptó venir con su mujer y su equipo a una cena de gala en el nuevo campus de la Universidad de Anahuac. De camino pasaríamos por el Instituto Irlandés, pero yo creí que la universidad impresionaría más a la delegación irlandesa.

Pedí prestada una enorme camioneta blanca último modelo a una familia amiga para recoger al Primer Ministro y a la Sra. Lynch. Otra familia tenía contactos con la empresa de banquetes que se encargaba de las comidas de estado en "Los Pinos", la residencia del Presidente de México. Diseñamos un menú gourmet mexicano con trufas Huitlacoche, un delicioso hongo que crece a naturalmente en las mazorcas de maíz. Yo tenía algunos contactos con la policía mexicana de tráfico y le pedí a un sargento conocido si podía conseguirme una escolta no oficial con motocicletas de la policía.

Conducir a Anahuac a gran velocidad, flaqueado por las motocicletas de la policía con las sirenas encendidas, fue una gran experiencia. En el camino, Jack Lynch habló del whiskey irlandés.

"Déjame darte un consejo" recuerdo que me dijo; "jamás mezcles whiskey irlandés con soda. Puedes mezclar el scotch con soda si quieres. Pero el whiskey irlandés se bebe puro. Si tienes que agregarle algo, que sea sólo una gota de agua común".

La cena fue un éxito enorme. Jack Lynch y la delegación irlandesa eran comensales bulliciosos y nos divertimos mucho. Prometieron hablar a sus amigos sobre el trabajo que los Legionarios Irlandeses estaban realizando en México.

"Le ruego a Dios que esas trufas huitlacoche no me tengan toda la noche en vela" dijo Jack Lynch cuando lo dejé de vuelta en el hotel. "¡Tu padre será el primero en saberlo si me da la Venganza de Moctezuma!"

ROMA: ORDENACIÓN

El Cardenal Raimondi murió el 24 de junio a los 62 años, justo antes de que yo regresara a Roma para (¡finalmente!) terminar mis estudios de Teología en la Universidad Angelicum. El entusiasmo por volver a encontrarme con mis compañeros mitigó mi retorno a la vida en la comunidad. Esta vez muchos de mis pares tenían aproximadamente mi edad. Ellos también habían realizado prácticas apostólicas y teníamos mucho en común. Fue una experiencia mucho más positiva que mi primer regreso a Roma desde México.

La comunidad se estaba preparando para pasar las vacaciones de verano en Monticchio. Yo tenía excelentes recuerdos de veranos anteriores y esperaba con ansias la rutina menos restrictiva de los estudiantes de teología. Además, sabía que estaba en el último tramo de mi preparación para ordenarme sacerdote.

El verano en Monticchio incluía dos semanas de "vacaciones", que pasábamos dedicados a una intensa actividad física. La mayoría de los días salíamos en grupos de tres o cuatro de excursión a una bahía cercana, a la que no se podía llegar por carretera. Para llegar allí había que caminar alrededor de una hora. Bajábamos por un sendero empinado, atravesábamos un pequeño olivar y llegábamos a la orilla del mar. El regreso de subida después de un largo día nadando en el mar era agotador.

La bahía era prácticamente inaccesible por tierra, de modo que teníamos todo el lugar para nosotros. La costa era empinada y rocosa, sin playa. Una gran plataforma de concreto, restos de una antigua estructura, nos servía de base para nadar y zambullirnos. Las aguas azules del Mediterráneo eran siempre maravillosas. A veces pasaban yates y lanchas de las marinas cercanas, que nos permitían vislumbrar fugazmente un estilo de vida completamente ajeno a nuestra vida de seminario.

Otras veces caminábamos hasta los pueblos cercanos, disfrutando del magnífico escenario del Mediterráneo. Uno de los destinos más aventureros era el pueblo de Positano, un lugar hermoso protegido de los vientos del Norte por las montañas Lattari. El trayecto de regreso era de unos 20 km, lo que significaba que debíamos correr la mayor parte del camino y nos quedaba muy poco tiempo para comer nuestros emparedados y recorrer el pueblo.

La estructura de Positano es antigua y muy bella. Está construido en capas sobre la superficie de la roca. Las pequeñas casas encaramadas una sobre otra, tan características de la región, son el eterno tema de muchas fotografías. Los colores son intensos y las construcciones blancas crean el telón de fondo perfecto para los brillantes geranios y demás flores que adornan los muros y jardines. Los aromas también son característicos; el cuero utilizado para fabricar sandalias, el olor que sale de los restaurantes y el ajetreo de la vida de todos los días.

Pero no teníamos tiempo de hacer turismo, porque sin importar cuán lejos llegáramos caminando o corriendo, teníamos que regresar a la residencia a la hora obligada. Por la gran distancia, caminar hasta Positano y regresar a tiempo era toda una hazaña.

Me ordenaron sacerdote la mañana de la Nochebuena de 1976, en la hermosa parroquia de la Legión en Roma, dedicada a Nuestra Señora de Guadalupe. Mis padres y mi familia vinieron de Irlanda a celebrar el anhelado momento conmigo. Los tres días anteriores los pasé en retiro espiritual. El Padre Maciel nos llamó a sus aposentos la noche antes de la ordenación para hablarnos de las obligaciones del sacerdocio Legionario. Recuerdo que nos dijo que si no estábamos totalmente comprometidos, no debíamos asistir a la ceremonia la mañana siguiente. Afirmó que el demonio se divierte creando graves dudas justo antes de la ordenación y nos instó a que no permitiéramos que esas dudas triunfaran.

Me levanté muy temprano la mañana de Nochebuena. Estaba lleno de entusiasmo y de un cierto temor que rara vez había sentido antes. Era como si todas las dudas e incertidumbres que había tenido los últimos 14 años con respecto a mi vocación Legionaria se hubieran convertido en un nudo en la boca del estómago. Lamenté no estar más feliz, pero me sentía extrañamente vacío.

La ceremonia de Ordenación la celebró el Cardenal Sebastiano Baggio, Prefecto de la Sagrada Congregación para los Obispos. El rito era muy bello. Primero nuestro Rector, en representación del pueblo de Dios, afirmó que éramos dignos de ordenación y el Cardenal, en representación de la Iglesia, nos eligió solemnemente para ser sacerdotes. Luego, junto con mis compañeros de ordenación, afirmé mi resolución de asumir el ministerio sacerdotal y prometí respetar y obedecer a mi Superior General y a sus sucesores.

El momento más conmovedor fue cuando nos postramos en señal de humildad y para mostrar que no éramos dignos mientras ofrecíamos nuestro "todo" al Señor. Entretanto, la congregación cantaba las letanías de los santos en latín, pidiéndoles que oraran por nosotros.

El Cardenal Baggio puso sus manos sobre mi cabeza en silencio, un antiguo símbolo de la venida del Espíritu Santo, el Espíritu de poder y amor, de autoridad y servicio. Luego hicieron lo mismo todos los demás sacerdotes presentes, incluido el Padre Maciel. El Cardenal recitó la solemne plegaria de consagración para cada uno de nosotros, rogando a Dios que nos concediera la dignidad del sacerdocio y que renovara su Espíritu de santidad en nuestros corazones.

Yo ya era un sacerdote.

La imposición de manos del Cardenal me puso en contacto con los ministros de la Iglesia, remontándose hasta los mismísimos apóstoles. Ahora yo participaba de su ministerio especial, que es el ministerio del propio Cristo.

Uno a uno, el padre Maciel nos vistió con la ropa sacerdotal, incluidas la estola y la casulla. Después el Cardenal vertió el El Óleo de Crisma en mis manos, pidiendo a Jesús que me preservara para santificar al pueblo de Dios y para sacrificarme a Dios. El Óleo de Crisma es el perfume de la iglesia. Es un sonido semejante a la palabra "Cristo," que es la palabra griega para "ungir." Se derrama sobre los nuevos bautizados, sellándolos con los dones del espíritu, y llenándolos del "aroma de Cristo." El Crisma sagrado es usado para el sacramento de Confirmación y también para la ordenación de sacerdotes y de obispos. .Por primera vez celebré la Eucaristía junto con el Cardenal y mis hermanos sacerdotes. Sería un sacerdote de Jesucristo por el resto de mi vida. Celebré mi primera Misa privada con mis padres y familiares junto a la tumba de San Pedro, en la Basílica de San Pedro.

La atmósfera del colegio era festiva cuando celebramos la Navidad y la ordenación de los nuevos sacerdotes, en compañía de nuestros padres, familias y el Padre Maciel. Mis recuerdos de esos días felices están teñidos de una abrumadora sensación de temor, a medida que me daba cuenta de la profundidad del compromiso que había realizado. Literalmente creí que perdería la razón; recuerdo sollozar en el autobús al ir de excursión con nuestras familias a Asís, el pueblo natal de San Francisco. Mi madre se dio cuenta de que algo andaba mal y me preguntó qué sentía. ¿Qué podía decirle? Traté de protegerla de mi angustia e inventé una excusa banal.

GABON: ¿RECONCILIACIÓN O RUPTURA?

Después de mi ordenación permanecí en Roma hasta el final del año escolar y obtuve una Licenciatura en Sicología Pastoral de la Universidad Pontificia de Santo Tomás de Aquino. Ésta era el alma mater de Karol Wojtyla, que sería el Papa Juan Pablo II y que había obtenido un Doctorado en Filosofía allí en 1948.

Después de la ordenación disfruté de la sensación de camaradería relajada con mis compañeros sacerdotes, sabiendo que al llegar el verano cada uno sería asignado a un nuevo apostolado. La ordenación fue un paso totalmente definitivo para mí. Ahora que había sido ordenado, ya no podía dudar de mi vocación; no podía mirar atrás. Seguía sintiéndome incómodo con mi decisión, pero decidí vivir mi compromiso dentro del marco del apostolado que el Padre Maciel tuviera a bien asignarme. Seis años después partía hacia Gabón.

Estuve alrededor de dos meses en Franceville. Aunque sentía que cada vez formaba menos parte de la Legión de Cristo, seguía celebrando la Misa y rezando el oficio divino. A veces cumplía con mis obligaciones diarias de Legionario (como pasar una hora meditando), a veces no. Pero a pesar de mi confusión interior, la Misa del domingo siempre era especial.

Nuestra parroquia era bastante grande y de construcción sólida. Las paredes interiores eran blancas y los bancos eran de madera. Los domingos había dos Misas repletas de gente. Mi francés era suficiente para la liturgia, pero la homilía me resultaba más complicada. Solía hacerlas breves, esperando que el Espíritu Santo completara mis deficiencias. Los hombres ocupaban los bancos de la derecha y las mujeres los de la izquierda. No sé por qué no se sentaban juntos. Los hombres solían vestir sus mejores pantalones y camisas limpias. Las mujeres se ataban una tela de colores alrededor de la cintura, fijada con un fajín, llamado "pagne" en francés. Llevaban una blusa haciendo juego y un turbante colorido. Los diseños incluían telas de batik teñidas a mano, importadas de Java en el siglo XVII.

El sonido de la campana convocando a los cristianos a Misa era uno de los pocos familiares para mí en Gabón, donde todo era tan distinto. Era una única campana pequeña, pero ese sonido tiene la capacidad de encantar, advertir, preocupar o elevar el espíritu. Siempre me sorprendía lo rápido que se llenaba la iglesia en cuanto repicaba la campana de la misión.

La primera vez que oí cantar a la congregación, ¡no podía creer lo que escuchaba! Nuestra iglesia no tenía órgano, piano ni coro. Noté que los hombres traían latas al entrar a la iglesia y me pregunté para qué serían.

Cuando salí de la sacristía para empezar a celebrar la Misa, los hombres comenzaron a agitar las latas, que estaban llenas de pequeños guijarros. Las movían perfectamente al unísono, con un ritmo ligeramente staccato. Luego se incorporaron las mujeres. Llevaban brazaletes en ambas muñecas y tobillos, hechos de vainas vacías del árbol Tswawa, que crece en las selvas tropicales. Las mujeres empezaron a balancearse, a bailar y a cantar, creando un ritmo en contrapunto con el de los hombres, agitando los adornos de vainas.

Mirando hacia abajo desde el altar, me sentí sobrecogido de emoción. Toda la congregación se balanceaba, transformando la música en algo vivo y en movimiento. Yo no conocía la canción que cantaban, pero la rica armonía y el ritmo contagioso me conquistaron. No sabía la letra ni la música del himno, por lo que no pude cantar con ellos. Me pregunté si no debería al menos balancearme al ritmo de la música.

Detrás del altar, en mis ropas blancas, las manos unidas debajo de mi barba (a la que todavía me estaba habituando), disfruté del momento. La atmósfera era alegre y festiva. El canto, la unidad, el ritmo, la perfecta armonía y el entusiasmo puro y disciplinado de la congregación negra se volvió un momento muy especial, produciéndome emociones encontradas. Estaba muy consciente de lo que iba a hacer. En unos minutos pronunciaría las palabras de la consagración y el pan y el vino ante mí se convertirían en el cuerpo y la sangre de Jesucristo. En aquel momento sentí profundamente lo que significaba ser un misionero. Era lo que había soñado de niño y lo que me había llevado a ser sacerdote. Pero en el fondo de mi corazón sabía que no celebraría muchas Misas más.

Parpadeando para secar las lágrimas, me dispuse a celebrar la Eucaristía. Empecé con la señal de la cruz: "Au nom du Père, et du Fils, et du Saint-Esprit. Ainsi soit-il". Esperé que la fuerza de mi voz escondiera la debilidad y tristeza que había en mi corazón.

Las Hermanas eran un grupo de seis monjas misioneras que venían de Brasil. No recuerdo el nombre de su Congregación, pero dedicaban sus vidas a servir a los pobres, especialmente en África. Eran invariablemente agradables y entusiastas. A veces nos invitaban a mí y a Luis a cenar. En una de esas ocasiones, una de las monjas me dijo en privado que estaban preocupadas por Luis. Ella opinaba que la Legión debía sacarnos a Luis y a mí de Gabón y darnos un descanso al menos cada dos años (hacía más de dos años que Luis había pasado ese plazo). Recuerdo la urgencia que había en su voz. Nos contó que su Congregación había aprendido por las malas que los misioneros, especialmente en entornos como el nuestro, necesitaban descansos frecuentes para conservar la salud mental. Su Congregación hacía regresar a todas las Hermanas a Brasil cada dieciocho meses, para un descanso de seis meses. Las hermanas brasileñas pensaban que las reglas Legionarias sobre las visitas a las familias eran innecesariamente estrictas y contraproducentes desde el punto de vista mental.

"Él necesita alejarse de aquí" me dijo una de ellas. "Esta asignación no es buena para él. Necesita pasar un tiempo con su familia. ¿Usted puede convencerlo?"

"Creo que estamos los dos en el mismo barco" le dije. "Tal vez lo mejor sea que ambos regresemos con nuestras familias".

Las bondadosas hermanas no parecieron sorprenderse. Yo sabía que estaban de acuerdo, pero como nuestro futuro no era de su incumbencia, no me presionaron para que tomara una decisión. Saber que les importaba y que, al menos tácitamente, apoyaban lo que fuera mejor para nosotros como personas, me conmovió profundamente. Nos colocaban a nosotros, simples individuos, por encima de cualquier regla o norma creada por nuestros superiores.

A excepción de las invitaciones a cenar, poco frecuentes, no teníamos demasiado contacto con las Hermanas, aunque yo las veía ir y venir por las aldeas. Usaban uniformes de un blanco inmaculado y nos saludaban con la mano alegremente, tocando la bocina, cada vez que nos cruzábamos. Creo que el viejo sacerdote holandés, el Padre Bernard, era su capellán. Laura, la enfermera italiana que se había enfermado de Loa-Loa, formaba parte de su comunidad.

Una vez, cuando Luis y yo estábamos por irnos de la casa de la misión de las Hermanas a eso de las 17:30, el cielo se iluminó con un poderoso rayo, acompañado de truenos ensordecedores.

Luis encendió el todo terreno y partimos hacia el convento por el sendero barroso. Los limpiaparabrisas no podían con el volumen de lluvia. A mitad de camino, el sendero rodeaba un gran poste de acero que sostenía el transformador eléctrico principal. Estábamos a unas 10 yardas del poste cuando el rayo cayó en el transformador. Vimos una intensa luz brillante. Más que ver, yo podía sentir la enorme carga eléctrica que encendió el poste. Se me pararon y ensortijaron los pelillos de la nuca y de los brazos desnudos.

Recuerdo una luz azul chisporroteante que bajaba por el poste, corría por el suelo y rodeaba nuestro auto. Por un momento, el capó y los marcos de las ventanillas parecieron cobrar vida con la luz azul.

Siguió un trueno atemorizante y el transformador ardió en llamas, chisporroteando y siseando.

Cuando vi las llamas, me di cuenta de que seguía vivo. Luis y yo nos miramos para asegurarnos de que el otro estaba bien, pero sin reconocer que estábamos casi seguros de que el otro estaba muerto. Ninguno de los dos dijo nada hasta que, espontáneamente, ambos rompimos en improperios muy poco Legionarios. No recuerdo otra ocasión en que haya insultado tan intensa y terapéuticamente. Luis usó palabras que yo no había oído en mucho tiempo. ¡Estoy seguro de que Dios comprendió nuestro exabrupto como una oración de gratitud y alivio por estar vivos!

Meses más tarde, Luis y yo habíamos bajado mucho de peso. Luis comenzaba a verse frágil, demacrado y enfermo. Durante mi estadía en Franceville, él nunca había desistido de su decisión de abandonar la Legión. En ese momento, yo también estaba alcanzando una sensación de cierre con mi propio dilema vocacional.

En realidad, sabía que era sólo una cuestión de tiempo antes de permitirme renunciar a la Legión. Mi principal preocupación era mi necesidad escrupulosa de estar absolutamente convencido de que éste era el designio de Dios para mí. Abandonar la Legión a los 37 años no era una decisión para tomar a la ligera. El Padre Maciel siempre había insistido en que no pusiéramos en peligro nuestra salvación eterna traicionando nuestra vocación. Si uno valora la lealtad, como lo hago yo, "traicionar" el propósito de la vida de uno suena muy mal. Luis sentía lo mismo, y creo que estaba incluso más preocupado que yo por su salvación personal. Yo no podía aceptar que el Padre Maciel no respondiera sus llamadas.

Antes de unirme a la Legión, mi padre en Dublín me había aconsejado que lo intentara. "¿Por qué no te unes y compruebas tu vocación?" habían sido sus palabras.

Tenía razón al decirme que, si hacía un generoso esfuerzo, el Obispo o Superior Religioso "validaría" mi vocación invitándome a continuar. Yo entendí que esto quería decir seguir las reglas, trabajar en mi vida espiritual y, a través de la oración y la dirección espiritual, descubrir si mi vocación para el sacerdocio era genuina. Durante este proceso, mi Superior Religioso, con quien tendría una comunicación franca y abierta, me ayudaría a asegurarme de que no estuviera engañándome a mí mismo.

El rol del Obispo o Superior se conoce como "la llamada canónica", la invitación oficial al sacerdocio que viene de los que tienen la autoridad. Es un componente indispensable durante el proceso de discernimiento. Esta llamada canónica presupone que el candidato al sacerdocio responde por las razones correctas, como el deseo de salvar almas o complacer a Dios. Además, el candidato debe poseer unas mínimas cualidades básicas para ser considerado apto: salud física normal, salud moral (estar libre de faltas graves) y aptitud psicológica. Esta última no es tan fácil de determinar. ¿Se refiere a la capacidad para vivir en una comunidad religiosa, a la capacidad de cumplir con los votos de pobreza, castidad y obediencia, a la capacidad de rezar?

Las enseñanzas del Concilio Vaticano II, que habían tenido gran influencia en mis estudios de Teología, recalcaban que Aquel que habla a la conciencia es la fuente de toda verdad: Dios. La conciencia es el centro más secreto del hombre y su santuario. Allí está solo con Dios, cuya voz resuena en la profundidad.

Yo siempre había pensado que estaba mal aconsejar a alguien a desobedecer su conciencia, incluso si significaba desobedecer a la Iglesia. La Iglesia nos enseñaba que es importante que cada persona esté lo suficientemente "presente ante sí misma" como para escuchar y seguir la voz de su conciencia. Este requisito de interioridad es aún más necesario cuando nuestra caótica vida nos distrae de la reflexión silenciosa, del autoexamen o la introspección. San Agustín había dicho: "Regresa a tu conciencia, interrógala... Hermanos, entrad de nuevo en vosotros mismos, y en todo lo que hacéis fijad la mirada en el Testigo, Dios". Siempre me pareció que San Agustín tenía razón.

Muchas veces recordé el consejo que me dio mi padre, a quien yo consideraba un hombre sabio y santo. ¿Qué me aconsejaría ahora? Lo que mi padre no sabía era que durante los momentos de decisiones más cruciales de mi formación, yo no estaba convencido de que Dios me estuviera llamando para seguir adelante. Estos momentos críticos, como la profesión de votos al terminar el noviciado, el regreso a la casa de formación después de mi internado apostólico, mis retiros espirituales de una semana por año y el período que precedió inmediatamente a mi ordenación, estaban plagados de dudas persistentes acerca de mi "llamada".

En la Legión, cuando teníamos dudas serias sobre nuestro compromiso para continuar el camino hacia el sacerdocio, se hablaba de "crisis". En la dirección espiritual con mi superior dos veces por mes, yo solía decir: "Padre, estoy en crisis". Luego, con algo de temor, plantearía todas las razones por las cuales no quería continuar como Legionario. El P. Maciel nos había entrenado para creer que seguir nuestra vocación era una cuestión de generosidad personal. Una "crisis" vocacional siempre se reducía, en última instancia, a una cuestión de "generosidad". Yo me decía a mí mismo: "Mi salud es excelente, no tengo faltas morales graves, soy bastante inteligente, quiero ser sacerdote por las razones correctas y no tengo problemas psicológicos serios; es decir, estoy "capacitado" para ser sacerdote. Mis superiores me aseguran que Dios me está llamando. Por lo tanto, soy un idiota miserable por el solo hecho de pensar en decepcionar a Dios y al Padre Maciel".

En retrospectiva, no recuerdo una sola ocasión en la que uno de mis directores espirituales validara mis dudas. El objetivo de la dirección espiritual era informar al superior de mis progresos y desafíos. Jamás me quedaba sin tema para hablar. Según las reglas, yo hacía dos exámenes de conciencia por día y me confesaba al menos una vez por semana. Tomábamos notas durante el examen de conciencia y muchas veces nos costaba dar todos los detalles en confesión. En los momentos de crisis (y los hubo en gran número), la dirección espiritual se reducía a un ejercicio para tratar de convencer a mi director de que no deseaba continuar, y viceversa. Ambos sabíamos que la razón más convincente para quedarme era la afirmación del Padre Maciel de que aquéllos que no fueran fieles a su vocación, ponían en peligro su salvación eterna. Dado que esto era lo que estaba en juego, no había lugar para errores.

En la Legión, los distintos roles de Superior, Confesor y Director Espiritual generalmente eran desempeñados por una sola persona; nuestro superior religioso escuchaba nuestra confesión y nos brindaba dirección espiritual. Esto desentonaba con la Ley Canónica, que recomienda que los religiosos tengan más variedad para elegir. Era estresante tener que confesarme con mi superior. Teóricamente uno podía confesarse con otro sacerdote, pero probablemente eso haría que el superior se preguntara por qué uno necesitaba o prefería acudir a alguien más, lo que agregaría todavía más estrés.

No recuerdo que un director espiritual me haya dicho explícitamente que me iría al infierno si abandonaba la Legión. En los primeros años, el mensaje del P. Maciel era más sutil. Con el paso del tiempo, articuló esta noción de forma más breve. Tal vez algo como: "Hermanos, no puedo asegurarles esto completamente, porque sólo Dios puede juzgarnos. Sin embargo, no sé cómo Dios podría aceptarnos en el Cielo si le volvemos la espalda y abandonamos nuestra profesión". Mis superiores, directores espirituales y confesores escuchaban las mismas conferencias. La mayoría de nosotros amábamos y venerábamos a este hombre, nuestro padre espiritual. A veces creo que también lo temíamos. Nos suscribimos a sus ideas y a su forma de pensar, especialmente durante nuestro período de formación.

Yo creía tener una relación especial con el P. Maciel. La mayoría de los Legionarios lo llamaban "Nuestro Padre". Los más cercanos a él lo llamaban "Mon Père". Poco después de mi llegada a México, yo también empecé a llamarlo "Mon Père". Era una forma de llamarlo más personal, que no se usaban mucho en situaciones públicas.

Hice muchas cosas con y para el P. Maciel: nadé en Acapulco, volé en pequeños aviones privados, le serví de chofer y asistente administrativo, visité nuestras nuevas misiones en Quintana Roo, celebré Misa con él, visité Cardenales en el Vaticano, fui a su ciudad natal. Conocía a su madre y a sus hermanos y hermanas; escuchaba sus planes, compartía su visión y sus temores. Él me conocía y yo creía conocerlo más que la mayoría de los Legionarios, porque pasábamos mucho tiempo juntos.

Él era mi héroe, mi amigo y mi jefe. En un cierto sentido, yo escuchaba su mensaje sutil y constante con más frecuencia que la mayoría. Muchas veces me recordó las palabras de Cristo: "El que quiera seguirme, que renuncie a sí mismo, que cargue con su cruz y me siga. Pues el que quiera salvar su vida la perderá, pero el que pierda su vida por mi causa la salvará". Para mí no había duda de que el mensaje del Padre Maciel era claro: si un sacerdote abandonaba su vocación, la consecuencia seguramente sería la condena eterna. No sé si el Padre Maciel creía esto personalmente o no, pero sí puedo decir que era parte central de su mensaje.

Luis Lerma seguía empeorando. Cada vez me resultaba más difícil acercarme a él. A veces hablaba de regresar a España para estar con su hermano, pero estaba tan angustiado que aparentemente no podía actuar en consecuencia. No hablaba de planes firmes para el futuro, pero yo sospechaba que regresaría a Quintana Roo en México, donde había servido como misionero Legionario por muchos años. Ocasionalmente había hablado de las personas cercanas que había dejado allí. Me pregunté si habría alguna amiga que pudiera eventualmente formar parte de su vida en el futuro, aunque sabía que sus razones para abandonar la Legión eran mucho más complejas que una atracción romántica. Estaba más preocupado por él que por mí mismo. Había desistido de sus esfuerzos para hablar con el Padre Maciel, ya que sus llamadas nunca habían sido devueltas. Luis estaba listo para abandonar Gabón y el sacerdocio.

Recibí una carta dirigida a todos los sacerdotes Legionarios de parte del Padre Maciel. Luis Lerma no se hallaba en la lista. En la carta, el P. Maciel hablaba de otra carta que le había escrito hacía unos meses el P. Herminio Morelos, un Legionario mexicano, poco antes de su muerte prematura a raíz de un cáncer de rostro. El P. Morelos había sido mi Superior Regional en México durante un breve período.

La carta que recibí en Gabón era un ejemplar de un envío masivo; no estaba dirigida a mí personalmente. El P. Morelos agradecía fervientemente al Padre Maciel por haber sido un padre espiritual tan maravilloso para él y para todos los sacerdotes Legionarios. Nos exhortaba a todos a ser fieles al P. Maciel y a estar agradecidos por su bondad. Si no lo cito exactamente aquí, confío en que el P. Morelos me perdonará desde el Cielo.

Cuando terminé de leer la carta, me sorprendí por la intensidad de los sentimientos que me provocaba. Yo no tenía dudas de que el P. Morelos era genuino en su efusiva expresión de agradecimiento por la preocupación paternal que el Padre Maciel le había demostrado, pero al dejar el papel sobre la pequeña mesa de madera de mi habitación, sentí que enrojecía de enojo.

"¿Cómo puede el P. Maciel ser tan arrogante como para enviarme esta carta a Gabón, publicitando su preocupación paternal por todos los sacerdotes Legionarios, cuando ni siquiera es capaz de responder las llamadas de Luis Lerma?" pensé. "¡Esto es pura hipocresía, puro narcisismo! ¡Cree que todo se trata de él! ¡Ya no soporto más esta presunción! ¡Tengo que hacer algo al respecto!"

Me pregunté qué podía "hacer". Luego recordé que había conocido al gerente de la compañía telefónica, el que dejaba a Luis hacer llamadas gratuitas. Iría a verlo y llamaría directamente al P. Maciel. ¡Ya me escucharía! Yo veía cómo Luis Lerma estaba "muriendo" en un sentido muy real, ¿y tenía que sentir gratitud hacia el hombre que no le devolvía las llamadas, pero que tenía tiempo de enviarnos cartas hablando de su preocupación paternal por sus sacerdotes? Salté a mi Mitsubishi azul, cerré la puerta de un golpe y salí del pueblo. No le dije a Luis adónde iba.

Si las líneas telefónicas funcionaban, mi intención era llamar a Ciudad de México. Primero trataría de hablar directamente con el Padre Maciel, aunque suponía que no estaría disponible, ya que nunca respondía el teléfono. Esperaba al menos poder hablar con el P. John Devlin, que trabajaba como su asistente administrativo. El P. John, de Dublín, se había ordenado conmigo en 1976. Siempre nos habíamos llevado bien y yo creí que, si no podía hablar directamente con el Padre Maciel, al menos podría persuadir a John para que le transmitiera mi mensaje.

Atendió el teléfono después de que sonara unas cinco veces.

"¿Quién habla?" preguntó.

"Padre Devlin, soy yo, el Padre Keogh, desde Gabón" dije.

"Quiero hablar con Nuestro Padre".

"Me temo que no está disponible en este momento" respondió. "¿Qué puedo hacer por ti, Padre?"

Me pareció detectar un dejo de suficiencia en su voz, pero tal vez yo estaba hipersensible. John Devlin era el único Legionario con el que había hablado fuera de África desde mi llegada y nuestra conversación fue muy fría. Esto me entristeció: me sentí como un paria, hecho a un lado por mis Hermanos Legionarios. John Devlin era demasiado astuto y demasiado cercano al Padre Maciel como para no darse cuenta de esto.

Me aseguré de sonar enojado. "OK, Juanito, esto es lo que harás" le dije.

"Dile al Padre Maciel que más le vale comunicarse con Luis Lerma por teléfono lo antes posible".

"¿Cuál es el problema?" preguntó John. Probablemente no le había gustado que lo llamara "Juanito".

"Luis está muy molesto. Ha llamado muchas veces y Nuestro Padre lo está evitando".

"Padre" dijo John "debes comprender que Nuestro Padre…" No lo dejé terminar.

"No, eres tú el que no comprende. Si Nuestro Padre no lo llama hoy mismo, ¡posiblemente sea responsable de la muerte de Luis Lerma!"

"¿Quéeeee?" dijo John.

Respondí: "Luis volverá llamar en una hora para preguntar cuándo puede hablar con Nuestro Padre. Será mejor que tengas un horario para él".

Algo en mi tono de voz hizo que John Devlin reaccionara. Creo que le conté de la carta de Morelos que acababa de recibir y le expliqué por qué reaccionaba así, pero no lo recuerdo bien. Sin embargo, John Devlin captó el tumulto emocional en mi voz, una mezcla de enojo, dolor, soledad, frustración, rechazo, impotencia y miedo.

Su tono cambió. "OK, dame una hora. Veré qué puedo hacer".

"Por favor, Padre John, no nos decepciones" dije y colgué.

"Hola Luis" dije al regresar a la misión. "Acabo de hablar con el Padre Devlin".

"¿Ah sí?" dijo sorprendido.

"Sí. Quiere que lo llames en una hora para decirte cuándo puedes hablar con Mon Père".

Fui a mi habitación y me acosté en el catre, con las manos detrás de la cabeza. Dejé el mosquitero abierto. Me importaban muy poco las moscas, de todas formas sabía que no iba a dormir. Mi enojo estaba empezando a ceder; pero sentí que tal vez había conseguido algo con mi llamada. Las cosas se resolverían una vez que Luis y Nuestro Padre finalmente hablaran.

La carta del P. Maciel había quedado sobre la mesa de madera, donde la había dejado. Recordé a este Legionario mexicano cuyo testimonio, comunicado a través de Nuestro Padre, me causaba tanto enojo.

Unos meses después de que le hubieran diagnosticado cáncer en el rostro, Nuestro Padre envió al P. Morelos a mi casa en Rye, Nueva York. Antes de eso, él había pasado la mayor parte del tiempo en la Escuela Apostólica de Ontaneda, España. Me dijeron que venía a los EE.UU. a tomarse un descanso. Aunque era un hombre relativamente joven, se cansaba con facilidad. La enfermedad le había desfigurado la cara. No hablaba inglés y no tenía ninguna tarea asignada.

Un día sonó el timbre. Bajé del tercer piso para atender y me encontré con el Padre Morelos en pijamas, hablando con el cartero. El P. Morelos no parecía darse cuenta de la reacción que producía. El cartero estaba totalmente perplejo con este extraño con la cara desfigurada, que no hablaba inglés y que atendía la puerta en pijamas a las tres de la tarde. Incluso cuando estábamos en México, donde había servido un tiempo como Director Regional, el Padre Morelos siempre me había parecido muy ingenuo y bastante poco sofisticado.

Más tarde le llevé la cena a su habitación. No se veía nada bien.

"¿Cómo se siente esta tarde, Padre?" le pregunté.

"Bien, muy bien" respondió como siempre. "¡Me siento de maravilla!"

Jamás lo había escuchado decir que no se sentía bien. A mí me parecía que se estaba presionado demasiado para animarme a mi. Él sabía que se estaba muriendo. Pensé que podría ayudarlo si, al menos de vez en cuando, podía reconocer su enfermedad y expresar sus sentimientos.

"No se veía muy bien esta tarde" le dije.

"Estoy perfectamente bien, Padre" replicó.

"¿Podría hacerme un gran favor?" le pregunté.

"Por supuesto, ¿qué desea?"

"Me ayudaría mucho si, al menos de vez en cuando, usted admitiera que no se siente bien y que a veces simplemente tiene miedo de estar en la última etapa de una enfermedad terminal" dije, y continué: "Le explico por qué: mis razones son egoístas. A veces me siento muy solo, inadecuado y fuera de lugar como sacerdote Legionario. Me ayudaría oírlo decir que no se siente tan bien, o que está preocupado o incluso un poco asustado".

Me miró y me di cuenta de que se estaba poniendo a la defensiva. Dios sabe que no quería lastimarlo, al contrario, deseaba ayudarlo.

"Como sacerdote Legionario," expliqué "¡necesito saber que está bien que yo sea humano! Yo también tengo sentimientos y a veces no veo el sentido en la voluntad de Dios". Él ya no me miraba.

"Sólo necesito que usted me tranquilice, necesito que me diga que está bien tener miedo, que está bien dudar. Me ayudaría tanto si por una vez pudiera admitir que por momentos no se siente de maravilla".

Eso. Yo había dicho mi parte. Para entonces él había terminado de comer.

Me miró bondadosamente y dijo: "En serio, Padre Keogh, ¡me siento bien!"

Me dijeron que está enterrado en el cementerio de Ontaneda, cerca de la Escuela Apostólica de los Legionarios, en España.

<hr />

El Padre John Devlin cumplió su palabra. A raíz de mi irritada intervención, el P. Lerma finalmente pudo hablar con el Padre Maciel por teléfono. Por primera vez desde mi llegada a Gabón pareció estar en paz consigo mismo. Había decidido regresar con su familia en España y abandonar la Legión de Cristo y el sacerdocio. Lo definitivo de su decisión lo ayudó a salir de la depresión. Seguía inquieto como siempre, pero ahora podía concentrarse en la organización de su partida. Quería irse lo antes posible y por primera vez lo vi entusiasmado con algo.

Cuando llegué a Gabón, creí que Luis me aconsejaría. Pero en cambio me vi haciendo entusiastas recomendaciones para su transición. Y al hacerlo me di cuenta de que había llegado a la misma conclusión que mi amigo y acepté que mi misión en Gabón no era más que una estrategia de salida diseñada para mí por el Padre Maciel.

Durante nuestra fatídica conversación en el noviciado de Cheshire, implícitamente habíamos acordado que yo abandonaría la Legión y el sacerdocio, aunque yo no había sentido alegría ni paz con esa conclusión. Muchas veces en Gabón reproduje mentalmente esa conversación. Yo había necesitado tiempo para procesar lo definitivo de mi decisión y para prepararme emocionalmente. Visto a la distancia, no me caben dudas de que enviarme a Gabón fue una táctica especialmente cruel. El Padre Maciel podría haberme ayudado a seguir con mi vida, en lugar de enviarme a Gabón con un boleto de ida a encontrarme con Luis Lerma. Desde ya, no era la opción más compasiva.

⚉

Luis y yo nos fuimos de Gabón el mismo día. Ni él ni yo teníamos billete de regreso ni dinero. Juntos le pedimos al Obispo que nos prestara dinero para los boletos, prometiéndole que el Padre Maciel se lo devolvería. Yo conseguí una oferta en Air Gabon para volar a Irlanda con escala en París. Por 34 dólares me dieron un pasaje de ida de Dublín a Nueva York y aceptaron pagarme un hotel por una noche en París. Luis partió rumbo a España en Sabena Airlines y nunca nos comunicamos después de eso. No sé dónde está ni cómo viajó. Esto me entristece y me molesta, porque la Legión nos programaba para que no nos comunicáramos entre nosotros una vez que la abandonábamos. He preguntado por él. Nadie sabe mucho, aunque oí decir que Luis había vuelto a México, que se había casado y que trabaja en la construcción en Quintana Roo, donde antes era misionero.

En la parada del aeropuerto de Libreville me crucé con Laura, la enfermera. Un empleado del aeropuerto empujaba su silla de ruedas. Regresaba a su casa en Italia para someterse a un tratamiento contra el Loa-Loa. Tampoco supe nada de ella desde entonces.

DUBLÍN: FRÍO Y MISERABLE

El sobrino de mi padre, Seamus, me recogió en el aeropuerto de Dublín y me llevó a la casa de mis padres. Yo había logrado llamarlos desde Gabón, para que mi partida de la Legión no los tomara totalmente por sorpresa. Seamus me tranquilizó con su característica actitud práctica, y me dijo que todo estaría bien. Mis padres me dieron la bienvenida como sólo pueden hacerlo los progenitores. Fueron cálidos y afectuosos e hicieron todo lo posible por ocultar su decepción.

No hicieron preguntas. Estoy seguro de que mi padre estaba pensando en el hijo pródigo. Mi madre me dijo que le gustaba cómo me quedaba la barba e hizo lo posible para que me sintiera aceptado y "en casa". Me instalé en mi pequeña habitación, en la que no había dormido por más de veinte años.

Dublín estaba húmeda, fría y triste con la llegada del invierno. Como hacía mucho tiempo que me había ido y había estado tan aislado de mi familia, no tenía amigos de mi edad en Irlanda. Me sentí fuera de lugar, aunque empecé a recuperar la familiaridad con mi ciudad natal.

Mi padre tenía ochenta y tres años y se había retirado de University College Dublin en 1970. Sin embargo, mis padres seguían viviendo en el "Gatehouse Lodge" en Iveagh Gardens, por cortesía de la universidad que mi padre tanto amaba. Sé que mi regreso a casa fue difícil para ellos. No les resultaba fácil explicar a sus amigos que Jack estaba en casa y que había abandonado el sacerdocio. Por veinte años habían estado encantados con el éxito de sus dos muchachos, uno de ellos un médico exitoso, el otro un sacerdote trotamundos, que se codeaba con Cardenales, políticos y CEOs. Ahora su primogénito había vuelto a casa, invadiendo su espacio.

Además, no era fácil estar conmigo cuando trataba de explicarles lo que me había sucedido.

"Jack" decía mi madre "¡pensé que eras tan feliz en la Legión! Jamás mencionaste que no estabas contento en tus cartas".

"Es difícil de explicar, mamá" respondía yo. "Creía que sí era feliz y no quería que se preocuparan por mí".

No tenía mucho sentido explicarles que revisaban toda nuestra correspondencia antes de enviarla. O que teníamos instrucciones claras de expresar alegría, como parte de la incansable campaña de relaciones públicas de la Legión.

Durante las semanas siguientes empezamos a conocernos mejor como adultos. Después de veinte años de que me llamaran "Hermano John" y "Padre Keogh", me resultaba extrañamente reconfortante volver a ser simplemente "Jack". Decidí que volvería a llamarme Jack, aunque todos mis documentos decían que mi nombre era John.

Durante veinte años había defendido resueltamente el estilo de vida Legionario, especialmente ante mi hermano Brendan y mis padres. Por mucho tiempo Brendan se había quejado, diciendo que la Legión no tenía derecho a aislar tanto a sus miembros de sus familias. Jamás admitió que el aislamiento fuera legítimo, necesario o útil y creo que nunca me perdonó por no haber ido a su boda o por haber perdido el contacto con él y con su familia. Papá conocía la vida religiosa a través de sus numerosos amigos sacerdotes y monjas en la universidad. Él comprendía y aceptaba el estilo de vida de las congregaciones religiosas.

Cuando Brendan y yo éramos niños, pensábamos que papá debería haber sido sacerdote franciscano. Era Superior General de la Tercera Orden de San Francisco en la Iglesia "Adán y Eva" de Merchant's Quay, y gran parte de su vida social giraba en torno a las actividades que allí se organizaban. Nos enseñó a mí y a Brendan a asistir en la Misa usando el aparador de la sala como altar mientras él hacía el papel de celebrante, con un fervor que dejaba ver su profundo amor por la liturgia.

Aunque me había apoyado, papá siempre estuvo preocupado por la Legión. Nunca pudo entender por qué las visitas familiares eran tan cortas y poco frecuentes y por qué mi ordenación había tardado tanto. No estaba de acuerdo con los nueve años que yo había pasado en las prácticas apostólicas en México antes de ordenarme y permanecía imperturbable ante mi objeción de que yo era prácticamente un "co-fundador". Decía que las demás órdenes no eran tan reservadas ni tenían tanto control sobre el contacto con la familia.

Por primera vez me encontré en la extraña situación de describir la vida Legionaria de manera más realista y detallada. La disciplina, las reglas y el aislamiento de mi familia y amigos eran mucho más duros de lo que ellos y yo habíamos creído. No dudo que mis explicaciones estaban teñidas de auto-justificación; sin embargo, ser libre de criticar a la Legión fue catártico. Me resultaba difícil explicar por qué había tardado tanto tiempo en abandonarla. Mi historia era enrevesada y me sentía "estropeado".

Mamá me dijo que Patricia, mi primer amor, había llamado a menudo durante mi primer año de noviciado.

"Solía llamar preguntando si ya habías regresado a casa" me contó.

"¿Por qué no me lo dijiste nunca?" le pregunté.

"Bueno, Jack, yo no quería generarte dudas. Pero" hizo una pausa "si hubiera sabido que eras tan infeliz, habría hecho todo lo posible por no dejarte ir, o por traerte de vuelta a casa".

Tenía 37 años. No tenía dinero, bienes ni experiencia en el mundo laico.

A pesar de haber pensado tanto tiempo en abandonar la Legión, no había pensado mucho en lo que haría una vez que la hubiera dejado. En Rye, los dos automóviles que poseíamos estaban a mi nombre (habían sido regalos de benefactores mexicanos) y podría haber retirado un par de miles de dólares de nuestra cuenta antes de partir hacia África. Pero no lo había hecho: era dinero de la Legión y jamás se me ocurrió. Mis padres me ayudaron a comprar algo de ropa para las entrevistas de trabajo y cuidaron de mí como si jamás me hubiera ido de casa.

A pesar de estar jubilado, papá todavía tenía excelentes contactos en todos los ámbitos, incluidos los negocios. Confeccionó una lista de gente que podría ayudarme en mi búsqueda laboral. En todos los lugares adonde iba, escuchaba lo mismo: "Es una época difícil en Irlanda. No es fácil encontrar trabajo. Con tus antecedentes, tal vez tengas mejor suerte en los Estados Unidos".

Me llamó la atención un anuncio en el *Irish Times*: una empresa buscaba un gerente de recursos humanos para implementar técnicas de gestión norteamericanas en su fábrica de Dublín. Leí la descripción del trabajo y me di cuenta de que yo cumplía con todos los requisitos solicitados, ¡definitivamente, yo era el indicado! A los pocos días tuve una entrevista con el reclutador irlandés. Aceptó que yo "probablemente era idóneo para el puesto". Dijo que mi experiencia era impresionante y mi entusiasmo, contagioso.

"Pero no puedo arriesgarme a contratarlo si no tiene experiencia laboral en Irlanda" dijo. "¿Sabe qué tiene que hacer? Vuelva a Estados Unidos y trabaje un año allí. Después, con sus antecedentes, puede regresar y trabajar de lo que quiera en Irlanda".

Casi todos los consultores, gerentes y reclutadores que vi tenían la misma reacción.

"¡Le irá muy bien en Norteamérica!" La entrevista del trabajo de recursos humanos fue la gota que colmó el vaso. El reclutador no quiso darme una oportunidad y me sugirió rápidamente que regresara a Norteamérica para obtener algo de experiencia. Me tomé el rechazo como algo personal y decidí que si los norteamericanos me daban una oportunidad, jamás regresaría a trabajar en Irlanda. ¿Por qué Estados Unidos debía confiar más en mí que mi país natal? Odiaba depender de mis ancianos padres y sentía que mi presencia en casa era una carga injusta para ellos. Por mucho que me amaran, y a pesar de que aceptaran genuinamente mi transición a la vida laica, yo sabía que les resultaba difícil lidiar con la sensación de frustración y culpa que yo, el eterno extrovertido, no cesaba de recordarles.

El billete de $34 que me habían dado en Air Gabon todavía tenía validez para viajar a Nueva York. Después de varios meses de buscar trabajo en vano en Irlanda, tal vez fuera el momento de usarlo.

Mi viejo amigo Padraig, a quien conocía desde los siete años, me invitó a cenar con su familia. También estaban invitados sus hermanos y hermanas. Me alegró ponerme al día con el mundo que había dejado atrás. Todos parecían muy contentos de verme. Era como si el tiempo se hubiera detenido. Reanudamos la amistad desde donde la habíamos dejado veinte años atrás, en esa forma extraña que sólo se da con los amigos de la infancia. A pesar de la larga ausencia, sentí que los extrañaría a ellos y a su forma de ser irlandesa si regresaba a Estados Unidos.

Seamus, su esposa Mary y su hija Patricia me visitaban con frecuencia. Cuando estaba con ellos, sentía retornar mi autoestima. Patricia era una preciosa muchacha de veinte años y en ella encontré la hermana que nunca tuve. Seamus era tan burbujeante como siempre e irradiaba alegría de vivir. Mary era la personificación de la auténtica dublinesa: ingeniosa, encantadora, directa y sin pretensiones. Nuestras familias siempre habían sido cercanas. Seamus reverenciaba a mi padre como amigo y confidente, y Mary adoraba a mi madre. Su entusiasmo era contagioso y su rápida aceptación de mi nuevo estado tranquilizó a papá y mamá. Brendan, mi hermano, seguía viviendo en Bethesda, Maryland. Estaría feliz de saber que había abandonado la Legión, pero yo no estaba tan seguro de lo que diría al enterarse de que había abandonado el sacerdocio.

El verano anterior a partir de Rye hacia Gabón, conocí a una mujer irlandesa llamada Colette y a su familia. Estaba atravesando una situación difícil que terminó en divorcio. Oí decir que había regresado a Dublín con sus tres hijos pequeños, que trabajaba en un estudio de abogados y que vivía en la zona norte de la ciudad. Ella era la única persona en Irlanda que me había conocido cuando yo estaba Rye, a excepción de mis padres y mi hermano. De modo que la llamé para que nos encontráramos.

Colette se sentía totalmente identificada con mi pasado, y yo con el suyo. Ambos teníamos recuerdos similares de nuestra infancia en Dublín. Ella sabía quién era "Bang Bang", un emblemático y excéntrico veterano de la Segunda Guerra que solía subirse a la plataforma del autobús de dos pisos de Dublín y "disparar" a los peatones con el dedo. Recordaba a "Johnny Forty-Coats", un vagabundo famoso, y a "Dinjo", un presentador de radio. Ambos podíamos cantar los jingles de las publicidades de hacía muchos años ("If you do sing a song, do sing an Irish song" y "Donnelly's sausages, double wrapped for double protection"). Me resultaba reconfortante compartir estos recuerdos de mi infancia enterrados con alguien que también los hubiera vivido. Esto me ayudó a sentirme centrado y en contacto con mis raíces por primera vez en mucho tiempo. Sobre todo, sentía que podía estar relajado con Colette y dejar emerger mi personalidad real. No nos veíamos a menudo, pero disfruté mucho de tener una amiga mujer. Jamás hubiéramos creído en aquel momento que algún día nos casaríamos.

─────

Para conseguir empleo y crear una nueva vida, yo sabía que la Ciudad de México era mi mejor opción. Yo amaba el país y tenía lazos fuertes con muchos amigos que había hecho durante mi trabajo en el Instituto Irlandés. A pesar del aluvión de recomendaciones de que fuera a los Estados Unidos, mi corazón me decía que regresara a México, al lugar en el que había sido más feliz en los últimos veinte años. Pero mi mente no estaba de acuerdo.

Pensé que, al haber abandonado la Legión y el sacerdocio, sería una fuente de escándalo para las personas que habían apoyado al Padre Maciel, a la Legión y a mí. No quería que la gente pensara nada malo del sacerdocio ni de la Legión por culpa de mi fracaso, especialmente mis buenos amigos mexicanos. Una vez más, obedecí a mi cabeza en vez de seguir a mi corazón, y decidí partir hacia los Estados Unidos.

NUEVA YORK: UN NUEVO COMIENZO

Poco después de la Navidad de 1982, partí hacia Nueva York. Esta vez la despedida no fue tan desgarradora como cuando estaba en la Legión. Sabía que podía regresar a casa sin necesidad de pedir permiso a mi Superior y que podía ir y venir a mi antojo. Esta libertad era algo nuevo para mí y me encantaba.

Brendan aceptó gustoso alojarme en su casa con su familia en Bethesda mientras buscaba trabajo. Una vez más, Seamus me llevó al aeropuerto de Dublín. Empezaba una nueva etapa de mi vida.

Mi primer impulso fue hacer contactos para entrar en las empresas de relaciones públicas y trabajar para gobiernos extranjeros en Washington D.C. Lo intenté pero no me fue bien, en parte porque no tenía contacto en la zona de Washington D.C. y en parte porque simplemente no sabía buscar trabajo y no tenía una idea clara y real de lo que quería hacer

Brendan, su esposa Carmel y sus dos hijos, Stephen y Karina, me dieron la bienvenida y me hicieron sentir en casa. Estoy seguro de que, debido a mi confusión interior, yo no era una gran compañía, pero disfruté de tener la oportunidad de conocer a los niños y de participar en sus rutinas familiares, como partidos de fútbol y conciertos de piano.

La espontaneidad de la vida familiar normal me ayudó a adaptarme. Luego de unas semanas en Washington, no había avanzado en mi búsqueda de empleo y no quería abusar de la hospitalidad de Brendan y Carmel.

Me comuniqué con Rita, la viuda de Bill, cuyo funeral había celebrado en la Segunda Iglesia Congregacional de Greenwich. Me sentía cómodo con ella, que me demostraba una mezcla de afecto maternal y fraterno. Valoraba sus consejos y quería contarle acerca de los cambios en mi vida. Rita era sinónimo de sentido común, y yo no tenía tiempo para andarme por las ramas. Acepté su generosa oferta y me quedé, sin pagar alquiler, en la pequeña casita dentro de su propiedad, donde vivía con su hijo menor.

A esta altura estaba más preparado mentalmente para buscar trabajo. Rita me dio excelentes consejos y me sugirió los nombres de algunas personas para contactar. Lo mejor que hice fue comprar un libro llamado *Guerilla Tactics in the Job Market*, escrito por Tom Jackson. Siguiendo los consejos del libro, compré un cuaderno y en el transcurso del fin de semana terminé de leer el libro e hice todos los ejercicios. Jackson decía cómo decidir qué tipo de trabajo es más apto para uno, cómo escribir un curriculum efectivo, cómo acceder al mercado laboral oculto e incluso cómo conseguir trabajo en una determinada cantidad de días. Yo me di cuenta de que la clave de su fórmula consistía en identificar las necesidades del empleador. En Irlanda y en Washington, yo no pensaba en esos términos. Había tratado de convencer a los reclutadores y a los posibles empleadores de que tenía las habilidades o experiencia requeridas, sin pensar en cómo descubrir una necesidad o desafío específico que ellos tuvieran y que yo pudiera resolver.

Mi nuevo enfoque consistía en hacerle saber al empleador cómo se beneficiaría al contratarme. Esto significaba que tenía que demostrarle cómo podía mejorar las ventas o aumentar la productividad. Tenía que demostrar cómo podía generar ingresos y aumentar sus ganancias. El libro fue maravilloso para mi autoestima. Gracias a estas tácticas de autoayuda, aprendí a crear un plan de acción en detalle. Tenía que convencerme a mí mismo y a los demás de que lo aprendido como Legionario podía transferirse a un trabajo laico.

Al completar los ejercicios, vi cómo el pensamiento crítico, la lógica y la escritura analítica tienen aplicaciones prácticas en una amplia gama de carreras, como el derecho, la docencia, los negocios, la gerencia e incluso la medicina. Mis habilidades comunicativas, perfeccionadas durante mis años de experiencia en la Legión, me ayudarían a demostrar a un empleador cómo podía aportar valor a su negocio. La clave estaba en descubrir un "problema" que yo pudiera resolver, y luego vender mi solución. Por el momento, mi nuevo trabajo era conocer a la mayor cantidad de gente posible, a fin de identificar la oportunidad. Decidí pedir a cada contacto que me recomendara a otra persona. Por primera vez, yo sería el "CEO" de mi propia vida.

A través de mi red de contactos, pronto conocí a Aidan, un exitoso contador irlandés que aceptó ayudarme a explorar desafíos de negocios que yo pudiera ayudar a resolver. Cuando nos conocimos en un restaurante japonés, yo ya era capaz de hablar de mi experiencia en términos "laicos". Me describí como un auténtico solucionador de problemas, que no se concentra en el pasado y confiado en mi capacidad para hacer aportes. A raíz de esto, Aidan me recomendó ponerme en contacto con un conocido hombre de negocios irlandés llamado Brendan O'Regan. Aidan sabía que O'Regan tenía un problema y pensó que yo podría ser la solución.

Dos semanas después desayuné con O'Regan en el Yale Club de Nueva York. Él irradiaba energía y deseaba hablar de su último proyecto, la creación de "Cooperation North" en los Estados Unidos. Aidan me había contado que Brendan era famoso por haber creado la tienda libre de impuestos en el aeropuerto Shannon en Irlanda, que había inspirado a la gente a imitarlo en todo el mundo. Era una de las numerosas iniciativas de un hombre que, como yo vería más adelante, había sido uno de los conductores de la economía irlandesa en la década de 1960, cuando el Estado Irlandés independiente emergió del estancamiento en que estaba desde la independencia.

Yo me sentí avergonzado por lo poco que sabía de los asuntos contemporáneos en Irlanda.

Después de un segundo desayuno, Brendan me contrató como Director Ejecutivo de la rama de "Cooperation North" en Estados Unidos. La organización tenía por objetivo sanar la división entre la República Irlandesa e Irlanda del Norte, a fin de alcanzar la reconciliación de ambas comunidades. Ya contaba con una oficina en Manhattan, por cortesía de Peter Grace, un industrial multimillonario de extracción irlandesa católica. Mi trabajo consistía en coordinar las operaciones y desarrollar la organización en los Estados Unidos. Aunque el salario era menor al que yo esperaba, creo que tanto Brendan como yo sabíamos que habíamos hecho un buen negocio.

<hr/>

Jed Dolce, un maravilloso amigo que había conocido cuando trabajaba en Rye, me ofreció un apartamento en el edificio de su propiedad en Katonah, Nueva York. Yo no tenía dinero para pagar los dos meses de adelanto, pero Jed acordó renunciar a eso. Rita me aconsejó que comprara un TV "para ponerme al día con el mundo", y la esposa de Jed, Beth, me regaló un colchón y una silla bastante elaborada (una combinación de silla y escritorio). Estaba listo para comenzar mi nueva vida.

La idea de vivir en Katonah me resultaba atractiva. El pueblo, que tenía más de cincuenta edificios, se había trasladado y cambiado su antiguo nombre, "Old Katonah", en 1897. Cuando su antigua ubicación se inundó a raíz de la construcción del embalse del río Cross, llevaron las casas con vías de madera, arrastradas por caballos, hasta la nueva ubicación al norte de Bedford Hills. Hoy en día Katonah es un suburbio muy cotizado de Nueva York, pero aún conserva la atmósfera de pueblo. Yo conocía bien la zona porque muchas veces mientras trabajaba en Rye había ido a visitar al hijo de unos amigos mexicanos que estudiaba en la cercana Harvey School.

Lo más atractivo de Katonah era que estaba sobre la línea ferroviaria "Brewster North" que lleva a la ciudad de Nueva York.

Una vez que hube comprado ropa para ir a trabajar y mi boleto mensual a Manhattan, me convertí en otro trabajador anónimo que viaja dos horas y media al día en los destartalados vagones de Metro North.

Como había empezado sin nada, el costo de la renta, los servicios, la ropa, el transporte y la búsqueda de trabajo se habían acumulado rápidamente. Mis condiciones de vida en el pequeño apartamento eran las imprescindibles; no tenía más muebles que el colchón, la silla y el TV, y pronto me di cuenta de que comenzaba a deprimirme. Durante veinte años había vivido bajo el Voto de Pobreza, es decir que legalmente no poseía nada y usaba sólo lo estrictamente necesario para mi apostolado. Creo que en la vida de Legionario, el Voto de Pobreza estaba más relacionado con la obediencia que con la falta de posesiones. Incluso en Gabón, donde las circunstancias eran difíciles, tenía lo que necesitaba y nunca me había preocupado por el dinero. Francamente, la pobreza nunca me había molestado porque tenía todo lo que necesitaba para vivir y hacer mi trabajo. De modo que, cuando dejé la Legión, no pedí ayuda financiera. Al empezar mi nueva vida en los Estados Unidos, me di cuenta de que no hacerlo había sido ingenuo.

Al terminar mi primera semana de trabajo, llamé al Padre Maciel a Roma. Como lo suponía, tuve que pasar por varios asistentes; pero él me atendió y me saludó cordialmente. No habíamos hablado desde Gabón, así que lo puse al día de mis progresos. Él pareció muy complacido. Luego le expliqué mis problemas financieros.

"Nuestro Padre" dije "sería de gran ayuda si la Legión pudiera prestarme unos $5,000 dólares. Sólo un préstamo para ayudarme a comenzar".

"Padre Keogh, te conozco bien" respondió. "Tendrás éxito. Estoy seguro de que un día serás benefactor de la Legión y nos ayudarás económicamente".

"Espero que sí" dije "pero para que eso ocurra, realmente necesito un poco de ayuda. Lo que pido es un préstamo, no un regalo". Noté un cambio en su actitud en cuanto mencioné el tema del dinero.

Su voz sonaba severa al responder: "Mira, prestarte dinero a ti sentaría un precedente peligroso. Tu amistad ha sido siempre importante para mí y te agradezco el excelente trabajo que has hecho por la Legión, pero no, no puedo hacerte un préstamo y no quiero volver a hablar de eso".

Surgió un sinfín de recuerdos. Yo estaba agradecido por los años de formación, por la excelente educación que recibí en la Legión, por mi papel en el éxito del Instituto Irlandés y en la fundación de nuestra primera casa en Nueva York. Pensé en mis logros en las relaciones públicas con Cardenales y benefactores y las numerosas veces que había ido más allá de lo que esperaba de mí el Padre Maciel. Pero sobre todo recordé el dinero que había recaudado para la Legión durante mi carrera. Muchas veces le había entregado grandes sumas en efectivo al Padre Maciel para sus "necesidades personales" sin hacer preguntas.

Al despedirnos, colgué el teléfono pensando en cuánto me costaría la llamada de larga distancia a Roma. Me quedé sentado, sorprendido y decepcionado, en la encimera junto al refrigerador verde. No podía creer que el Padre Maciel acababa de negarme el apoyo material para empezar mi nueva vida, después de haberlo servido durante veinte años sin cuestionarlo jamás. Estoy seguro de que tampoco me habría brindado asistencia económica si se la hubiera pedido al momento de abandonar la Legión.

Después de esa conversación, mis emociones pasaron por la decepción, el enojo y, en último término, la devastación. El rechazo de Maciel lo sentía como algo personal, como si él me hubiera abofeteado. Mi primer impulso fue abofetearlo a mi vez. Eventualmente, decidí atenerme a mi resolución de apartarme de la Legión en buenos términos. No iba a permitir que Maciel determinara el tipo de persona que sería en adelante. No era fácil, pero elegí concentrarme en mis capacidades y en el futuro en lugar de quedarme con el dolor que me había causado.

Cuando se me pasó el enojo, me permití pensar que Maciel no era el santo que yo había creído. La mayor parte de su vida, sus equivocaciones eran evidentes para cualquiera que *quisiera* verlas. El problema era que la mayoría de nosotros (incluyendo a Papas, Obispos, Políticos y Hombres de Negocios) habíamos elegido ver sus logros, sin detenernos a pensar en *cómo* los había obtenido.

La Legión de Cristo y Regnum Christi eran instituciones notablemente exitosas, fundadas por un hombre que no siempre había vivido de acuerdo con los ideales que predicaba a sus seguidores. En mis veinte años en la Legión había visto a este hombre motivar a algunos de los mejores y más brillantes individuos que he conocido, para que renunciaran a sus vidas por Cristo y trabajaran infatigablemente para la Iglesia. Gracias a él, realmente creo que hice mucho bien, como deseaba al empezar a soñar con ser sacerdote.

Al estar solo y fuera de la Legión, yo podía ser más objetivo; no podía seguir concediendo a Maciel el beneficio de la duda, pasando por alto sus fallas personales. Me permití criticarlo, lo cual no era fácil. Estaba enojado con el Fundador, pero no podía despreciarlo. Seguía creyendo que la Legión estaba haciendo la obra de Dios y extrañaba a mis compañeros. Cuando el P. Maciel se negó a concederme un préstamo, comprendí que yo ya no le importaba. Tal vez nunca le había importado. Yo era útil para sus objetivos y él obtuvo la ganancia de su inversión. Por primera vez me sentí como un "ex Legionario".

La Legión había sido siempre parte de mi historia y todavía hoy tengo que hacer un esfuerzo consciente para lidiar con la influencia que tuvo en mi vida. Nunca volví a llamar

"Nuestro Padre" al P. Maciel y acepté que era un hombre con fallas, que Dios usaba para sus propios fines. Como dice el refrán español: "Dios escribe derecho sobre líneas torcidas". Todavía no sabía exactamente cuán torcidas estaban esas líneas en realidad.

Mi trabajo en Cooperation North me ayudó a establecer una red de contactos con gente que no me había conocido como Legionario. Durante mi tiempo allí, ayudé a reclutar una junta consultora de Directores Generales de empresas multinacionales, organicé eventos de relaciones públicas y para recaudar fondos, y ayudé a establecer la organización como colaborador importante del proceso de reconciliación de Irlanda. A lo largo de este camino, recuperé la confianza en mí mismo. Cooperation Ireland me ayudó a reconectarme con mi país natal y mi cultura. También tuve que aprender a actuar y a pensar como un laico, a medida que salía de la vida segura y predecible de un Legionario de Cristo.

Adaptarme a mi nueva condición me resultaba abrumador. Por ejemplo, no tenía idea de lo difícil que era obtener una tarjeta de crédito. Todas mis solicitudes eran rechazadas porque no tenía historial de crédito. Mis amigos me recomendaron que solicitara una tarjeta de Sears o de la compañía petrolera Mobil para así empezar a construir mi historial. Ninguno de ellos concebía que Mobil rechazara a alguien que solicitara una tarjeta de crédito para la gasolina. Yo tenía una cuenta en el banco, pero muchos negocios no aceptaban mis cheques sin una tarjeta de crédito reconocida como identificación; era frustrante y preocupante.

Una vez, en una tienda de White Plains, Nueva York, pagué mi compra con un billete de cien dólares. La cajera me informó que para aceptar un billete de $100, la política de la tienda la obligaba a pedirme una identificación, es decir, ¡una tarjeta de crédito! Yo estaba indignado: ¡necesitaba una tarjeta de crédito para pagar en efectivo! La única identificación que tenía era mi tarjeta verde, el documento oficial de inmigración, que describía al portador en términos poco halagadores: "extranjero residente". La cajera dijo que mi tarjeta no figuraba en su lista de documentos aprobados y que tendría que llamar al gerente. Para cuando éste llegó y aceptó mi dinero, se había formado una fila de compradores impacientes detrás de mí, furiosos por la demora. No me importó. Cuando la cajera me devolvió mis ochenta dólares de cambio, le informé que no podía aceptar su dinero sin ver una credencial de identificación. La pobre tuvo que llamar de nuevo al gerente y, una vez que me enseñó su credencial, acepté el cambio.

Finalmente obtuve mi tarjeta de crédito, gracias a mi viejo amigo Bill Burke del Banco de Irlanda, quien solucionó el problema con una llamada telefónica. ¡Una vez que obtuve la tarjeta, empecé a recibir ofertas para otras tarjetas de crédito por correo! ¿Dónde habían estado esas empresas cuando las necesitaba?

Adaptarme a la vida laica incluía obtener seguro médico y dental, contratar la televisión por cable, elegir a un prestador de la increíble variedad de opciones de compañías telefónicas y entender las finanzas personales, sin olvidar el complicado sistema de pago de impuestos. A veces me sentía como un extraterrestre. Tenía 37 años y no sabía las cosas básicas.

Comprar un traje de negocios con camisas, corbatas y zapatos que hicieran juego fue una tarea abrumadora. No tenía la más mínima confianza en mi sentido de la elegancia. La primera vez que me reuní con conocidos de negocios en un bar, no tenía idea de qué pedir, cuánto dejar de propina ni cuál era la etiqueta para ordenar los tragos.

Poco después de empezar a trabajar en Cooperation Ireland, Brendan O'Regan me invitó a asistir a una cena de beneficencia para el "Fondo de Irlanda", una organización de personas de ascendencia irlandesa y de amigos de Irlanda, dedicada a recaudar fondos para apoyar los programas de pacificación y reconciliación, arte, cultura, educación y desarrollo comunitario en toda la isla de Irlanda. Hoy en día, el Fondo Irlandés existe en muchos países del mundo; el más grande es el Fondo Irlandés Norteamericano.

El fundador y presidente general del Fondo irlandés es el dublinés Sir Anthony Joseph Francis O'Reilly, AO, un hombre de negocios irlandés y ex jugador de rugby internacional. Cuando Tony empezó sus estudios en University College Dublin, se encariñó con mi padre. Cuando yo lo conocí, Tony era Presidente y CEO de la empresa H.J. Heinz. Más tarde fue conocido por controlar el Independent News & Media Group en Irlanda y se convirtió en el accionista principal de Waterford Wedgwood. Es uno de los ciudadanos más ricos de Irlanda.

La cena del Fondo Irlandés era un evento extravagante en el elegante hotel Waldorf Astoria en Nueva York. Brendan O'Regan y yo nos alojábamos en el Yale Club, junto a la estación Grand Central. Alquilé un esmoquin para el evento de gala. Nunca antes había usado uno, por lo que agradecí la ayuda de Brendan para prepararme. Me mostró cómo colocar los gemelos en la camisa de vestir. Luego me hizo el nudo de la corbata negra de seda y me mostró cómo se usaba la faja que hacía juego. Al comprobar los resultados en el espejo de pie, me sentí muy elegante. Brendan asintió con aprobación, paternalmente. Fue un momento muy especial para mí.

Al caminar hacia el Waldorf, estaba entusiasmado por participar de mi primer evento de gala en representación de Cooperation Ireland.

Quince minutos después, estaba haciendo contactos en la recepción previa a la cena. El Cardenal Cooke (el Arzobispo de Nueva York) estaba presente, espléndido en su atuendo completo. Cuando le presenté a Brendan O'Regan, el Cardenal dijo; "¡Yo me acuerdo de usted!"

"Yo también lo recuerdo, Eminencia" respondí. "Salvo que la última vez que nos vimos (con el Cardenal Pironio), yo llevaba otra combinación de blanco y negro". El Cardenal Cooke rompió a reír y me deseó suerte en mi nueva vida.

En cuanto me despedí del Arzobispo, se me acercó una mujer alta y atractiva, con una estupenda cabellera pelirroja.

"¿Cómo estás, viejo amigo?" preguntó mientras me abrazaba. No era otra que la estrella de cine Maureen O'Hara. Se acordaba de mí y de nuestros encuentros en Acapulco, quince años atrás. Pasamos un rato excelente, conversando y recordando los viejos tiempos.

Brendan O'Regan la invitó a almorzar con nosotros al día siguiente. Ella dijo que nos ayudaría en nuestro esfuerzo para reconciliar las comunidades de su amada Irlanda.

Brendan O'Regan estaba encantado cuando saludamos a Tony O'Reilly. Tony era la personificación del encanto y del *savoir-faire*; tenía una personalidad "grande como una casa". Como estrella del rugby había representado a Irlanda jugado con los British and Irish Lions y con los Barbarians.

Cuando me presenté como "el hijo de Paddy Keogh de University College, su actitud cambió por completo.

"Dios, Jack" exclamó, "¿cómo está tu padre? ¡Solía compartir su almuerzo conmigo cuando yo empecé la universidad!"

En el lapso de treinta minutos, Brendan O'Regan había visto las reacciones del Cardenal Cooke, de Maureen O'Hara y de Tony O'Reilly hacia su nuevo recluta. Brendan me dijo cálidamente que veía que había elegido bien al contratarme y que sabía que yo sería un contribuidor importante para los esfuerzos de paz en mi tierra natal. Su confianza era contagiosa; empecé a sentirme bien conmigo mismo y con mi nueva carrera.

Al día siguiente, almorzamos con Maureen O'Hara en el Yale Club. Mientras nos poníamos al tanto de nuestras vidas en todo ese tiempo, Brendan O'Regan estaba ansioso por contarle sus planes para Cooperation Ireland. Noté que los meseros eran especialmente amables y se empujaban unos a otros para atender a Maureen. Más tarde, el Maitre se acercó y le preguntó a la Srta. O'Hara si sería tan amable de saludar al personal de cocina. Ella aceptó con gracia. Mientras visitaba la cocina, el Maitre me contó que, desde que él trabajaba allí, era la primera vez que el chef y su personal habían pedido conocer a un comensal. Noté el entusiasmo en la sala cuando Maureen regresó a la mesa. Para ese momento los demás comensales la habían reconocido y sonreían con aprobación mientras ella pasaba.

Después del almuerzo nos despedimos. Luego, espontáneamente, me pidió que caminara con ella hasta el hotel, a unas pocas calles. Mientras caminábamos hacia la Quinta Avenida, el sol brillaba. Yo quedé sorprendido de la cantidad de gente que la reconocía. Por supuesto, ella estaba muy acostumbrada a las sonrisas de admiración de sus seguidores y parecía disfrutar de la atención. Me sentí muy especial caminando a su lado. Ella me tomó del brazo y yo me deleité por formar parte de su halo de celebridad. Cuando llegamos a su hotel, nos despedimos por última vez. Yo estaba feliz de haber vuelto a encontrarme con una vieja amiga, y creo que ella sintió lo mismo. El sol me parecía más brillante y cálido mientras yo regresaba a la estación Grand Central a tomar el tren.

Describir mi "experiencia laboral" era una lucha. Mis estudios de Filosofía y Teología parecían tan inadecuados e insignificantes en el mundo laico, especialmente en los Estados Unidos, donde muchas de las conversaciones masculinas empiezan mencionando la universidad de cada uno. Me sentía perdido, desorientado y solo.

Otro de mis descubrimientos dolorosos fue que yo no era emocionalmente maduro en absoluto. Sospechaba que en la Legión, especialmente en lo que respecta a tratar con las mujeres, yo no había progresado mucho más que al momento de entrar, a los diecisiete años.

A través de mi trabajo conocí a una mujer de mi edad. No estaba casada y no sabía nada de mi pasado. Me sorprendió que me invitara al cine sin conocerme demasiado. Aunque acepté en el acto, inmediatamente me sentí lleno de dudas. ¿Era una cita? ¿Cómo tenía que comportarme en una cita? ¿Podía confiar en mi limitada experiencia con Patricia en Irlanda?

Fuimos al cine y yo estaba nervioso, porque ésta era una experiencia completamente nueva para mí. En la Legión, toda la gente que yo conocía sabía que yo había hecho un voto de castidad. Esto generaba una reacción peculiar, especialmente en México. No importaba cuán cerca me sintiera de mis amigas mujeres, me sentía protegido y ellas también.

Cuando volvimos a su apartamento, me invitó a tomar un trago; pero cuando me dijo que me quedara a pasar la noche, entré en pánico y rechacé la oferta. Realmente no tenía idea de cuáles eran sus expectativas. Cuando llegué a casa me sentí frustrado y supe que me faltaba mucho para madurar emocionalmente.

<hr />

Cuando viajaba por trabajo a Dublín para Cooperation Ireland, me quedaba en la casa de mis padres para ahorrar dinero. Esto me permitió además reconectarme con ellos como adulto, después de tantos años alejado de casa. Más allá de esto, mi vida social era muy limitada porque había perdido el contacto con los amigos y conocidos de mis años de infancia y adolescencia.

Colette se había divorciado en los Estados Unidos. También había obtenido la anulación de su matrimonio a través de la diócesis católica de Nueva York. Pero para ratificar la anulación en Irlanda tuvo que pasar por penosas pruebas psicológicas e intensas entrevistas; para su sorpresa, su anulación fue una de las primeras que aceptó la Arquidiócesis de Dublín. Para celebrar la ocasión, fuimos a cenar.

Nos seguimos viendo cada vez que yo viajaba; conocí a sus padres, hermanos y hermanas. Ella conoció a mis padres e inmediatamente estableció un lazo con mi madre. El estrés de encargarse sola de sus tres hijos mientras se recuperaba de un matrimonio conflictivo y se habituaba a estar de regreso en Dublín, le resultaba muy pesado. El tiempo que pasamos juntos en mis breves viajes era muy limitado, ya que tenía que trabajar y ella también estaba muy ocupada. A pesar de todo esto (o tal vez, a causa de ello), nuestra amistad creció a medida que nos permitíamos acercarnos emocionalmente, mucho más de lo que habríamos podido hacerlo cuando nos conocimos en Rye, NY. Cuando regresaba a los Estados Unidos, nos manteníamos en contacto por teléfono.

Creo que fue en febrero de 1983: yo asistí a un evento para recaudar fondos para la Universidad Nacional de Irlanda en el hotel

Waldorf Astoria sobre Park Avenue en Nueva York. Era un evento elegante y formal. Me habían invitado unos amigos y fue una noche de excelente comida, discursos y música.

Llegué a mi pequeño apartamento en los lejanos suburbios a eso de las 4 de la mañana. No podía dormir, así que llamé a Colette a Irlanda, donde ya era de día. No debe haber sido una conversación muy larga, ya que en aquella época las llamadas internacionales todavía eran muy caras. Pero fue lo suficientemente larga como para que yo le sugiriera que nos casáramos y comenzáramos un nuevo capítulo en nuestras vidas. Teníamos el mismo sentido del humor, disfrutábamos de la compañía del otro; ¿cuán difícil podía ser hacerme cargo de tres niños, de 12, 9 y 8 años? Ninguno de nosotros tenía dinero; yo vivía en un diminuto apartamento alquilado y ella luchaba para llegar a fin de mes.

Si lo pienso ahora, ¡no puedo creer que ella aceptara tan rápido! Ambos atravesábamos una enorme confusión emocional. Creo que ambos sabíamos, desde el punto de vista racional, que era un riesgo inmenso. ¡A quién le importaba! Yo confiaba en la intuición de Colette y en su fe en mí. Cuando colgué, estaba extasiado y maravillado ante el dramático giro que tomaba mi vida.

Nos casamos poco después en City Hall, Nueva York, el día de la Fiesta de la Asunción, el 25 de marzo de 1983; el único invitado fue mi asistente administrativa, que se sorprendió mucho cuando le pedimos que fuera la Dama de Honor. Nuestro plan era celebrar la boda "real" cuando Colette regresara a los Estados Unidos con los niños y pudiéramos casarnos en una Iglesia.

Festejamos con una visita al edificio Empire State y una cena en Rainbow Grill, parte del famoso restaurante Rainbow Room, donde una orquesta tocaba música de la década de 1920, que siempre le había gustado mucho a Colette. Después de su breve visita, ella regresó a Irlanda a organizar sus asuntos.

Al terminar el verano estábamos instalados en una hermosa casita francesa en Katonah, con un arroyo balbuciente en el jardín. Inscribimos a los tres niños en la escuela de la parroquia local. Nuestra primera compra juntos fue una parrilla de $100, un presagio de lo mucho que yo la usaría en los años siguientes. Los hijos de Colette y yo nos llevábamos de maravillas, y el mérito de esto era mucho más suyo que mío, que estaba emocionalmente estropeado y tan obsesionado con la estructura y las reglas. Los niños son increíblemente flexibles; aprendí muchísimo de Niamh, Aoife y Sean.

⸙

Antes del Concilio Vaticano II, a pocos sacerdotes se les concedía la dispensa de sus votos. Después del Concilio, la Iglesia Católica se enfrentó con una cantidad cada vez mayor de solicitudes de sacerdotes para la "laicización". Al comienzo de su Pontificado en 1978, el Papa Juan Pablo II afirmó, en los términos más firmes posibles, que su intención era mantener la tradición de 16 siglos de que los sacerdotes debían ser célibes. Reafirmó que sólo el Vaticano tiene el poder de liberar a un sacerdote de sus votos.

Durante los primeros seis meses de su Papado, el Vaticano recibió más de 300 peticiones de laicización de sacerdotes individuales. Juan Pablo II no aceptó ninguna. Cuando yo estudiaba en Roma, el Papa era Pablo VI. Más tarde me enteré de que él había recibido 32.357 solicitudes, de las que había aceptado 31.324 a lo largo de sus 15 años de Papado.

Aunque nunca verifiqué los datos, estoy seguro de que muchos sacerdotes simplemente se alejaron sin solicitar la dispensa formal, como lo habían hecho en los años anteriores al Vaticano II. Algunos compañeros frustrados que se fueron después de mí hicieron eso. Yo le había dicho al Padre Maciel que no me iría de la Legión a menos que obtuviera una dispensa total. Recuerdo que en Cheshire le dije que en caso contrario prefería continuar siendo sacerdote, aunque tuviera que "pudrirme en un manicomio después de una crisis nerviosa". Él me aseguró que mi laicización no sería un problema al darme su bendición para abandonar la Legión; yo inicié el proceso inmediatamente después de mi partida de Gabón.

El Legionario encargado de mi caso en Roma dio a entender que un "matrimonio civil" aceleraría el proceso. Yo había cumplido con ese "requisito", pero no había servido de nada. Mis cartas y llamadas telefónicas a Roma no eran respondidas; yo ya me había resignado a que el Padre Maciel rechazara mi solicitud de un préstamo para empezar mi nueva vida. Pero no estaba dispuesto a aceptar su negativa para ayudarme con la laicización. Sentí que él estaba traicionando la confianza filial que yo le había concedido por más de 20 años. Me había usado para sus objetivos y ahora que ya no me necesitaba, no hacía nada para ayudarme. Yo había obedecido las reglas, incluso había ido a Gabón; no estaba dispuesto a permitir que me siguiera dejando colgado. No iba a aceptar el cruel rechazo que la Legión tiene para los que la abandonan.

En los años que siguieron a mi salida de la Legión, muchos de mis antiguos compañeros también la abandonaron. Muchos de ellos sucumbieron al miedo paralizante, temiendo las represalias de la Legión. Creían que la Legión trataría de dañarlos, impidiendo su incardinación al sacerdocio diocesano o poniendo obstáculos a su adaptación a la vida laica. Sin duda tenían sus razones para sentir miedo, pero ése no era mi estilo. Yo no iba a permitir que mis años de dedicación fueran descartados con tanta facilidad. De modo que actué de la manera confiada y desenvuelta que había aprendido del propio Padre Maciel: llamé a la casa Legionaria que había fundado en Rye. Atendió uno de los seminaristas.

"¿Puedo dejar un mensaje para tu superior?" le pregunté. "Es importante, así que te ruego que tomes nota y me lo repitas".

Mi mensaje era simple y directo.

"Entiendo que hay dificultades con la laicización que el Padre Maciel me prometió. Así que quiero ayudar. La semana próxima, cuando los 15 nuevos novicios de la Legión hagan su primera profesión en el noviciado de Cheshire, asistiré con mi familia y un gran grupo de amigos. Espero que mi protesta pacífica genere suficiente publicidad como para acelerar los trámites burocráticos en el Vaticano".

Menos de 30 minutos después, sonó el teléfono. Era el secretario del P. Maciel llamando desde Roma.

Aunque jamás tenía intención de cumplir con ella, mi amenaza de generar publicidad negativa funcionó, como yo lo esperaba. Desde ya, una falsa protesta no era la mejor opción, pero por primera vez yo estaba decidido a seguir adelante con mi vida y no iba a permitir que el Padre Maciel dejara de cumplir con su parte. Cuando me llamó algunos días después, me sugirió que nos encontráramos y que yo lo confesara. Durante la confesión, aparentemente me revelaría lo que yo tenía que hacer para conseguir la laicización. Yo ya había visto al P. Maciel usar esta treta: asegurarse de que lo que dijera se mantendría confidencial por el secreto de confesión. Esto era totalmente inaceptable, y yo pensaba que era un abuso del sacramento.

Me negué sin dudarlo. Le dije que sabía lo que él pensaba decirme en confesión: que para "probar" que había "quemado las naves" y que mi intención era seria, sería "útil" tener un hijo. El P. Maciel aceptó mi conclusión sumisamente. Yo tenía su atención. Me conocía lo suficiente como para saber que yo le reclamaría el cumplimiento de su promesa y que pensaba representar este último capítulo siguiendo mis propias reglas, no las suyas. Ésa fue la última vez que hablé con él.

El Vaticano no sabía que en junio había nacido mi hija Claire. Por el solo hecho de haber venido al mundo y haber sido aceptada con tanto amor por los tres hijos de Colette, nos unió a todos en una nueva familia, listos para enfrentar lo que el destino nos tuviera reservado. Niamh, Sean y Aoife la amaban como a una hermana.

Escribí una carta a Roma confirmando el nacimiento de mi hija. Cuando finalmente se aprobó mi laicización, estuvo seis semanas en la casa que yo había fundado en Rye. Cuando me enteré de que estaba allí al llamar al P. Anthony Bannon, mi antiguo superior, conduje hasta Rye a buscarla. Hasta el final Bannon se comportaba de la misma manera mezquina y vengativa.

Llegué a la vieja casa victoriana en Boston Post Rd. a eso de las 23:45, mucho después de la hora de acostarse para los Legionarios. Me sentí muy bien al obligar al P. Bailleres, entonces Superior en la casa de Rye, a salir de la cama para entregarme mi documento de laicización.

❧

Colette y yo finalmente nos casamos en nuestra parroquia de Katonah. Fue un evento tranquilo, con nuestros amigos íntimos, seguido de una modesta recepción. Tanto para Colette como para mí, ésa era la boda "verdadera", aunque celebramos nuestro aniversario en la fecha de nuestro casamiento en el City Hall.

Un año más tarde compramos nuestra primera casa. Yo conseguí un nuevo trabajo, con un mejor salario y los beneficios de seguro médico que jamás había tenido como Legionario.

A pesar de los giros y vueltas de mi historia, nunca dudé del efecto positivo que tuvo sobre mí la participación en la Legión. He podido usar y desarrollar la mayor parte de las habilidades que adquirí, empezando por el noviciado en Irlanda. Allí aprendí el poder de la introspección, la oración y la disciplina. En el juniorado en Salamanca, España, aprendí a amar la lengua española y a apreciar su vibrante literatura. Pude conocer la parte norte del país y desarrollé un amor perdurable por el pueblo español. Poco después, me hice hombre en México, en colaboración estrecha y constante con el P. Maciel.

A los veinte años me enamoré de los mexicanos. Allí hice mis primeras amistades de adulto, y mi vida no sería tan plena hoy si no fuera por la lealtad y el apoyo que tantos amigos mexicanos me han demostrado a lo largo de los años.

En Roma aprendí lo que es ser "Católico", sólo católico. No más "católico irlandés" o "Católico norteamericano". Para mí, ser

Católico quiere decir que elijo seguir a Cristo en una institución con sus errores, conformada por seres humanos imperfectos. Roma me permitió ver la belleza de la Iglesia a través de las espectaculares liturgias, las magníficas construcciones, el elevado canto gregoriano y 2.000 años de historia situados y encarnados en la "ciudad eterna". También me había permitido ver la mezquina burocracia, las intrigas y las luchas políticas internas, todo lo cual demostraba lo lejos que estábamos de los preceptos de nuestro Fundador. Había experimentado además el sinsentido de las reglas anticuadas, y me habían molestado las pretensiones de superioridad moral de muchos "profesionales" de la religión.

Sin embargo, conservo el recuerdo de la belleza y trascendencia de una fe más espiritual que religiosa para mí, al menos ahora. Me gusta la noción de "Iglesia" como "ecclesia", es decir, un grupo de creyentes que se apoyan mutuamente en su fe, en vez de un "edificio" en el que profesamos nuestro culto. Admito que necesitamos "buenos pastores" para atender y nutrir al rebaño, pero trato de no permitir que me distraigan de mi relación con el Señor. Prefiero ver el cáliz medio lleno y no medio vacío, aunque tantos clérigos nos den motivos para repudiar nuestra religión. Roma me enseñó a amar la institución fundada por Cristo, precisamente porque el cariz desagradable de las equivocaciones humanas se hace evidente en la Ciudad Eterna.

En los Estados Unidos aprendí de lo que son capaces las personas ordinarias cuando se les da la oportunidad de vivir sin prejuicios de clase, sin ignorancia y sin gobiernos restrictivos. La gente trabaja fácilmente en equipo, colaborando con la firme convicción de que pueden lograr lo que desean. La Constitución de los Estados Unidos es un modelo del arte de gobernar cooperativamente y de capacidad de compromiso. Aprendí a apreciar la cultura de los Estados Unidos la primera vez que fui a Rye. Más tarde, trabajando en corporaciones norteamericanas, aprendí mucho sobre el trabajo en equipo, la eficiencia y la innovación.

Crecer en una familia amorosa en Irlanda, en una época en que el mundo era menos complicado, me brindó los sólidos cimientos sobre los que más tarde pude construir mi experiencia internacional, sin perderme ni alejarme demasiado de mis raíces culturales.

※

Durante el tiempo que estuve en la Legión, había oído muchos rumores y verdades a medias sobre un período de la década de 1950 que llamábamos "La Guerra". Más tarde algunos Legionarios lo llamaron la "Gran Bendición". Éste fue un episodio envuelto en misterio, del que rara vez se hablaba y que sólo se mencionaba como respuesta evasiva a una pregunta directa.

Al parecer se acusó al Padre Maciel de abusar de los calmantes de la marca "Dolantina"; también se lo acusó de faltas de las que yo nunca había oído hablar. Si alguien tenía conocimiento de primera mano de estos eventos, prefirió no hablar de ellos. La explicación común acerca de este período era que algunos Legionarios hacían afirmaciones maliciosas porque no querían que el Padre Maciel fuera Superior General. Toda la cuestión quedaba enmarcada en términos de "una prueba enviada por Dios para probar al Fundador y purificar a la nueva Congregación", una explicación que encajaba perfectamente con las historias acerca de los primeros tiempos de la fundación de la Legión.

Poco a poco fuimos conociendo más detalles: a raíz de esta intriga, el Vaticano suspendió al Padre Maciel, lo obligó a abandonar su puesto se Superior General y le prohibió volver a Roma. En todas las versiones de la historia, este juicio fue impulsado por un grupo de traidores anónimos que trataban de destruir a la Congregación desde adentro. Nunca entendí por qué querrían hacer esto. Sin embargo, como la mayoría de mis compañeros, creí en las explicaciones de los hombres que habían atravesado estas pruebas con el Padre Maciel. Los siete Hermanos Apostólicos que se le unieron a principios de la década de 1940 vivieron estos eventos. Lo apoyaban en aquel momento y siguieron apoyándolo después.

Jamás dieron a entender que el Fundador había sido otra cosa que un sacerdote ejemplar. El P. Rafael Arumi y el P. Antonio Lagoa vivieron esos años y eran seguidores creíbles, conocidos por su piedad y su lealtad desinteresada.

Yo creía que el oscuro período de los '50 ("La Guerra") era una prueba enviada por Dios para comprobar la resolución de nuestro Fundador. Era fácil creer esto, porque eventualmente Maciel fue reivindicado por las maliciosas acusaciones, nacidas del orgullo y los celos.

Una vez conocí a un misionero Franciscano belga, a quien en la década de 1950 el Vaticano había asignado para investigar las acusaciones contra el P. Maciel en México y España. Se llamaba Polidoro van Vlierberghe. Todos los trataban con extremo respeto. Cuando lo conocí, trabajaba como administrador apostólico y prelado territorial de una región de Chile. El bondadoso Monseñor repitió la misma versión de los hechos que yo había escuchado de los Legionarios que los habían vivido y claramente apoyaba al Padre Maciel. Insinuó que la investigación del Vaticano debería haber sido más equilibrada y más consciente de la influencia jesuita en la conspiración contra el Padre Maciel. De acuerdo con lo referido por Monseñor Polidoro, el bien triunfó sobre el mal. El Fundador y su Congregación salieron de la prueba más fuerte, gracias a la enorme fe del Padre Maciel.

Por lo que yo sé, el asunto parece haberse resuelto definitivamente en algún momento entre la muerte del papa Pío XII y la elección del Papa Juan XXIII, en 1958. El Cardenal Micara, el Cardenal Vicario de Roma, comunicó en una carta a los Legionarios que Maciel era inocente de los cargos con que se lo acusaba. Nosotros reverenciábamos a los funcionarios del Vaticano que habían apoyado al P. Maciel durante el trance. Entre ellos estaban los Cardenales Pizzardo, Ciognani y Tedeschini.

Mientras tanto, los innominados Legionarios disidentes que habían provocado todo el asunto (supuestamente ayudados y apoyados por misteriosas influencias Jesuitas) habían desaparecido de la Legión para cuando yo me uní, en 1962. Rara vez se mencionaban sus nombres; no eran más que un mal recuerdo. El P. Maciel continuó como Fundador y Superior General y la Congregación atrajo a una gran cantidad de reclutas, apoyada por los ricos benefactores de América y Europa.

—⸷⸷⸷—

Casi veinte años después de dejar yo la Legión, las acusaciones contra el P. Maciel reaparecieron. A fines de la década de 1990, cuando yo trabajaba como VP de Estrategias de Capital Humano en una importante corporación internacional, nueve ex Legionarios, todos de alrededor de sesenta años, afirmaron que el Padre Maciel había abusado de ellos repetidas veces cuando eran jóvenes estudiantes de los seminarios menores de la Legión. Parece que uno de estos hombres dio testimonio desde su lecho de muerte. Cuando leí los detalles de esta acusación, no podía creerlo. ¡No era otro que mi mentor y amigo, el Padre Juan Manuel Fernández Amenábar!

Francamente, yo no podía aceptar que hubiera hecho esa supuesta acusación estando en sus cabales. Cuando era mi superior y más tarde, al abandonar la Legión, me había abierto su alma. En 1985 lo visité con mi esposa y mi hija menor en su casa de Tampa, Florida. Después lo visité en San Diego, pocos meses antes de que sufriera la embolia de la que nunca se recuperó. Amigos míos y de él confiables, que habían estado con él unos días antes de su muerte, declaran categóricamente que era mentalmente incapaz de mantener una conversación racional, y mucho menos de hacer acusaciones tan serias. Antes de morir no estaba lúcido y, debido al ataque, no podía hablar. Su supuesta acusación de abuso me pareció difícil de creer. Me pregunté cuán creíbles serían las otros ocho acusaciones.

Uno de ellos no era otro que el Padre Vaca, con quien yo había reclutado seminaristas apostólicos mientras conducíamos por el norte de España, a principios de los '60. En un primer momento, mi reacción fue de incredulidad. Si Maciel había abusado de él, como afirmaba, ¿por qué se había especializado en reclutar a adolescentes jóvenes para la escuela apostólica en España? ¿Por qué no dio ninguna señal, aunque fuera indirecta, de lo que había ocurrido?

El tercer acusador que yo conocía era el Padre Miguel Díaz. Miguel era un profesor muy querido en el Colegio Legionario de Roma. Era famoso por su prodigiosa memoria y generalmente se lo consideraba culto e inteligente. Poco después de haber hecho su acusación inicial se retractó, alegando que era inventada. Otro acusador, a quien yo no conocía personalmente, venía a visitar a Juan Manuel Amenábar cuando trabajábamos juntos en el Instituto Irlandés. Recuerdo que Juan me decía que sus visitas lo perturbaban. No recuerdo haber conocido a ningún otro de los acusadores.

Los testimonios de abuso, después de tantos años de ocurridos los supuestos hechos, eran polémicos, por decir poco. El Papa Juan Pablo II, un partidario de larga data del Padre Maciel, lo alababa en público y decía que era un "guía eficaz para la juventud".

El Padre Maciel hizo una declaración en la que negaba las acusaciones. Alegó "difamación". El Vaticano permaneció en silencio.

Llamé a un par de ex Legionarios amigos. Uno de ellos era el compañero constante de Maciel, y fuimos a almorzar juntos. Yo quería su opinión sincera; sabía que había pasado mucho más tiempo que yo con Maciel, lo conocía mejor y, por lo que sé, gozaba de su absoluta confianza.

"¿Qué piensas de las acusaciones?" le pregunté. "En todo el tiempo que pasaste con Maciel, ¿alguna vez viste algo que te pareciera remotamente inapropiado?"

"Nunca".

"¿Alguna vez se te ocurrió que podía ser un abusador?" continué.

"No, nunca vi ni oí nada que me llevara a creer semejante cosa" respondió.

"Yo tampoco. Nunca vi ni oí nada" hice una pausa. "¿Te parece que puede haber estado involucrado con mujeres?"

"No lo sé" respondió él "pero eso sería más creíble".

Cuando era el Cardenal Ratzinger y director de la Congregación para la Doctrina de la Fe, Benedicto XVI había desestimado una causa contra Maciel en 1999. Como yo había vivido y colaborado tan estrechamente con el Padre Maciel desde 1962 hasta 1982, y nunca jamás había oído ni visto nada que diera el más mínimo asidero a la acusación de abuso de menores, elegí tomar el partido de los escépticos.

El Padre Peter Cronin era un colega de la Legión. Trabajó para mí durante un breve período en el Instituto Irlandés. Peter abandonó la Legión poco después que yo, pero siguió trabajando como sacerdote diocesano en Silver Springs, Maryland. Nos mantuvimos en contacto.

En una de sus visitas a nuestra casa en Nueva York, Peter me sorprendió. Me contó que el periodista Gerry Renner del Hartford Courant estaba recopilando material para un libro que denunciaba los escándalos de abusos sexuales dentro de la Iglesia Católica. Cuando yo trabajaba en Rye, Peter se encontraba en el noviciado de Orange, CT. De vez en cuando habíamos comentado nuestra preocupación por el comportamiento de la Legión, que se parecía cada vez más al de una secta.

Cuando Peter me contó que había hablado con Renner, le pedí que coordinara una entrevista para mí también. Mi intención era contar mi interacción con el Padre Maciel y decirle a Renner que jamás había visto (ni oído) nada inapropiado durante mis veinte años en la Legión. Desde ya, mi experiencia personal no determina su inocencia. Sin embargo, creí que mi testimonio sería más valioso que las afirmaciones que hacían personas que apenas habían conocido al P. Maciel en blogs y sitios Web.

Peter quedó en pasarle mis datos a Gerry Renner, y pocos días después confirmó que le había comunicado al periodista mi deseo de contribuir. Renner jamás se puso en contacto conmigo. Tampoco oí jamás de las otras personas del círculo de Peter. Llegué a la conclusión de que los periodistas del Courant no estaban interesados en oír una versión libre de lo que yo percibía como prejuicio contra los católicos. Sospeché que las acusaciones de abuso, que se remontaban a la década de 1950, estarían conectadas con las acusaciones de abuso de drogas y de desfalco hechas contra Maciel. Esto era extremadamente penoso e insondable.

Para cuando me enteré de las acusaciones, hacía mucho que había olvidado el enojo y el dolor que había sentido por la forma en que me hizo salir de la Legión. Esto me trajo el recuerdo de cómo me había enviado a Gabón con un billete de ida y $100, asegurándose de que desapareciera silenciosamente de las filas. Mi bienestar era su última prioridad, y todavía me molestaba su negativa a concederme un préstamo para empezar mi nueva vida.

Me encontré analizando una vez más la forma en la que me había manipulado para alcanzar sus objetivos, y volví a preguntarme si había sido un completo idiota por haberlo seguido lealmente por veinte años. A pesar de estas molestas dudas, aún me sentía muy orgulloso por lo que había logrado trabajando con él, y siempre he preferido concentrarme en los aspectos positivos. Es por eso que seguí apoyando a la Legión de modos silenciosos e importantes. Todavía creo que Dios usó a Maciel para crear dos organizaciones maravillosas dentro de la Iglesia Católica. Y a pesar de todas sus fallas, yo sigo amando a la Iglesia.

Al principio no podía creer en las acusaciones contra Maciel. Yo me había preguntado si habría tenido aventuras con mujeres. Aunque nunca vi nada que me llevara a pensarlo, me parecía más plausible. Habría sido más fácil de aceptar que la pederastia. Era tan desenvuelto. Estaba siempre inmaculadamente peinado y afeitado y vestía ropa elegante. Era encantador, carismático y respondía exactamente a la imagen del sacerdote que se ve en las películas. Sus seguidores lo adoraban. Muchos de sus benefactores importantes eran mujeres atractivas. Él hacía largos viajes solo. ¿Quién sabía adónde iba o qué hacía? A pesar de esto, no creo que haya sido un mujeriego porque, después de mi ordenación, yo empecé a considerarlo un misógino. En sus conferencias espirituales, siempre nos advertía contra los peligros que las mujeres representaban para nuestra vocación.

Muchas de las normas y reglas que seguíamos dejaban ver su profunda desconfianza con respecto a las mujeres. Sin embargo, los acusadores decían que era un abusador de menores, no un mujeriego.

La prensa empezó a revelar detalles muy gráficos de las acusaciones. Un par de libros suministraron más datos nauseabundos. Yo los leí y me sentí asqueado.

En México y en los Estados Unidos, los voceros de la Legión declararon que el Vaticano había exonerado al Padre Maciel de las nuevas acusaciones de abuso. A pesar de esto, las acusaciones seguían muy vivas. La Internet estaba repleta de comentarios (en su mayor parte anónimos) en varios blogs y sitios Web, incluyendo a la asociación de ex Legionarios, a la que yo no me había unido.

En 2004, la Congregación para la Doctrina de la Fe reabrió abruptamente la causa de su anterior director (el Cardenal Ratzinger), ahora Papa Benedicto XVI, contra el Padre Maciel.

Pocos días antes de la muerte de Juan Pablo II, el Cardenal Ratzinger había anunciado su intención de remover a la "mugre" de la Iglesia; muchos creyeron que se refería específicamente a Maciel. Después de una investigación, el Papa Benedicto invitó públicamente al P. Maciel a retirarse a una vida de "oración y penitencia". Los funcionarios del Vaticano no dijeron que Maciel había cometido los crímenes de que se le acusaba, pero el Papa le ordenaba abstenerse de desempeñar cargos públicos. Dijeron que su avanzada edad y su salud frágil hacían imposible procesarlo de acuerdo con las leyes eclesiásticas. No se dio ninguna explicación al público ni a los Legionarios de Cristo.

¿Había abusado de jóvenes seminaristas? Yo habría querido que el Vaticano se pronunciara más claramente. Mi esposa señaló que donde hay humo, generalmente hubo fuego. "Algo muy grave tiene que haber ocurrido para que el Papa tomara una medida tan drástica" dijo ella.

Zenit, una agencia de noticias católica, partidaria de los Legionarios, lo puso en otros términos: "El Padre Maciel, con el espíritu de obediencia a la Iglesia que siempre le ha caracterizado, ha aceptado este comunicado, con fe, con total serenidad y con tranquilidad de conciencia, sabiendo que se trata de una nueva cruz que Dios, el Padre de Misericordia, ha permitido que sufra y de la que obtendrá muchas gracias para la Legión de Cristo y para el Movimiento Regnum Christi".

En 2004, el Papa Juan Pablo II había confiado a la Legión de Cristo la dirección y administración del Instituto Pontificio de Notre Dame, Jerusalén. El 15 de octubre de 2006, el tío abuelo del Padre Maciel, el Obispo Rafael Guízar Valencia (1878-1938), fue canonizado. A pesar de la importancia del nuevo santo para la fundación de la Legión, el P. Maciel no asistió a la ceremonia. Eso me llamó la atención. En 2006, se crearon los primeros centros Legionarios en Seúl (Corea del Sur) y Manila (Filipinas).

Circulaban rumores por Internet de que en algún momento de 2007, el Papa Benedicto había abolido el "voto privado" de la Legión (que prohibía hablar mal de un superior y denunciar a los transgresores).

El 30 de enero de 2008, vi una noticia de último momento en la red: el Padre Maciel había muerto. Yo sabía que estaba enfermo, pero la noticia me sobresaltó. A pesar de las acusaciones, que parecían cada vez más plausibles, y de mi propia experiencia con él, me afectó. Llamé a algunos amigos que habían estado en la Legión o que lo habían conocido para compartir la noticia.

A la mañana siguiente, el New York Times la confirmó:

"1 de febrero de 2008. ROMA — El Rev. Marcial Maciel Degollado, fundador de la influyente agrupación Católica Romana, los Legionarios de Cristo, y el sacerdote más destacado disciplinado después de las acusaciones de abuso sexual, murió el miércoles, según anunció el grupo el jueves. Tenía 87 años".

Cuando terminé de leer el artículo, recé una ferviente plegaria por él, encomendándolo a la misericordia de Dios. Su muerte me afectó más de lo que esperaba, aunque no podría describir exactamente mis sentimientos. Estaba triste y quizá… aliviado. Su muerte marcaba el final de mi larga y conflictiva relación con el Fundador de la Legión de Cristo. Al menos, eso pensaba.

El 3 de febrero de 2009, el New York Times informó que el Padre Maciel "tuvo una hija en el mismo momento en que él y su conservadora orden cosechaban el elogio del Papa Juan Pablo II".

En otra publicación, Jim Fair, el vocero de los Legionarios de Cristo en los Estados Unidos, decía a los periodistas: "Nos enteramos de algunos aspectos sorprendentes y difíciles de comprender de la vida de nuestro fundador".

Varios informes de prensa muy difundidos, en su mayoría en publicaciones en español, afirmaban que el Padre Maciel había tenido una relación con una mujer, cuyo fruto era una hija.

El vocero de la Legión en Roma, el Padre Paolo Scarafoni, dijo: "No podemos negar la existencia de estos elementos, pero no podemos entrar en detalles porque debemos respetar la privacidad de las personas involucradas".

Una vez más tuve que cuestionar mi relación con el hombre que había admirado y respetado, que había tenido una influencia tan enorme en el comienzo de mi vida adulta. ¿Sería simplemente un farsante excepcionalmente hábil?

꧁꧂

El 31 de marzo de 2009, el Papa Benedicto ordenó una "Visita Apostólica" a los Legionarios de Cristo. Una "Visita Apostólica" es como una auditoría general de la organización. El Cardenal Tarcisio Bertone, secretario de estado de Benedicto XVI, informó oficialmente al Padre Álvaro Corcuera, el Director General de la Legión de Cristo, de la fecha de inicio de la visita (5 de julio de 2009) y de los nombres de los 5 "visitadores". El Padre Álvaro y yo nos conocimos cuando él estaba en tercer grado de la escuela primaria, en el Instituto Irlandés. Lo sigo considerando un amigo y siento un enorme respeto por él por ser un sacerdote santo, dedicado y solidario. Nos mantenemos en contacto, y le deseo lo mejor en su lucha para guiar a la Legión a través de esta tormenta.

La tarea fundamental de los visitadores apostólicos consiste en determinar cuáles son las operaciones y apostolados de la congregación e informar después a Roma. Debido al tamaño y expansión geográfica de la Congregación, cada Obispo "visitador" cubrirá un área geográfica específica. Los visitadores designados son: el Obispo Ricardo Watty Urquidi, de Tepic, México, para México y Centroamérica; el Arzobispo Charles Chaput de Denver, para los Estados Unidos y Canadá; el Obispo Giuseppe Versaldi de Alessandria, Italia, para Italia, Israel, Corea del Sur y Filipinas; el Arzobispo Ricardo Ezzati Andrello de Concepción, Chile, para Sudamérica; y el Obispo Ricardo Blázquez Pérez de Bilbao, España, para Europa, excluyendo Italia.

Los visitadores confeccionarán un informe con sus descubrimientos y lo enviarán a la Santa Sede en 2010. Cualquiera que haya tenido un contacto significativo con la Legión y con el Padre Maciel estará muy interesado en el resultado de esta visita.

En lo personal, espero que el proceso sirva como llamado de atención para los Legionarios. Desde mi punto de vista, la congregación se ha vuelto pagada de sí misma con su propia espiritualidad. Cuando yo era miembro, el objetivo común de los Legionarios era "extender el Reino de Cristo a la sociedad, de acuerdo con las reglas de justicia y caridad cristianas". Con el pasar de los años, han refinado su objetivo para incluir "la colaboración estrecha con los obispos y con los planes pastorales de cada diócesis".

Como ha dicho el Arzobispo O'Brien, de la diócesis de Baltimore, el Padre Maciel era un "genio empresarial". En mi experiencia, era incansable en su inquebrantable objetivo: extender el Reino de Cristo. Para Maciel, este fin justificaba prácticamente cualquier medio. Exigía una lealtad total e incondicional. Se estaba con él o contra él.

EPÍLOGO: LIDERAZGO

A esta altura, evidentemente está claro que durante casi veinte años consideré al Padre Maciel como mi héroe y como un líder realmente extraordinario. Gracias a él, cientos de miles de personas tuvieron una vida mejor. Creó una red mundial de universidades, escuelas e institutos católicos.

Hoy en día, la Legión tiene más de 800 sacerdotes y 2.500 seminaristas mayores y menores, con casas en 22 países. Regnum Christi tiene unos 70.000 miembros que incluyen jóvenes, adultos, diáconos y sacerdotes en más de 30 países. Se estima que las obras de caridad de la Legión llegan a unos 50 millones de dólares, de su presupuesto anual de 650 millones de dólares. Una red de veintiuna escuelas 'Mano Amiga' se encargan de 13.000 niños pobres, cuyos padres pagan una matrícula de unos US$20 por mes. Los miembros de Regnum Christi crearon y continúan dirigiendo muchos de los esfuerzos de caridad más importantes de México como un Teletón de extraordinario éxito para niños discapacitados y un programa de supermercados, mediante el cual los clientes redondean el monto de su compra para donar dinero a un banco nacional de alimentos. En El Salvador, la Congregación construyó pueblos enteros para las víctimas de desastres naturales, con escuelas, iglesias e instalaciones médicas. Sé que el Presidente de al menos un país es miembro de Regnum Christi.

Sin importar cómo se midan, estos logros son muy importantes para un sacerdote con poca educación proveniente de un pueblo perdido del centro de México. Yo me sentía orgulloso y agradecido por haber podido colaborar con Maciel. Cuando lo conocí él tenía

42 años y yo 17. Cuando abandoné la Legión en 1983, Maciel tenía 62 años y ya había logrado sus metas principales.

Por lo que ahora sé del Padre Maciel, lo desprecio a él y al horrible fraude que cometió. La idea del abuso que cometió es repugnante y yo lo repudio.

El bien que yo hice bajo su liderazgo no provenía de él. Espero que, en última instancia, proviniera de mí, y de Dios a través mío. La bondad de la Legión de Cristo y del Regnum Christi viene de una santa tradición de espiritualidad ortodoxa que Maciel jamás entendió ni practicó. No sólo no imité sus vicios, sino que ni siquiera estaba consciente de que existían. Yo pensaba que él era un San Ignacio moderno.

Ahora tengo que volver a examinar las obras y la inspiración que ocuparon dos décadas de mi vida. Debo enfrentarme con el hecho de que formé mi consciencia y mi vida espiritual según los preceptos de un hipócrita, un mentiroso y, posiblemente, un sociópata. No me queda otra opción que describir a este hombre, Maciel, a quien yo coloqué a la altura de los santos, con las palabras del Papa Benedicto: "Cuánta basura hay en la Iglesia, incluso entre los que, en el sacerdocio, deberían pertenecer por entero a Él (Cristo)".

Rezo por sus víctimas, que fueron abusadas por él como depredador o como impostor. Rezo por los Legionarios cuyos corazones sangran, aunque luchan por ser fuertes. Me siento especialmente triste por aquéllos que fueron reclutados a pesar de las objeciones de sus familias y a contramano de los vientos de cambio de la cultura.

La definición católica de redención es una idea en la que encuentro consuelo y que es parte importante de mi fe. Abandono a Maciel a la misericordia de Dios. Estoy seguro de que Dios logró escribir derecho sobre las líneas torcidas que él ofrecía.

En el Evangelio de Juan, en el Nuevo Testamento, leemos la historia de una mujer adúltera. Esta historia, tan amada por revelar la misericordia de Dios, sólo se encuentra en Juan. Es casi seguro que no formaba parte de su Evangelio original. La ley condenaba el pecado de la mujer y, por lo tanto, la gente la condenó. Pero Jesús, sin justificar su acto pecaminoso, pidió que el que estuviera libre de pecado arrojara la primera piedra. Aquí Jesús nos invita a reflexionar sobre nosotros mismos antes de atrevernos a juzgar a los demás. Esto me recuerda el comentario de San Agustín, quien señalaba que estamos en peligro tanto de la esperanza como de la desesperación: podemos caer en un optimismo equivocado pensando que

"Dios es misericordioso, haz lo que te plazca", o en la desesperación creyendo que "el pecado que has cometido es imperdonable". La historia de Juan nos demuestra que debemos equilibrar estas dos tendencias. Jesús no perdona explícitamente a la mujer, pero no la condena; y al decirle que no vuelva a pecar, el perdón está implícito.

Nuestros recuerdos son parte fundamental de quiénes somos. Una de las lecciones que aprendí como sacerdote es que la mejor manera de sanar los recuerdos dolorosos consiste en perdonar. Ahora que el Padre Maciel ha ido a encontrarse con su Creador, prefiero aferrarme a los recuerdos y no al dolor.

⁓

Para que un líder tenga la capacidad de motivar a un grupo de gente para obtener un determinado resultado, su "liderazgo" implica ciertas características. A menudo es una combinación de cualidades personales y demandas impuestas por las circunstancias. La dirección no es lo mismo que el liderazgo. La dirección consiste en lograr que la gente se una para alcanzar metas u objetivos. Los directores hacen planes, organizan, dirigen y controlan. Los líderes escuchan y observan, articulan sus propios valores y visión sin imponerlos. Son los que determinan los objetivos. Se concentran más en las mejoras sustanciales que en dirigir el cambio.

Los académicos hacen la distinción entre líderes "transaccionales" y "transformacionales". El primer término se refiere por lo general a un grupo que decide seguir al líder para obtener un fin específico o a cambio de algo. El segundo tipo de líder pone el énfasis más bien en el panorama de conjunto y prefiere dejar los detalles a otros. El líder transformacional se apoya más en la inspiración y la motivación; está siempre buscando nuevas ideas que acerquen a la organización a su visión. Maciel combinaba ambos grupos de características, pero era tendencialmente transformacional.

Trabajar con un líder transformacional puede ser una experiencia maravillosa y edificante. Éste imprime pasión y energía a todo lo que hace. Da la impresión de que se preocupa por uno y desea que uno tenga éxito. De ser necesario, anima a sus seguidores a parecerse a él para transformar a la organización o al equipo. Está dispuesto a usar cualquier método que funcione para convencer a los demás de apoyar su causa y sus objetivos.

Los líderes "carismáticos" tienen una gran confianza en sí mismos, en lugar de tener confianza en los demás. Sus rasgos de personalidad los diferencian de los hombres comunes. Por lo tanto, sus seguidores los tratan como si tuvieran cualidades excepcionales, muchas veces consideradas como ejemplares. Como resultado, toman al individuo como a su líder. El heroísmo y los logros extraordinarios pueden ser la base del liderazgo carismático. Éste también puede provenir de un carácter ejemplar o de una santidad fuera de lo común. Cuando pienso en líderes carismáticos, se me ocurren los nombres de Ronald Regan, Barack Obama y Bill Clinton. Oprah Winfrey y Mahatma Gandhi también entran en esta categoría. Todos ellos tienen en común que atraen a sus seguidores a través del poder de su personalidad y encanto. Son persuasivos y se destacan por adaptar sus palabras y acciones a la situación de su audiencia. No me cabe ninguna duda de que el Padre Maciel fue un líder carismático.

No tenía habilidades extraordinarias en las cuales podía basar su liderazgo. Sus escritos, conferencias y presentaciones no eran notables. Tampoco se destacó en los deportes ni en los estudios. En lugar de apoyarse en sus limitadas cualidades, trabajaba en obtener la confianza de sus seguidores enfatizando siempre su auto-sacrificio al fundar la Legión, contra todos los pronósticos. En las historias que contaba, él era siempre la figura central y el mensaje que transmitía era el de que él había renunciado a todo y padecido grandes sufrimientos personales en pos de su inspiración. El tema subyacente era siempre su fidelidad a la llamada de Dios. Esencialmente, en esto se basaba su "santidad".

Durante años sus historias me cautivaron. Me sentía bien por pertenecer a su círculo interno y conocer sus recuerdos. Cuando me asignó a Rye, yo tenía menos contacto directo con él y empecé a alejarme de su hechizo. Más adelante, al escuchar las conferencias que daba a nuestros nuevos reclutas en los Estados Unidos, algunas veces me parecía que él no tenía nada importante para decir. Repetía las mismas historias y las mismas admoniciones que me habían motivado en los primeros tiempos. Cuando lo escuchaba hablar a los novicios de Orange, CT, por primera vez empecé a pensar que era como un lavado de cerebro. Usaba el carisma como lo usan los políticos para atraer seguidores. Los jóvenes novicios, llenos de fervor y entusiasmo, se sentaban extasiados escuchando a Maciel. Los superiores lo habían presentado así: "Éste es nuestro Fundador. Conocerlo es un privilegio poco común y una responsabilidad, una gracia concedida por Dios. ¡Préstenle atención!"

Cuando hablaba de las sectas con el Padre Peter Cronin, un irlandés que era asistente de novicios en Cheshire, durante sus visitas a Rye, mencioné lo peligroso que, en mi opinión, podía ser un líder carismático, especialmente si es egocéntrico y maquiavélico. Desde entonces, he llegado a comprender cómo esta combinación puede establecer las bases para crear sectas y permitir al líder violar las mentes e incluso los cuerpos de sus seguidores.

A pesar de que afirmaba su humildad, el Padre Maciel daba la impresión de ser superior a los demás. Se aseguraba de que los Legionarios se sintieran distintos de los religiosos de otras congregaciones, y especialmente del clero diocesano. Cuando íbamos a la universidad, no nos permitía comunicarnos con otros estudiantes. Por lo tanto, nosotros también terminamos creyendo que éramos superiores a los demás. Retrospectivamente, sospecho que Maciel, sin darse cuenta, empezó a creer que estaba más allá del bien y del mal y se volvió peligrosamente seguro de sí mismo.

Ahora entiendo lo suficiente sobre el liderazgo para saber que todos los líderes tienen un lado oscuro. Esto es lo que puede descarrilarnos y hacer que nos perdamos. En mi trabajo como consultor de negocios, ayudo a los líderes corporativos a identificar cuáles son las cualidades que poseen que pueden salirse de control en épocas de estrés y frustración. Una vez que uno identifica los rasgos de su personalidad que pueden hacer descarrilar el propio liderazgo, puede estar atento y desarrollar estrategias para enfrentarlos.

Mientras fui Legionario, jamás se me ocurrió pensar que nuestro Fundador pudiera tener un lado "oscuro". Durante mi estadía en Gabón, empecé a sospechar que su excesiva fe en sí mismo podía haberlo llevado a una forma psicótica de narcisismo, en la que no podía vivir sin la constante admiración de los demás. Un líder "infalible" y descarrilado que toma este camino puede conducir a sus seguidores a arrojarse por un precipicio, aún cuando reciban advertencias de otros. El Padre Maciel no toleraba que se desafiara su liderazgo. Se comportaba como si fuera irremplazable. Los Legionarios a los que ayudaba a convertirse en superiores generalmente no eran los individuos más agradables ni los más talentosos. Los elegía en función de su piedad y de la aceptación incondicional de su autoridad. Se rodeaba de gente que creía que él era incomparable.

El Padre Maciel era un narcisista. Rara vez se mostraba vulnerable y no creo que reconociera cabalmente las limitaciones de su personalidad; por lo tanto, no lidiaba bien con su lado oscuro.

350 HISTORIA DE UN LEGIONARIO DE CRISTO IRLANDÉS

Mostraba síntomas de una exagerada autoestima, estaba totalmente seguro de ser único y buscaba la admiración de los que lo rodeaban. Todos sus pedidos debían atenderse de inmediato. Cuando cargué con el pesado neumático de su auto hasta la estación de servicio en el camino a la Universidad Anahuac, ni siquiera me dijo gracias.

Tratar con una persona tan egocéntrica era cansado y emocionalmente agotador. El narcisista en realidad no se preocupa por uno, de modo que uno tiene que poner sus necesidades en segundo plano. Tal vez por eso Maciel nunca atendió mis dudas sobre el compromiso a largo plazo con el sacerdocio. Tendía a descartar mis problemas como una reacción exagerada.

Unas pocas veces lo vi estallar en arrebatos de abuso verbal y emocional con Legionarios como el P. Pardo, el fundador del Anahuac, y con los que lo ayudamos a crear el Instituto Irlandés. Era muy rápido para culpar a otros por cualquier incidente negativo para su vida egocéntrica. Cuando se molestaba con las personas más cercanas, los sometía al tratamiento del silencio o simplemente los ignoraba.

—◦◦◦—

Cuando conocí al P. Maciel en 1962, quedé impresionado pero, por supuesto, no analicé sus cualidades de liderazgo. En sus primeras conferencias, creí que nos estaba adoctrinando en lugar de generar o invitarnos al diálogo. Durante el resto de mi formación lo escuché hacer declaraciones ("el que no está conmigo está en mi contra"). Estas declaraciones, repetidas en su correspondencia y en sus conferencias, se convirtieron en la línea del "partido". La noción de "integración" se nos repitió hasta el cansancio, tomándola como la clave del éxito y de la fidelidad a nuestra vocación. Uno tenía dos opciones: compartir su visión incondicionalmente, o abandonar la Legión. Cuántas veces lo oí decir: "No te uniste a la Legión para cambiarla, Hermano. O la aceptas como es, o te vas".

Esta estrategia era extremadamente efectiva. Es posible que fuera un lavado de cerebro: Maciel era extraordinariamente hábil en lograr que sus seguidores pensaran como él, se identificaran con él y representaran su estilo y su misión ante el mundo.

A mí me costaba aceptar que usara su poder para obtener beneficios personales y que promoviera su visión como la única posible, excluyendo a todas las demás. Hacía casi imposible que los Legionarios tuvieran una visión crítica u opuesta a la suya. Exigía la aceptación inmediata de todas sus decisiones. Era prácticamente insensible a las necesidades de sus seguidores y abusaba del sacramento de la confesión para satisfacer sus intereses egoístas. Todos rasgos evidentes de un líder narcisista y carismático.

Soy bastante optimista con respecto a la visita ordenada por el Vaticano; espero que fuerce a la Legión a realizar un imprescindible auto-análisis y reflexión, que posibilite la reforma de la organización. De lo contrario, la Legión seguirá sustituyendo la espiritualidad transformacional con la excelencia organizativa. Espero que los Legionarios puedan examinar el modo en que entienden el voto de obediencia, y que encuentren la sabiduría para hacer los cambios necesarios.

Cuando me uní a la Legión y abandoné mi casa, mi padre me dio un excelente consejo cuando me dijo que mis superiores me ayudarían a discernir la voluntad de Dios para mí; es decir, si tenía vocación de sacerdote o no. El eslogan del reclutamiento ("Es mejor haberlo intentado y fallar que tener que saludar tristemente al sacerdote que hubiera podido ser") reforzaba este consejo. Sin embargo, yo confié demasiado en que Dios manifestaría Su voluntad a través de la obediencia a un superior religioso. La fidelidad a la "llamada" Legionaria implicaba una adhesión malsana a las reglas y guía del superior, lo que rápidamente se convertía en una dependencia perjudicial y en una obediencia negativa desde el punto de vista psicológico. Tal vez el viejo estilo de obediencia funcionaba hace siglos; pero hoy en día, creo que la mayor parte de las autoridades lo considerarían demasiado mecánico y simplista, basado en una mala teología y en una psicología todavía peor.

Hasta que abandoné realmente la Legión no me di cuenta de cuán poco contacto tenía con la realidad de la vida laica. Si hubiera tenido una experiencia Legionaria más normal, sin viajar por el mundo y sin pasar tanto tiempo fuera de la comunidad, probablemente habría estado en un estado emocional completamente desastroso. Me pregunto qué efecto habría tenido esta vida sobre mí si yo no tuviera una personalidad fuerte, o si me hubiera unido cuando tenía doce años.

⸻⸜∞⸝⸻

Espero que el Papa Benedicto y los Legionarios valoren el potencial para hacer el bien que existe en la congregación, más allá de los escándalos y de la influencia negativa del P. Maciel. Al comenzar esta nueva década, soy optimista y creo que la organización será capaz de una transformación interior radical. Sé que tienen gente excelente con suficiente amor en sus corazones. Su desafío consiste en saber qué tienen que hacer con la herencia mancillada del Padre Maciel. Es necesario que pidan perdón a las personas que él dañó y lastimó con su aborrecible comportamiento. Tienen que indemnizarlas en el nombre del Padre. Sería inteligente de su parte recordar que los ex Legionarios que abandonaron la congregación de buena fe siguen siendo sus hermanos. Nosotros extrañamos a la "familia" y estamos terriblemente enojados y entristecidos por los pecados de "nuestro padre".

La Legión y Regnum Christi deben tener la humildad de discernir y aceptar lo que Dios quiere de ellos. Sin duda necesitan ayuda para someterse a un auto-análisis riguroso y doloroso; tal vez esto los ayude a descubrir su razón de ser como cristianos y su verdadera voz. Si lo logran, se abrirán a una nueva transparencia, admitiendo sus fallas, reconociendo y acercándose a las víctimas del Fundador. Tienen que encontrar el modo de separarse del Padre

Maciel. La lealtad al Papa que el mismo P. Maciel les inculcó debería permitirles adaptarse y aceptar lo que el Papa finalmente decida para la Congregación y su lugar dentro de la Iglesia.

¿Y el Papa? Bien, yo opino que la jerarquía de la Iglesia tiene necesidad del mismo tipo de auto-análisis y purificación para detener de una vez por todos los abusos y escándalos de que estuvo plagada en los últimos tiempos. Es hora de ir más allá de los síntomas y enfrentar la enfermedad subyacente.

Mientras tanto, yo seguiré esforzándome por ver la copa media llena y tratando de seguir mi corazón, incluso si esto implica perder la cabeza.

AGRADECIMIENTOS

Al escribir estas memorias, se despertaron recuerdos que estaban latentes más allá de las llamas de los eventos más recientes. Al viajar hacia atrás en el tiempo y recordar por qué había querido hacerme sacerdote, se me hicieron presentes el amor y el ejemplo de mis padres (ya fallecidos), Patrick y Margaret Keogh. Necesito agradecerles su apoyo y su amor incondicional antes, durante y después de mi etapa en la Legión de Cristo.

No puedo dejar de agradecer a mi único hermano, el Dr. Brendan Keogh, quien, al igual que yo, está siempre dispuesto a sostener una buena discusión. Él hizo todo lo posible por mantener mis pies en la tierra, aun cuando yo no apreciara sus esfuerzos durante mis primeros años en la Legión. Él percibió muy pronto las señales de alarma que yo elegí ignorar. Hace mucho tiempo que debería habérselo agradecido.

Mi primo hermano Seamus, su esposa Mary y su hija Patricia tuvieron un rol importante en mi vida. Seamus y Mary se han ido a compartir su inmensa *joie de vivre* con todos los que están en el Cielo. Me trataron como a al hijo que nunca tuvieron. Seamus fue quien me enseñó a nadar y quien me alentó cuando gané mi primer campeonato de la provincia de Leinster en Irlanda; él me llevó a ver los partidos de fútbol de los "Shamrock Rovers" en Milltown, Co. Dublín. Cuando me enseñó a conducir, a mis escasos 12 años, él no tenía idea de cómo eso afectaría mi vida en la Legión más adelante.

No podría haber escrito mi historia sin el amor, el apoyo y el aliento de mi esposa, Colette. Ella soportó mis excesivas horas de trabajo, creyó en mí cuando yo me desanimaba y, por sobre todas las cosas, a lo largo de los años me ha ayudado a desarrollar una perspectiva más sana de mi época como Legionario de Cristo.

Mi hija Claire y mis hijos adoptivos, Niamh, Aoife y Sean, alegran mi vida y hacen que todo valga la pena. Jamás sabrán lo importante que fue su papel en mi transición de la vida religiosa a mi vida actual, al ayudarme a tratar de ser un mejor padre y hombre de familia. Los quiero a todos y necesito agradecerles aquí, aun si les resulta embarazoso. Junto con Colette, ustedes me ayudaron a encontrar mi corazón.

Muchos Legionarios de Cristo estuvieron presentes en mis pensamientos durante el proceso de escritura, especialmente el Padre Juan Fernández Amenábar, mi primer superior en México. Juan Manuel, el eterno optimista, aportó al legado que me dejaron mis padres y Seamus. Sus esfuerzos combinados me enseñaron a ver la copa media llena, en lugar de medio vacía. De ellos aprendí lo importante que es saber convertir la adversidad en triunfos. Especialmente Juan Manuel, que me enseñó la importancia de vivir en el momento presente.

Agradezco a los numerosos amigos que hicieron posible mi viaje. Ustedes saben quiénes son, aunque yo no enumere sus nombres aquí. Gracias a ustedes, yo no perdí la razón en el proceso de encontrar mi corazón. Agradezco especialmente a mis amigos mexicanos; jamás olvidaré los momentos que pasé en el Instituto Irlandés, en la Universidad Anahuac y en mis frecuentes viajes de negocios a su hermoso país.

Pilar Villalón es una de las mejores psicólogas mexicanas. Me acompañó en las buenas y en las malas. Tengo el privilegio de ser su amigo desde que se graduó de la universidad y aceptó trabajar conmigo en el Instituto Irlandés. Ella se aseguró de que yo no perdiera la razón mientras estaba en la Legión, y ahora sigue asegurándose de que no pierda mi fe en Dios y en la Iglesia. No tengo palabras suficientes para agradecerle. Sin su apoyo no hubiera podido escribir esta historia. Ojala todo el mundo tuviera la suerte de contar con una amiga tan leal como ella.

Hay muchos líderes de negocios ejemplares con quienes trabajé como consultor. Juntos exploramos y desarrollamos las cualidades del liderazgo global, del trabajo en equipo y de la dirección efectiva. Descubrimos el poder transformacional de escuchar, una aptitud muchas veces ausente en el mundo ejecutivo y eclesiástico. Lo que más me gusta de ser consultor es lo que gano con la experiencia. Sin duda, la mejor manera de aprender algo es tratar de enseñarlo.

Agradezco a dos amigos muy especiales en México D.F. Me animaron a publicar este libro a pesar de la confusión que sentíamos por las últimas noticias acerca de Marcial Maciel. Quiero que sepan que valoro su apoyo y, sobre todo, su amistad.

Por último, quiero agradecer a Cerian Griffiths, mi editora, a Kathryn Marcellino, que diseñó la cubierta y la diagramación del libro, y a María José Albaya la traductora de esta edición. Cerian amablemente eliminó mi excesiva verbosidad y mi incesante uso de la voz pasiva, Me ayudó a expresar las anécdotas para que fueran más legibles, y fue un placer trabajar con ella en todo momento. Kathryn plasmó mis ideas en un elegante diseño y diagramación. Es paciente y creativa. María José se encargó de la traducción al español, esmerándose por preservar mi "voz."¡Espero que sigamos trabajando juntos!